博覧会と観光

復興と地域創生のための観光戦略

KUWATA Masayoshi
桑田政美

日本評論社

はじめに

　観光の定義は中国の四書五経にある「観国之光、利用賓于王」を語源とし、観光学においては孫引きなども含めて多くの定義に関する議論がなされてきた。概ね「光を観る」「光を示す」と解釈される語である。光とはその国の優れたコト・モノ（文物、制度、建造物、景観など）をいう。これらの光を、訪れて見る、訪れた人々に見せる、この両面が観光の本質である。これらの光を一堂に集めて見物客を募り、多くの人々に見せたのが博覧会である。

　近代的博覧会の形式の原型となったのは1851年5月1日から10月11日までロンドンで開催された万国博覧会（第1回ロンドン万博）であるが、古くは紀元前にペルシャやエジプトにおいて当時の芸術品などの展示が行われていたことが博覧会の起源といえよう。また古代ローマにおいても領地拡大の戦争で勝利した時に戦利品を展示して領民に見せるなど、力を示す博覧会的な催しが行われていた。

　第1回ロンドン万博では、クリスタルパレス（水晶宮）という壮大なスケールのパビリオンに、産業革命によってもたらされたイギリスの最新技術や新製品が並び国力のアピールの場となると同時に、国際社会に向かって自由貿易主義・平和主義・民主主義的倫理の提唱をしたのである。博覧会と近代ツーリズムの結びつきはここから始まっている。このロンドン万博は5カ月の開催期間中に600万人を超える入場者があったが、イギリスのトーマス・クックは鉄道の割引交渉を行い、入場券とセットで団体旅行の販売により16万5000人を送り込んだのである。ちなみにトーマス・クックが広告によって参加者を募って団体旅行を組んで販売したのは1841年である。パック旅行の創始者であり世界初といわれる旅行代理店の誕生である。その後、1871年には息子とThomas Cook & Son社を設立、幾度かの変遷を経て現

在のロンドンに本部を置くトーマス・クック・グループとなっている。

　このように欧米では最初から博覧会と観光（ツーリズム）には強い結びつきがある。ところが日本では、最初は両者の概念はやや別物だった。その理由は、直輸入であるため、当初から、直訳的名称である「勧業博」という一種の「産業メッセ」的な概念のイメージが強く、後になってもこれに「科学博」が続いたからである。本研究では、博覧会が、このような産業系の概念から地元・地域への集客効果＝地域再生の概念へと変化する上で「復興博」が転機となったことを示す。そこには必ず「観光館」という新しいコンテンツが現れ、観光（ツーリズム）への効果が期待されるようになる。これらの発見が本研究の目的の一つである。

　観光面から見た博覧会は重要な集客装置であり、一過性のイベントではあるが開催に際しての都市のインフラ整備や新しい技術の公開、また技術開発のチャレンジの場として有効に機能してきた。その成果と遺産は都市の発展の歴史上に大きな貢献をしている。

　ヨーロッパにおける国際博覧会や、日本で国策として開催されるようになった内国勧業博覧会（第1回は1877年）は大都市において開催されてきた。国際博覧会の場合は、そこに各国の「光」といえる素晴らしい工芸品や技術の粋を集めた製品などが集約され展示された。内国勧業博覧会においても、海外の優れた製品や商品とともに各地域（主として府県単位）の特産品などが集約され、展示された。国主導の中央集権的な博覧会ともいえるであろう。しかし、日本においては、すでにその前から多くの博覧会が地域において開催されていた。最初に「博覧会」の名称を掲げたイベントは1871（明治4）年に京都・西本願寺で開催された京都博覧会である。この博覧会は産業振興というより骨董品や物産の展示会といったものであった。その後京都では継続して京都博覧会が開催され、和歌山、広島、金沢、琴平、伊勢などの各地でも流行とでもいうべき開催が相次いだのである。集客面では詳細は不明であるが、数万人程度の規模のものが多かったようである。このように、1870年代から今日に至るまで数多くの博覧会が各都市・地域で開催され、わが国の近代以来の地域振興において大きな役割を果たしてきた。しかしその実態の分析は、実務的な報告や記録が多く、学術的に体系化されているとは必ず

しもいえず、ここに本研究の一つの意義を見出すことができる。

　太平洋戦争による日本本土への空襲は1944年末頃から激しくなり、翌年の終戦当日までの間に200以上の都市が被災した。また毎年のように大規模地震の発生、台風による暴風雨、また雪害による被害を各地は被ってきている。そこで都市においては、戦災や自然災害から立ち直り、住民の誇りを取り戻し、産業を活性化させるための復興博覧会が各地で開催された。空襲などで焦土と化した都市が復興の手本としたのが関東大震災から6年後の1929（昭和4）年に横浜市で開催された復興記念横浜大博覧会であった。筆者はこの博覧会において、観光館というパビリオンが設置されていることに注目した。この観光館の展示手法が見物客に与えたインパクト、またその反応によって高まった出展者側である観光業者の広報・PRに対する当事者意識、意欲がその後に続く復興博覧会の観光の位置づけに影響したものと考えられる。博覧会自体の集客が地元に及ぼす直接的経済効果や文化効果はもとより、観光パビリオンが見物客（潜在観光客）の旅行意欲を高めることに貢献し、その後の日本が観光立国へ進む礎となったことを明らかにしたいと思ったのが研究の大きな動機の一つである。

　1987（昭和62）年から1989（平成元）年にかけて、市制100周年を迎える都市で記念事業の一環として記念博覧会が開催された。インフラ整備の起爆剤として、また大型映像やロボットで先端技術と未来を表現するテーマを掲げて開催されたが、地域の主体性が乏しいものであった。1990年代に入るとこれらの地方博の反省をふまえて、国が主導するジャパンエキスポ制度による博覧会が開催された。1980年代後半の地方博との違いは、国の主旨に則り地域の特性を活かした博覧会であり、従来型地方博の再生をねらったものであった。これらの博覧会の終了後、それぞれに報告書がまとめられているが、全体を俯瞰したうえで観光を軸にした地域振興に博覧会が果たした役割を論じる研究がなされていない。ここに本研究のもう一つの意義がある。

　現代においてモノ中心の博覧会が果たす役割は減少してきている。とくに地方においては消滅の危機をつのらせる自治体が多くある中で、従来型の博覧会形式では通用しなくなり、その形式から脱皮した新しいコト中心のものが登場してきたことは必然であるといえよう。21世紀型博覧会というべき

イベントが各地で開催されるようになった。囲い込み型の博覧会ではなく、オープン型の博覧会形式のものである。そこにおけるコトとはアートである。アートがどう都市・地域の観光に寄与し、地域を変えることができるのかを本研究により検証する。

本研究における歴史的考察には、過去の博覧会資料等が最も重要である。そこで、乃村工藝社の所蔵する膨大なデータベース資料全体を俯瞰し、ほとんど初めて分析することにより、復興博覧会における観光パビリオンの存在と意義、博覧会コンセプトの変遷、開催の五つの山などを明らかにすることができた。これも本研究の特色である。

乃村工藝社はイベント業界では名が知られた総合ディスプレイ会社である。1892（明治25）年創業、芝居の大道具方としてスタートし、百貨店の催しの企画・展示・施工などから、商業施設、文化施設などを手がけるようになった。博覧会においても、戦前から戦後の地方博、1970年の大阪万博、沖縄海洋博などをはじめ日本で開催のほとんどの地方博、国際博のパビリオンなどを手がけている。本研究の事例として取り上げた1948（昭和23）年開催の復興大博覧会（大阪）の観光館も乃村工藝社の仕事である。

イベントは一過性のものであり、終了すれば資料などは拡散してしまい消えてしまうこととなる。そこで乃村工藝社は自社で収集し、寄贈を受け付け、現在、1万5000点を超える資料が体系的に整理保管されている。これらは「博覧会COLLECTION」として、インターネットでデータベースが公開されており、研究者の閲覧も可能となっている。

そこで、日本各地で開催された博覧会のパビリオンなどを多く手がけた乃村工藝社所蔵の資料を閲覧し、開催された現地に赴き確認することで研究が大きく捗った。

補注
1）世界遺産検定事務局（2014）『世界遺産検定4級公式テキスト』NPO法人世界遺産アカデミー／世界遺産検定事務局。

【目　次】

はじめに iii

序　章 1
　1．研究の背景　1
　2．既存研究と本研究の位置づけ　3
　　(1) 観光学等に立脚した研究
　　(2) 観光行政と都市観光政策の視点からの研究
　　(3) 都市における博覧会への歴史的アプローチ(都市史的アプローチ)
　　(4) 博覧会の展示に関しての研究
　　(5) 博覧会の運営・経営に関しての研究
　　(6) 災害論の視点からの研究
　3．研究の視座、目的と研究方法　8
　　(1) 研究目的
　　(2) 研究方法
　4．本書の構成　20

第Ⅰ章　国際博覧会の分類と日本との関わり 24
　1．国際博覧会の定義　24
　　(1) BIE の成立
　　(2) 国際博覧会
　2．国際博覧会のはじまりと種別　27
　　(1) ロンドン万国博覧会(1851 年)
　　(2) 第 2 回ロンドン万国博覧会(1862 年)と日本の出会い
　　(3) 第 2 回パリ万国博覧会(1867 年)と日本の参加
　　(4) パリ条約(1928 年)と BIE、博覧会の定義の成立

3．国際博覧会の検証と展望　31
　(1) 日本で行われた五つの国際博覧会
　(2) 二つの登録博
　(3) 三つの認定博
　(4) 現代の海外の博覧会における日本館の参加のあり方の例―国際博覧会(認定博覧会)の事例：2008年サラゴサ万国博覧会(スペイン)
4．小括―国際博覧会の理念の継承と展望　51

第Ⅱ章　日本における博覧会の分類と系譜　54

1．博覧会の変遷における転換期　54
2．データによる分類のいくつかの視点と結果　55
　(1) 時期分類(4期分類)
　(2) コンセプト分類(11カテゴリー分類)
　(3) 国家、勧業博から国際博へ
　(4) 分類開催数の山からみた分類(五つのブーム分類)
3．日本で開催の博覧会の歴史的変遷―4時期区分　60
　(1) 時代背景から期待される効果
　(2) 第Ⅰ期(明治・大正・戦前・戦中：1877～1945年)
　(3) 第Ⅱ期(戦後・大阪万博まで：1946～1970年)
　(4) 第Ⅲ期(大阪万博以降20世紀末：1970～1990年代)
　(5) 第Ⅳ期(21世紀：2000年以降)
4．勧業博、復興博覧会、地方博のデータを元にしたテキストマイニングの試み―博覧会の3系統モデル　71
　(1) データ
　(2) 手法
　(3) 結果
5．小括　78

第Ⅲ章　日本における災害と復興博覧会　81

1．災害大国日本―日本における自然災害と戦災　81

(1) 日本と災害

　(2) 地震など

　(3) 戦災

2．災害・復興における復興博覧会の位置づけ　83

　(1) 京都博覧会の先進例

　(2) 復興の定義と社会的意味合い

　(3) 復興博の例

3．復興博覧会と都市観光／「観光館」の役割　87

4．小括　89

第Ⅳ章　復興記念横浜大博覧会と交通観光館【復興博事例①】　90

1．横浜の開港と国際観光都市・横浜のあけぼの　90

2．関東大震災と山下公園　91

　(1) 関東大震災における横浜の被害

　(2) 山下公園

3．復興記念横浜大博覧会の開催意義と概要　98

　(1) 復興記念横浜大博覧会の概要

　(2) 交通観光館

4．復興記念横浜大博覧会と観光振興　107

5．小括　111

第Ⅴ章　戦災復興とモデルシティ──大阪における復興大博覧会と観光館【復興博事例②】　113

1．勧業博覧会と復興博覧会　113

2．戦後の観光立国論──二人のオピニオンリーダー・高田と松下　114

3．大阪における(戦災)復興大博覧会と観光館　116

　(1) 開催地としての大阪の始まりの地・上町台地

　(2) 太平洋戦争における空襲の被害状況

　(3) 復興大博覧会

4．戦争による壊滅から貿易観光都市への再生　128

5．小括　130

第Ⅵ章　戦災と自然災害からの復興―地方都市における復興博覧会
【復興博事例③④】　133

1．観光高松大博覧会(1949年)　133
　(1) 戦災と南海大地震からの復興
　(2) 観光高松大博覧会の概要
　(3) 観光高松大博覧会前後の観光振興の状況
2．福井復興博覧会(1952年)　143
　(1) 戦災と地震、水害、台風被害からの復興
　(2) 福井復興博覧会の概要
　(3) 福井復興博覧会前後の観光振興の状況
3．小括　156

第Ⅶ章　80年代の「地方自治博覧会」
―地方自治と市制100周年記念事業としての博覧会　159

1．地方博覧会の機能と特性　159
2．第3次・第4次地方博覧会ブームそして第5次ブームへ　161
　(1) 第3次ブーム(80年代)：地方博・科学技術博
　(2) 第4次ブーム(80年代後半)：自治体博
　(3) 市制100周年記念博覧会の事例―ぎふ中部未来博
　(4) 地方博ブームへの警鐘
　(5) 反省と第5次ブーム(90年代)：ジャパンエキスポ
　(6) 第6次ブーム(21世紀型博)の兆候
3．小括　173

第Ⅷ章　90年代の博覧会―国による地域再生への取り組みとしての
ジャパンエキスポの試み　177

1．「ジャパンエキスポ(特定博覧会)制度」制定の背景　177
2．ジャパンエキスポ制度の概要　178

(1) 主催者

　(2) ジャパンエキスポのテーマおよびコンセプト

　(3) 開催規模

　(4) ジャパンエキスポ認定の手順およびジャパンエキスポ旗の制定について

3．ジャパンエキスポによる観光振興――和歌山県を事例として　181

　(1) 世界リゾート博(1994年)と南紀熊野体験博(1999年)

　(2) 和歌山県の観光客数の推移にみるジャパンエキスポの影響

　(3) ジャパンエキスポの遺伝子の継承と世界リゾート博記念財団の活動

　(4) 和歌山県観光振興モデルの基本的考え方としての「リビングヘリテージ」

　(5) 世界遺産と「スローステイ構想」

4．2011(平成23)年の台風12号による風水害からの復興　194

5．小括　195

第Ⅸ章　阪神・淡路大震災と90年代末の復興イベント
――神戸ルミナリエと淡路花博の定量的分析
【脱インフラ・アート活用の21世紀型博覧会手法による地域・都市観光再生①】　197

1．1990年代以降のアートイベントの出現　197

2．阪神・淡路大震災と「神戸ルミナリエ」および「淡路花博」の概要　198

　(1) 兵庫県の被害状況等(2006年5月19日確定)

　(2) 「神戸ルミナリエ」

　(3) 国際園芸・造園博「ジャパンフローラ2000」

3．阪神・淡路大震災と復興イベントとしての神戸ルミナリエと淡路花博
　の定量的分析　204

4．小括　207

第Ⅹ章　アートイベントを活用した地域活性化の経済効果モデル
【脱インフラ・アート活用の21世紀型博覧会手法による地域・都市観光再生②】　209

1．大地の芸術祭　209

　(1) 大地の芸術祭にかかる主な四つの事業の概要

　(2) 大地の芸術祭ネットワークと来訪者

（3）中越地震の影響
　2．「大地の芸術祭　越後妻有アートトリエンナーレ2006」の経済効果（消費）の精密分析結果　215
　　（1）分析内容
　　（2）分析結果
　3．滋賀県甲賀市信楽におけるアートイベントの取り組み　224
　　（1）甲賀市と信楽
　　（2）世界陶芸祭と信楽高原鉄道列車事故
　4．信楽・陶芸の地域ブランドづくり　229
　　（1）「信楽まちなか芸術祭」
　　（2）甲賀ブランドと信楽焼
　　（3）豪雨被害の信楽高原鉄道と信楽
　5．小括　236

終　章　242

おわりに　251
　1．復興博覧会が地域・都市観光再生に果たした役割――効果と評価　251
　2．東日本大震災復興博覧会の可能性　252
　3．今後の課題と研究展望　254

［資料］日本の主な出来事・自然災害・博覧会対比表　259

参考文献　275

謝　辞　281

序　章

1. 研究の背景

　1851 年、世界初の国際博覧会として「ロンドン万国博覧会」が開催され、パビリオンとして鉄骨とガラスを用いて設計されたクリスタルパレス（水晶宮）が人気を博し、165 日間の会期中 600 万人以上の観客で賑わった。この成功が欧米の各国に刺激を与え、その後各国は、競って博覧会を開催するようになるのである。

　日本に博覧会という言葉が登場するのは江戸末期である。フランスより幕府に、1867 年にフランス・パリで開催予定のエキスポジションへの出展の要請があり、このとき幕府の栗本瀬兵衛（鋤雲）がフランス公使の書記官であったカションにその次第や意味を尋ねたところ、"広く示す"の意味であるということであった。そこで栗本は「博覧会」という言葉を案出したといわれている。

　その後、日本でも、明治から現在にかけて多くの博覧会が国や地方自治体、またメディア主導により各地で開催されてきた。日本初の本格的な万国博覧会形式の勧業博覧会（第1〜5回）、メディア・イベントとしての博覧会、また市制 100 周年を記念した地方博覧会、そして国主導によるジャパンエキスポ制度による地方博覧会と続いてきた。開催効果については、入場者数と経済波及効果が主な指標としてあげられているものが多い。文化的効果、社会

的効果も博覧会開催の大きな効果として説明されるが、それについては定量的に測ることは難しいとされてきた。

　これまでの博覧会研究は、そのタイプごとの博覧会群の政治・社会的背景、その主旨と内容、その博覧会の開催効果と地域におけるその影響について論述したものが多くみられ、博覧会というものが初期には「勧業博覧会」であったので、ほとんどが「産業振興」の視座で語られている。しかし筆者が1877（明治10）年の第1回勧業博覧会から現代にいたる日本で開催された博覧会のうち、40万人以上の集客があった186の博覧会のコンセプトと内容を災害年表と照らし合わせて見たところ（巻末の**資料**参照）、コンセプトの変遷とともに地震や風水害などの自然災害や戦災で壊滅的な被害を受けた地域・都市が博覧会を通じて復興・再生を図ろうとする中に観光というキーワードが重要な意味をもつことが見えてきたのである。

　すなわち「産業」から「地域再生」へという大きな流れの転換点に「復興博」の役割があることがわかるのである。その証拠に、復興博には、これまでの勧業博になかった「観光館・交通館」なるものが出現する。

　2011（平成23）年3月11日に東日本を襲った大地震と津波、そして原発事故により大きな被害を被ったことは記憶に新しい。日本は世界有数の地震多発国であり、過去にも1923（大正12）年の関東大震災では神奈川県を中心に死者・行方不明者10万5000余の日本災害史上最大ともいえる被害を被っている。その関東大震災後の復興事業として、震災の折に発生した瓦礫の集積場を造成して開園した山下公園はよく知られたところである。この震災から立ち直った横浜市が復興を記念して1935（昭和10）年に開催したのが「復興記念横浜大博覧会」である。自然災害や戦災による都市機能の崩壊や被災者の気力喪失という状況の中で、復旧に立ち上がり、復興をやり遂げようとする人々の努力（再生力）が形になって見えてきた時、祝祭の意味も込めて「復興」をキーワードとした博覧会が横浜市をはじめ多くの都市で開催されてきた。

　そして、各都市で開催された復興博覧会には必ずといっていいほど「観光館」なるパビリオンが設けられていた。復興・地域再生を経て、地域・都市を持続発展させる過程において、観光のもつ力が必要不可欠であるという証

であろう。これは博覧会研究における新しい視座であり、本研究では「博覧会＝観光による地域・都市再生」の考えに沿って博覧会論の再展開を試みる。

21世紀における博覧会は、従来の手法では地域・都市の課題解決には直結しないであろうことは明らかである。インフラ整備が博覧会開催の重要な要素を示していた従来型の手法から脱インフラ、そしてソフト重視の博覧会に移行していくのは時代の必然である。このことが博覧会の概念を大きく変えることになり、この流れに沿った21世紀型の新しい博覧会の現在における最適のテーマがアートといえよう。物見遊山型の観光から体験重視、着地型観光へと時代の要請する内容は変化し、これからは地域に精神的な価値を求めるようになっている。アートが地域と観客（観光客）に果たす役割は大きく、アートを中心として観客を引きつける。そのことが結果として観光を振興することとなり、ひいては地場産業の振興、地域の活性化にもつながるのである。

2. 既存研究と本研究の位置づけ

博覧会は、世界的には1851年のロンドン博から約165年の間に、日本を含む各都市で数多くの博覧会が開催されてきた。しかし、時代の変遷とともに開催主旨や内容が変わってきた。博覧会研究においても、下記に示したとおりさまざまな視点からのアプローチがとられている。日本における博覧会に関しての既存研究は、CiNiiの論文検索（2014.3.4現在）によると「博覧会」で2664件、「内国勧業博覧会」で147件、「博覧会・観光」で47件の文献があった。経済学、経営学、工学的、社会学的、博覧会という場がもたらす経済史的、また植民地政策の表象としてなどの文化人類学的、政治学的等のさまざまな視点からのアプローチによる論文および著作が多数存在する。また殖産興業を目的として本格的な国際博覧会形式となる内国勧業博覧会（1877年第1回東京・上野〜1903年第5回大阪・天王寺）を含めた博覧会の資料、著書、論文も先述のように数多くあるが、自然災害や戦災復興の手段としての博覧会を記述したものは見当たらない。ここに現在の地域・都市が抱える諸問題の解決の手段として、観光による地域・都市の復興・再生のための博覧会手

法に関する研究の位置づけがある。

(1) 観光学等に立脚した研究

- Ritchie, J.R.B. (1984) Assessing the impact of hallmark events: conceptual and research issues. *Journal of Travel Research*, 23 (1) : 2-11.
- Hall, C.M. (1992) *Hallmark Tourist Events*. UK: John Wiley & Sons, Ltd. (ホール〔1996〕『イベント観光学』須田直之訳，信山社出版。)
- Gets D. (1991) *Festivals, Special Events, and Tourism*. Van Nostrand Reinhold.
- 桑田政美編（2006）『観光デザイン学の創造』世界思想社。
- 桑田政美（2008）「観光立国・立圏に果たすイベントの役割」『イベント学のすすめ』ぎょうせい、86-99頁。
- 桑田政美（2014）「ジャパンエキスポが地域の観光振興に果たした役割—世界リゾート博、南紀熊野体験博を事例として」『研究助成対象論文集』イベント学会、95-109頁。
- 日本イベント産業振興協会（2000）『ジャパンエキスポ開催効果測定手法に関する研究』。
- 大石邦弘（2005）『国際博覧会開催における経済効果と産業構造の変化』名古屋学院大学綜合研究所。

　Ritchie（1984）は、優良イベントを「観光地（地域・都市）の知名度、魅力、メリットを短期的、長期的に高めるために主として開発された、一定開催期間の、一回起的、または反復的な主要イベント。かかるイベントの成功は関心を創り出し、注目をひくユニークさと人気やタイムリーな重要性によって決まる」とした。これを受けホール（1996）は、「優良イベントは、現代観光のイメージ造成者である」とし、さらに優良イベントは、それ自体が直接に観光要素となっていることのほかに、大型公共投資、施設とインフラストラクチャーの建設、"再生"を要する都市地域の再開発に広範な影響を与えると述べている。Gets（1991）は「特別イベントは通常の選択範囲の外側ま

たは日常的体験を越えたレジャー、社会的または文化的経験の機会である」と定義づけた。この考えは博覧会の開催にも当てはまる。

筆者（2006）も、観光デザインの研究において、地域や都市のイベントをデザインすることで地域・都市のもつさまざまな観光資源を有機的に結びつけ、魅力化することができることを述べた。日本イベント産業振興協会（2000）および大石（2005）はジャパンエキスポなどのメガイベントにおける開催効果についていろいろな視点から分析している。

(2) 観光行政と都市観光政策の視点からの研究
・工藤泰子（2010）『近代京都と都市観光—京都における観光行政の誕生と展開』京都大学博士論文。

工藤（2010）の研究は、地方自治体における観光行政機関の形成について、名実ともに世界の観光地としてある京都をとり上げ、観光史及び都市史研究の立場から明らかにしたものである。京都は近世以前から物見遊山の対象地であり、近代において他都市と比較し戦災の被害が少なかったことから、平安京以後、観光資源は脈々と維持・保全されてきた。それをもとに観光行政はどのように展開するかを明治以降の変遷を研究した興味深い考察である。

(3) 都市における博覧会への歴史的アプローチ（都市史的アプローチ）
1) 都市技術史の観点から
・吉田光邦（1970）『万国博覧会—技術文明史的に』日本放送出版協会。
・林陽子・小林章（2002）「山下公園における造園建設技術」『日本造園学会誌』65巻5号：491-496頁。

技術史の観点からの研究としては、吉田（1970）は、万国博覧会の歴史とそこにおける展示品について論述している。ロンドン万博には蒐集家によって日本の工芸品が出品され、漆器、七宝製品、刀装品（刀の鍔など）の工芸技術の精巧さが評判になっていることや、パリ万博（1867）がクルップ砲、ダイヤモンド掘井法など世界的な技術見本市としての場であったことが述べ

られている。また、林陽子・小林章（2002）の造園技術に関する論文など多くの研究がある。

2）経済史の観点から
・清川雪彦（1988）「殖産興業政策としての博覧会・共進会の意義―その普及促進機能の評価」『一橋大学 経済研究』39巻4号：340-359頁。

経済史の観点からの研究としては、清川（1988）が、明治政府によって奨励された博覧会と共進会[1]が日本の産業振興に果たした役割を論じている。この産業振興的観点からの研究は現代の愛知万博、上海万博に至るまで継続している。

3）都市史・政治史の観点から
・國雄行（1993）「内国勧業博覧会の基礎的研究―殖産興業・不平等条約・『内国』の意味」『日本史研究』375号：54-68頁。
・國雄行（2005）『博覧会の時代―明治政府の博覧会政策』岩田書院。
・古川隆久（1998）『皇紀・万博・オリンピック』中公新書。
・吉見俊哉（1992）『博覧会の政治学―まなざしの近代』中公新書。

政治史の観点からの研究としては、國雄行（1993）が、内国勧業博覧会の開催に際し、本来は在来産業と欧米技術が出合う場であったにもかかわらず、わざわざ「内国」の文字を付して外国からの出品を許さず、外国産品の出陳は政府の購入品のみに制限したことの意味などを考察している。古川（1998）の戦争、皇室と万博との関係の研究や、吉見（1992）の帝国主義のプロパガンダ装置としての万博など興味深い研究が多くある。

4）社会史の観点から
・津金澤聰廣編（2002）『戦後日本のメディア・イベント（1945-1969）』世界思想社。
・津金澤聰廣編（1996）『近代日本のメディア・イベント』同文館。

社会史の観点から、津金澤（1996）は、近代日本および戦後日本におけるメディアが主催する博覧会などイベントについて考察している。新聞社や放送局などメディアは、その発展のかなり早い段階からイベント開催に関与し、独特のイベント文化を形成してきた。後述の事例として研究した大阪での復興大博覧会も毎日新聞社の主催である。メディア・イベントは開催前、開催中、開催後と大規模に報道され、社会に幅広く認知されることとなる。

(4) 博覧会の展示に関しての研究
・山路勝彦（2008）『近代日本の植民地博覧会』風響社。
・松田京子（2003）『帝国の視線―博覧会と異文化表象』吉川弘文館。

山路（2008）は、帝国主義の日本の統治下におかれた台湾、満州、朝鮮などで開催された植民地博覧会、日本国内での博覧会における台湾館、満州館、朝鮮館などにおいての展示物や現地住民によるパフォーマンスなどのもつ意味（ある意味影の部分）を分析している。典型的な植民地博覧会としてあげられているパリ万国植民地博覧会（1931）では、モロッコ、インドシナなどのフランスの当時の植民地からの出展があり「見世物」として植民地の住民を会場内に配置させていた。また松田（2003）は異文化表象のあり方の場としての研究を行い、その展示がその鑑賞者にどのような波紋を投げかけたかを考察している。

(5) 博覧会の運営・経営に関しての研究
・諸岡博熊（1987）『博覧会事始』エスエル出版会。

諸岡（1987）は、自らが日本万国博覧会における政府館の運営に携わった経験を活かし、具体的な博覧会運営の手引書となる著書を出している。それまでは、博覧会という特殊なイベントに関わるマニュアル的なものはなく、本書は、その後の市制100周年記念博覧会やジャパンエキスポの運営業務に大いに寄与した。

(6) 災害論の視点からの研究
- 佐藤武夫・奥田穣・高橋裕(1964)『災害論』勁草書房。
- 越山健治(2014)「都市復興」関西大学社会安全学部編『防災・減災のための社会安全学』ミネルヴァ書房。

　復興を論じるためには、災害の定義が必要である。佐藤ほか(1964)は、災害を、「人間とその労働の生産物である土地、動植物、施設、生産物が何らかの自然的あるいは人為的要因(破壊力)によって、その機能を喪失し、又は低下する現象」としている。また、直接的に博覧会と災害の関係性などを論じてはいないが、災害からの復旧・復興に関する研究は本研究に重要な意味をもつと考える。越山(2014)は「都市復興は空間再建を通じた都市の新たな社会性の獲得である、と定義できる」としている。ここに復興博覧会における観光館のもつ意味が生じてくるのではないかと考える。

　以上、本研究にあたり上記の研究等を参考にしつつ、復興・博覧会・観光という複合的な新たな視点で展開を整理した。

3. 研究の視座、目的と研究方法

(1) 研究目的

1) 博覧会の分類と分析

　わが国では、1877(明治10)年に第1回内国勧業博覧会が、富国強兵という日本を近代化し国力を増強するという国家目的のために東京・上野公園で開催されて以来、有名なものとしては、1970(昭和45)年に大阪・千里で開催された日本万国博覧会を皮切りとして、BIE(博覧会国際事務局)承認の国際博覧会や地方都市における博覧会が次々と開催された。

　しかしながら、数的には、このような大規模な国際博だけではなく、それよりもはるかに多くの「博覧会」が開催され、わが国の近代以来の地域振興において大きな役割を果たしているのである。しかし、その実態の分析は、実務的な報告や記録が多く、学術的に体系化されているとは必ずしもいえな

い状況といえる。本研究では、近代の1900年前後から現在までの博覧会を俯瞰し、40万人以上の入場者があった186の博覧会[2]のタイトル、開催主体、開催テーマ、開催趣旨からその博覧会の主要コンセプトを引き出し、分類を行った（**図序-1**）。

そうするとまず、博覧会開催における流れを4期に区切ることができる。すなわち、第Ⅰ期（明治・大正・戦前・戦中/1877～1945年）、第Ⅱ期（戦後・大阪万博まで/1946～1970年）、第Ⅲ期（大阪万博以降20世紀末/1970～1990年代）、第Ⅳ期（21世紀/2000年以降）、である。

さらに博覧会の背景として、日本の政治的、経済的、社会的な変動と対比させると、主要コンセプトは大きく①〜⑪の11のカテゴリーを見出すことができる。本研究では、その中でとくに、太平洋戦争終戦後、戦災において疲弊した都市を復興・再生する手段として復興博覧会が重要な役割を果たしていたことを示すとともに、戦災のみならず自然災害による大きな被害を被っていた都市を日本自然災害年表[3]と対比し、そこで開催された復興博覧会がその後の都市経営に及ぼした影響について明らかにする。

また、博覧会の開催件数の分析からは、数的には五つの山（ブーム）が抽出された（**図序-2**）。

第1次の山（第1次ブーム、1925～1935年）は、大正天皇崩御と昭和天皇即位の1926年から1928年にかけての皇室関連の博覧会（照宮成子内親王殿下の御誕生記念の「こども博覧会」、昭和天皇即位の「大礼奉祝博覧会」など）と勧業、国内産業振興関連の博覧会の開催ブームである。第一次世界大戦後の好況は一転し、その不況脱出のきっかけとして各都市で勧業博覧会が開催されたのである。1927年に福岡で開催された「東亜勧業博覧会」は約2カ月の期間に160万人以上の入場者があった。

第2次の山（第2次ブーム、1950～1960年頃）は、1948年からの復興および平和を謳った博覧会の開催ブームである。戦災そしてその後に襲った自然災害からの復興、そして観光と平和をテーマにした博覧会である。また戦勝国であるアメリカの全貌を紹介した兵庫県の阪急西宮球場（当時）で1950年に開催された「アメリカ博覧会」は約3カ月で200万人もの入場者で賑わった。

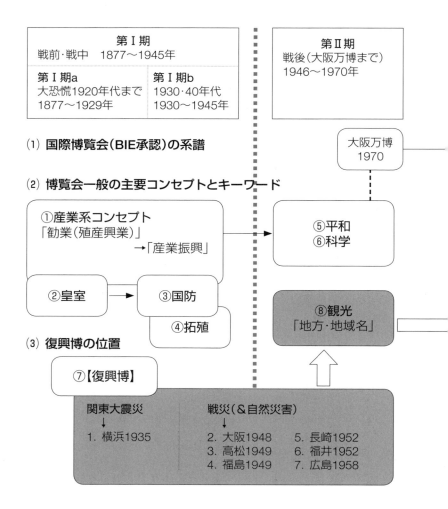

図序-1 日本の博覧会の開催コンセプトの変遷(その1)
出典:筆者作成

[序 章] 11

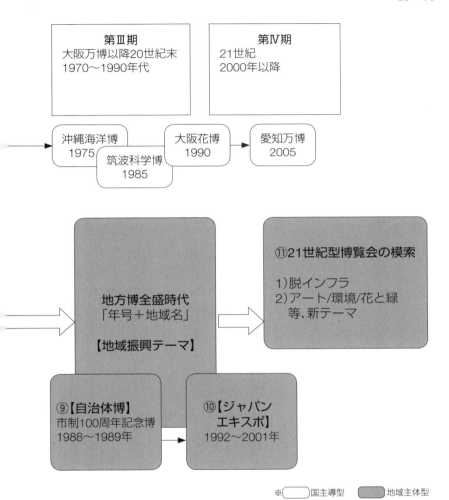

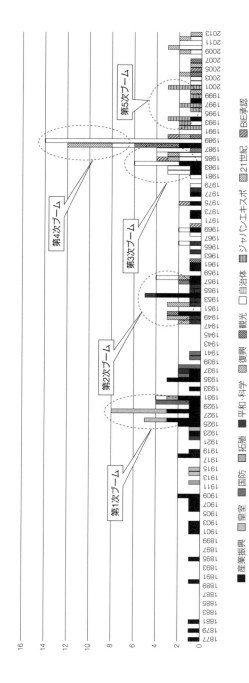

図序-2 年度別大規模博覧会開催件数
出典：筆者作成

そして次が、1981（昭和56）年の「神戸ポートアイランド博覧会（ポートピア'81）」の成功から始まる第3次ブーム（1980～1985年頃）の到来である。1610万人もの入場者を記録したこの博覧会を契機に日本各地で地域振興を中心とした博覧会が開催されている。インフラ開発を博覧会の手法を用いて実施し、約65億円の黒字を計上、2兆円もの経済波及効果があり、各都市が競って博覧会の開催を計画する動機となった。

次の山（第4次ブーム、1986～1990年頃）が1988（昭和63）年から1989（平成元）年にかけて市制100周年記念事業の一環で、各地で開催された市制100周年記念博覧会である。市制は1888（明治21）年に制定され、翌年1889（明治22）年に37の都市が市制施行地に指定された。それから100周年にあたる1989年の前後に自治体主催の博覧会が多くの都市で開催されたのである。「未来」「進歩」「発展」「夢」というイメージを具体的な形にして見せる博覧会の手法はインフラ整備の起爆剤としても有効であり、また大型映像やロボットで先端技術を紹介してわかりやすく未来を表現することで、自治体の将来への期待を膨らませることができたのである。しかし、乱立気味の地方博覧会は、企業パビリオンへの依存度が非常に高く、大手広告代理店に企画運営を全面的に任せてしまうことから横並びの同質的なイベントとなってしまい、地域の主体性が乏しくマンネリ化を招く結果となった。また1988（昭和63）年開催の「世界・食の祭典」（北海道）に象徴される地域社会に及ぼす悪影響も批判の的となった（86億円の巨額の赤字）。

このような背景がある中で、従来型地方博覧会の再生をねらって「ジャパンエキスポ（特定博覧会）制度」が誕生した（第5次ブーム、1992～2010年頃）。この制度は地方博覧会の本来の目的と意義を明確に認識し、地域の自主性と主体性に基づく"個性的"かつ"独創的"な博覧会の開催を推進するために創設されたものである。

この第1次から第5次ブームの「市制100周年記念博」や国による地方振興の「ジャパンエキスポ」を経て、現在の潮流は「脱インフラ・アート型」である。第6次のブームの兆しが見えており、本研究ではそれらの効果を分析する。これまで学術的には個々の記録や文化論的研究が多かった「博覧会」の意義について経済・経営的観点から分析することを目的とする。

日本における博覧会の歴史を俯瞰して見ることにより、コンセプトの変遷、開催の五つの山が明らかになったが、博覧会の主体を考えた時に、もう一つの大きな流れを見出すことができる。日本で初めての近代的博覧会として開催された内国勧業博覧会の流れをくむ国家主導型の産業振興を柱とした博覧会と、戦後の復興博覧会のテーマ、内容に見られる都市・地域再生型の流れをくむものの二大潮流である。前者は内国勧業博覧会を経て皇室関連、国防、拓殖、平和、科学そして国際博覧会と続く流れである。国家の威信をかけて、国家の結束と発展の旗印のもとに開催された。一方、後者は各都市で開催された復興博覧会を先駆として、主体が都市・地域であり、住民が地域のそして自らの誇りを取り戻し、観光を取り入れて再生を図ろうとする地方博覧会の流れである。現在各都市・地域で開催されている脱インフラ・アートの21世紀型博覧会はその延長上に位置するものである。

2）復興博覧会について

　2011（平成23）年の東日本を襲った大地震と津波、そして原発事故により関連地域が大きな被害を被ったことは記憶に新しいところである。また関東においては1923（大正12）年の関東大震災、関西においては1995（平成7）年の阪神・淡路大震災という大地震により多くの人命が失われ、被災した東京、横浜、神戸の各都市のみならず日本の経済に大きな被害を与えた。日本各地は毎年のように大規模地震の発生、台風による暴風雨、また雪害により、被害を被ってきている。そこで地方都市においては、戦災から立ち直り、住民の誇りを取り戻し、産業を活性化させるための復興博覧会が各地で開催された。空襲などで焦土と化した都市が復興の手本としたのが関東大震災から6年後の1929（昭和4）年に横浜市で開催された「復興記念横浜大博覧会」であった。本研究では、観光館というパビリオンが設置され観光立国の礎となったことを明らかにする。

3）自治体による市制100周年記念博覧会（自治体博）

　1980年代に入ると地方博覧会ブームが全国で起こり、とくに1987（昭和62）年から1989（平成元）年にかけて市制100周年記念事業の一環などで、

インフラ整備の起爆剤とし、大型映像やロボットで先端技術と未来を表現するテーマを掲げて開催された。地域の課題を解決する手段として博覧会を各都市が競って開催するようになると、効果の反面、多くの問題点が指摘されるようになってきた。大手広告代理店主導の結果、同質的なイベントとなってしまい、地域産業の振興や地域アイデンティティの確立などが疎かになってしまったのである。

4）国によるジャパンエキスポ制度

1990年代に入ると1980年代の博覧会ブームにおける地方博の反省をふまえて、1992（平成4）年、国が主導するジャパンエキスポ制度による博覧会が第1回ジャパンエキスポが富山県で開催された。1980年代後半の地方博との違いは、国の主旨に則り地域の特性を活かした博覧会であり、従来型の市制100周年記念自治体博形式の地方博の再生をねらったものであった。同時期に、ジャパンエキスポ制度の制約を受けない博覧会も多く開催されている。1993年、神戸市で開催された「アーバンリゾートフェア'93」に代表される脱・従来型博覧会で、囲い込みの会場での開催ではなく街全体を会場にしてイベント展開を図るものであった。大都市の活性化を目的とし、問題提起型の企画が盛り込まれ、既存施設を活用し、企業パビリオンは脇役の存在となっている。開催期間中のみならずプレイベントを含め参加型イベントを数多く展開しているのも特徴である。

5）脱インフラ・アート活用による21世紀型博覧会

地方博覧会が開催された大都市や中規模の都市ではインフラ整備が進み終了後はソフト面でのまちづくりの試みもなされるようになってきた。しかし小都市や過疎地域は若年人口の減少による産業の停滞に悩み、存続すら危ぶまれる状況に陥ってきた。そこで従来の博覧会の考え方から脱皮した芸術祭という手法が2000年以降注目されるようになってきた。「大地の芸術祭」（第1回2000年）が新潟県・越後妻有で、「瀬戸内国際芸術祭」（第1回2010年）が瀬戸内海の七つの島と高松で開催され、アートの力が人を動かし、人を呼び込む力になることを証明して見せた。第1回瀬戸内国際芸術祭は105日間

に延べ約100万人の集客があったが、アートに関心のない人も呼び込む祝祭ムードが生まれたことも成功要因の一つであろう。

本研究では、①90年代末の復興イベントとしての「阪神・淡路大震災と神戸ルミナリエと淡路花博」の定量的分析、②「滋賀県甲賀市信楽におけるアートイベントの取り組み」と「大地の芸術祭」におけるイベントの収支、参加者の消費額などから経済波及効果の算出、アートイベントを活用した地域活性化の経済効果モデルの考察を行い、日本の博覧会史における復興博覧会の位置づけを明らかにするとともに、地域・都市の復興・再生に果たした役割を検証し、近年の現代アートを活用したアートイベントの文化的効果および経済的波及効果を示しながら博覧会手法による復興・再生メカニズムの解明を目指す。

(2) 研究方法
1) 歴史的方法論・フィールドワークなどの分析

本研究における歴史的考察には、過去の博覧会資料等が最も重要である。本研究では、これまであまり学術的に詳細に検討されてこなかった乃村工藝社（日本各地で開催された博覧会のパビリオンなどを多く手がけた専門的な企業）の膨大なデータベース資料を、ほとんど初めて分析した。

その結果、時系列的な分類論と歴史分析により、日本における博覧会は大きく2系統あり、

1．第1回勧業博覧会から始まる産業振興の方向⇒この延長が科学技術博
と、これに対する、

2．地域再生から観光へというもう一つの潮流

である。

本研究では、この構造が復興博から始まっていること、その手がかりとなるのが観光館であることを見る。

この手法は、日本における自然災害および太平洋戦争による戦災からの地域・都市の復興・再生を、博覧会手法によって観光というキーワードで成し遂げようとした事例研究を主とするものである。公開資料（各種統計資料等含む）に基づく事例や筆者の経験した事例を分析し、地域・都市の復興・再

生メカニズムの解明を試みる。

　この手法は、①関東大震災により壊滅的な打撃を受けた後復興を遂げた横浜市における「復興記念横浜大博覧会」、②太平洋戦争による戦災から復興を遂げた大阪市の「復興大博覧会」、③戦災および自然災害の二重三重の苦難から復興を遂げた高松市の「観光高松大博覧会」、④同じく地方の復興博の福井市の「福井復興博覧会」で用いる。

　横浜市については個々の視点から研究がなされてきており、著作、論文など多く発表されている。しかしながら、観光という視点で俯瞰しながら災害から復興へ、そして博覧会による観光振興を連続的かつ総合的に研究した論文はない。最近では「関東大震災後の都市復興過程とそのデータベース化、並びに資料収集」（糸川2008）の研究会において復興記念横浜大博覧会を対象に横浜の震災復興を文化の側面から検討し、宣伝文化の博覧会であったことなどが指摘されているのが注目に値するくらいである。

　そこで、研究方法としては、「震災復興」については横浜の都市形成関連文献や新聞等震災関連資料により、「博覧会」については『復興記念横浜大博覧会誌（公式記録）』、『復興記念横浜大博覧会協賛会報告書』、新聞等博覧会関連資料により、また「観光」については横浜市各種統計資料、博覧会開催時および閉幕以降の宣伝パンフレット等による文献調査を中心に行った。ペリー来航により開港した横浜市は開港時には外国人居留地がおかれ、その散策路であった海岸通り（バンド）が関東大震災で消滅してしまった。そしてその場所が震災で生じた瓦礫の処理場となり、さらに復興のシンボルとしての日本初の臨海公園として生まれ変わり、復興を世の中に高らかに謳う記念博覧会の会場となった。その経緯と、それがきっかけで日本における国際観光都市の先駆けとなるまでの変遷を考察した。

　1948（昭和23）年、大阪で開催された復興大博覧会についても本論文の事例としたが、過去には論文はもとより報告書としての「復興大博覧会誌」しか詳細を記したものがなく、森（1998）の「昭和23年復興大博覧会―大阪経済リハビリの時代」（『大阪春秋』91号）が唯一この博覧会の概要を記したものである。ただし内容については、自身の小学生時代の体験と「復興大博覧会誌」をもとに博覧会の主旨、開催経緯、パビリオン等を解説したもので

あり、その背景や大阪経済の復興に果たした役割を論じてはいない。本研究は、先行研究における博覧会そのものについての著書、論文を参考としながら、「復興大博覧会誌」(公式記録)、天王寺区史、大阪府史、当時の新聞等博覧会関連資料の文献を読み解き、博覧会場となった上町台地・夕陽丘の現況を視察し、当時の住民のヒアリングも加えて都市再生に博覧会が果たした役割の考察を観光の視点から試みるものである。等価交換による立ち退き、そして地域への愛着から再び博覧会終了後に戻った経緯、恒久施設として建てられたパビリオンが大阪府・市への売却後の幾度かの変遷を経て現在に至る過程などを確認することができた。さらに大阪の事例においては復興博覧会の開催場所の選定にあたり、上町台地となった理由を大阪の成り立ちをふまえ考察する。事例とした観光高松大博覧会および福井復興博覧会の研究についても同様の手法により論述し、加えて博覧会以後の観光行政の取り組みについて、観光振興に向けた組織の改編、情報発信ツールや発信方法の変化などもふまえて考察する。

　1980年代になると博覧会が全国の地方都市で開催されるようになり、その後、マンネリ化などの反省から脱・従来型博覧会で、囲い込み型の会場での開催ではなく街全体を会場にしてイベント展開を図るものやジャパンエキスポなどの手法がでてきた。第Ⅶ章「80年代の『地方自治博覧会』―地方自治と市制100周年記念事業としての博覧会」、第Ⅷ章「90年代の博覧会―国による地域再生への枠組みとしてのジャパンエキスポの試み」でこれらを検証する。しかし現在、小都市や過疎地域では若年人口の減少による産業の停滞に悩み、存続すら危ぶまれる状況に陥ってきている。そこで従来の博覧会の考え方から脱皮した芸術祭という手法が1990年代以降注目されるようになってきたのである。

2) 定量的分析手法（テキストマイニング）

　時系列的な分類論と歴史分析により、日本における博覧会は、先述のとおり大きく2系統に分かれ、本研究では、この構造が復興博から始まっていること、その手がかりとなるのが観光館であることを見る。この三者のデータをもとに、どのようにコンセプトが変化してきたのか、テキストマイニング

を試みる。

　使用するソフトは「トレンドサーチ2008」[4](SSRI)である。このソフトは、テキスト形式のデータからキーワードを抽出し、コンセプトマッピング技術でビジュアル化し、データに秘められた特徴を読み取ることが可能になる。抽出されたキーワード群が、関連度（重要度）に応じて互いに引っ張り合わされる（近さを調節される）ことによって、平面上にビジュアルにマッピングされる。これによって、関連するキーワードは近くに配置され、関連しないものは離れて配置されるので、直感的に情報全体の外観を把握することができる。

　ここでは、対象とする博覧会のテキスト全体の重要キーワードをマッピングさせることにより、キーワード間の関連のイメージを把握し、テキスト全体が意味する概念を概観する。

　テキストマイニングを行うに際しての利用データは下記のとおりである。

1．勧業博の例としては、内国勧業博覧会の中でとくに盛大であった大阪・天王寺区で開催の「第5回内国勧業博覧会」を代表例とする。
2．復興博の例としては、同じ大阪・天王寺区で1948（昭和23）年開催の「復興大博覧会」を代表例とする。
3．近年の地域再生型博覧会の例としては、1992（平成4）年から始まったジャパンエキスポの12回開催の中から、その中間にある第7回ジャパンエキスポ「山陰・夢みなと博覧会」を代表的例とする。

　結果として、この三者にテキストマイニングの手法を行ったところ、キーワードから、博覧会には以下の三つの系統で概念の変化があることが明らかになる。

　A（勧業博系）．キー概念は「貿易」「外国」「勧業」
　B（復興博系）．キー概念は「復興」「経済」「観光」
　C（地域再生博系）．キー概念は「観光」「地域」「交流」

　このように、資料文献調査、定量分析により、日本における博覧会の構造が4期、11カテゴリー、3系等に分類され、さらに3系統で概念が異なることとなり、勧業から地域再生・観光への転換点に位置する復興博が非常に重要な意味をもつことがわかる。

3) 定量的分析手法（経済効果等の分析手法ほか）

復興博覧会の事例においては経済波及効果に言及したものはなく、効果測定が困難である。したがって、本研究においては、博覧会手法を受け継ぐ現在のアートイベントの事例を分析し、第Ⅸ章「脱インフラ・アート活用の21世紀型博覧会手法による地域・都市観光再生 ①」において阪神・淡路大震災と90年代末の復興イベントとしての神戸ルミナリエと淡路花博の定量的分析を試みる。

また、第Ⅹ章「脱インフラ・アート活用の21世紀型博覧会手法による地域・都市観光再生 ②」においては、「滋賀県甲賀市信楽におけるアートイベントの取り組み」と「大地の芸術祭」において、イベントの収支、参加者の消費額などから経済波及効果の算出を試み、アートイベントを活用した地域活性化の経済効果モデルを考察する。

結果として、「大地の芸術祭　越後妻有アートトリエンナーレ2006」の経済効果結果では、①大きな都市への流出もあるが、②意外に地元の「十日町市」自身へも大きな効果があることがわかる。

4. 本書の構成

本書は全部で12章で構成されている。

序章である本章では、研究の背景、既存研究の整理、本研究の位置づけを明らかにしたうえで、研究目的および研究方法を説明する。

第Ⅰ章では、博覧会の定義とヨーロッパにおける万国博覧会の始まりと種別について説明したうえで、万国博覧会の開催条件、日本での過去開催の万国博覧会の開催主旨と内容を俯瞰し、万国博覧会の将来的展望を論述する。

第Ⅱ章では、第1回内国勧業博覧会から現代に至る日本で開催された博覧会のうち、40万人以上の集客があった186の博覧会の主な目的と内容を災害年表、そして日本史における主な出来事とに照らし合わせ、開催コンセプトの変遷による分類を行った。まず1880年代後半から終戦（殖産興業、皇室、国防、拓殖等）、終戦後から1970年代（平和、科学、観光等）、1970年代から1990年代（地域振興、産業振興等）、そして2000年代（脱インフラ型、アート、

花と緑等）と大きく4区分されることを明らかにする。とくに太平洋戦争後には、戦災や自然災害において疲弊した都市を復興・活性化する手段としての「復興博覧会」が重要な役割を果たしていたことを示す。

そして、本第Ⅱ章第4節において、勧業博、復興博、地域再生博の三者に定量的分析手法（テキストマイニング）の手法を行い、キーワードから、博覧会には以下の三つの系統でキーとなる概念に変化があることを明らかにする。

　A（勧業博系）．貿易、外国、勧業
　B（復興博系）．復興、経済、観光
　C（地域再生博系）．観光、地域、交流

第Ⅲ章では明治時代以降の日本における戦災と自然災害の状況を把握したうえで、そこから復興を遂げた（遂げようとする）都市で開催された復興博覧会の全貌を調査し対比を試みる。

第Ⅳ章では関東大震災による壊滅的な被害を被った横浜市における復興記念横浜大博覧会の内容を記述するとともに、交通観光館がその後の横浜市の観光行政ならびに都市イメージの向上に対する影響を考察する。この博覧会の成功が太平洋戦争による戦災や自然災害からの復興に懸ける地方都市に起こった昭和20～30年代の博覧会ブームの手本となっている。

第Ⅴ章では事例として、太平洋戦争による戦災で焦土となった大阪の復興大博覧会について論述する。この博覧会は従来の博覧会の考えと一線を画し、終了後は更地となる会場設営ではなく、終了後に外囲いを外すとモデルシティが出現するという画期的な構想による博覧会であった。この博覧会の開催前から国会等で議論されてきた観光立国論が観光館などに大きく反映されているとの考えから貿易観光都市として再生を図った大阪を論じる。

第Ⅵ章では戦災での都市機能の消失のみならず、その後に起こった大地震や風水害からの被害の追いうちに耐えながら奇蹟的な復興を遂げた、高松市で開催された観光高松大博覧会と福井市で開催された福井復興博覧会について論じる。両博覧会とも関東大震災からの復興を果たした復興記念横浜大博覧会を見習ったものであった。

第Ⅶ章および第Ⅷ章では1980年代後半に起こった博覧会ブームを検証し

たうえで、その反省をふまえて開催されるに至ったジャパンエキスポについて論述する。博覧会ブームとなったのは市制100周年記念事業の一環で多くは県庁所在地などの都市で開催されたものであった。インフラ整備の起爆剤としての役割などがあったが、地域の主体性が乏しく大手広告代理店への依存度が高くなってしまいマンネリ化を招いた。ジャパンエキスポは国の主旨に則り地域の特性を活かした博覧会の開催を目指すものであった。筆者が携わった世界リゾート博、南紀熊野体験博という和歌山県下で開催された2件のジャパンエキスポを事例にその制度と地域活性化へ果たした効果を観光振興の面から考察する。

第Ⅸ章では現代アートを活用した脱・インフラ型の21世紀型博覧会手法による地域・都市観光再生について、1990年代以降のアートイベントの開催状況をふまえながら考察する。1995年の阪神・淡路大震災の復興イベントとして開催された二つのイベントが現在まで継続されている。一つはジャパンフローラ2000（淡路花博）である。大震災の教訓に学び、花・緑・水を基調にした安全で快適なまちづくりの提案が開催意義にあった。その後、淡路花博2010に引き続き淡路花博2015が開催された。また大震災で多くの犠牲者を出したが、その年12月に鎮魂と追悼、街の復興を祈念して開催されたのが神戸ルミナリエである。この二つのイベントの経緯、意義を検証するとともに定量的分析も行う。

第Ⅹ章では近年競って開催されているアートイベントについて考察する。現代アートのみならず音楽、演劇を中心とした芸術祭も多く開催されているが、中でも瀬戸内国際芸術祭（2010年～）、大地の芸術祭（2000年～）が観光振興に果たす役割は大きい。この章で事例とした大地の芸術祭は開催地の一部の地域が2004年の新潟県中越地震の影響を受けたが開催効果により復興を果たしている。また滋賀県甲賀市信楽のアートイベントの取り組みを取り上げ、信楽焼の窯元を巡る散策路が甲賀市の地域ブランドとして認定されたことと合わせて、甲賀市の観光におけるブランド価値を検証する。甲賀市は忍者・信楽・宿場（東海道五十三次のうち、水口宿と土山宿）で有名であるが、2013年の台風18号による被害で信楽高原鉄道の鉄橋が流出した（2014年運行再開）。そのような状況下でのアートイベントの効果を測ることは地域の

復興にイベントが果たす役割を検証するうえで重要な意味をもつと考える。

このように、本第Ⅹ章の第2節では、「大地の芸術祭　越後妻有アートトリエンナーレ 2006」の経済効果分析を行い、①大きな都市への流出もあるが、②意外に地元の「十日町市」自身へも大きな効果があることを示す。

終章および「おわりに」では、第Ⅳ～Ⅹ章における復興博覧会やアートイベントが地域・都市観光再生に果たした役割と波及効果を検証し評価を試みる。そのうえで市制 100 周年記念事業としての地方博覧会や国（通産省・当時）主導でのジャパンエキスポが、パビリオンのマンネリ化と入場券の押し付け販売などにより理念が形骸化し徐々に衰退せざるをえなくなっていった経緯を振り返り、今後の博覧会のあり方を、現代アートを活用したアート博・芸術祭の将来像を見据えて考察する。また、それらの課題をふまえつつ先の東日本大震災の復興に際しての博覧会の開催の可能性について論じる。

補注

1）共進会はフランスの農産競走会を手本にして創設された制度であり、製茶共進会、生糸繭共進会、陶磁器共進会など主要な産業毎に製品の展示会を行うものである。そこで品評、褒賞を与えることで競い合い、同時に物販による販売促進に主眼を置いたものである。
2）博覧会研究と博覧会関連資料コレクターとして著名な寺下（2005）の「日本の博覧会年表」をベースに、「イベント白書 2000」「乃村工藝社資料室博覧会資料」からの博覧会情報を加えて加筆、修正し作成。1900 年前後に一部重要性から入場者数 40 万人未満のものも含む。乃村工藝社情報資料室にて資料確認（博覧会誌含む）。
3）内閣府・過去の災害一覧。http://www.bousai.go.jp/kyoiku/kyokun/kyoukunnokeishou/1/pdf/sankoshiryo.pdf#page=1（2014.6.5 アクセス）
4）トレンドサーチ 2008 の著作権は、株式会社社会情報サービスと株式会社富士通ソフトウェアテクノロジーズ（開発元）にある。テキスト形式のデータからキーワードを抽出し、コンセプトマッピング技術でビジュアル化し、データに秘められた特徴を読み取ることが可能になる。

第Ⅰ章
国際博覧会の分類と日本との関わり

1. 国際博覧会の定義

(1) BIE の成立

　産業革命以後、技術の進歩は産業社会の発展を促し、その成果を誇る国際博覧会は、19世紀には、欧米諸国の都市において多く開催されるようになった。しかし、中には責任者や事業主体が曖昧なものや博覧会間の過当競争も目立つようになってきた。そのため開催頻度の規制や内容について規定すべきという声が関係諸国において高まってきた。フランスをはじめベルギー、イタリア、ドイツなどヨーロッパの各国には「博覧会委員会」が設置されていたが、国際的な機関の設置が求められるようになり、1908年に「博覧会委員会連盟」が結成された。その後、1912年には日本を含む15カ国が参加し、国際博覧会条約が起草されたが、これは、第一次世界大戦の勃発にともない発効するまで至っていない。

　第一次世界大戦後の1928年、31カ国が参加し「国際博覧会に関するパリ条約」が成立し、同時にパリに「博覧会国際事務局（Bureau International des Expositions；以下、BIE とする）」が創設され現在に至っている。

　この BIE 国際博覧会条約における博覧会の定義（1928）には「博覧会とは、名称のいかんを問わず、公衆の教育を主たる目的とする催しであって、文明

の必要とするものに応ずるために、人類が利用することのできる手段、又は、人類の活動の一つ若しくは二つ以上の部門において達成された進歩、若しくは、それらの部門における将来の展望を示すものをいう」とある。しかし、諸岡博熊（1987）の「一定の敷地内に一定の期間にわたり不特定多数の人々を集め、多数の展示館やレストラン、売店、催物、サービス施設、輸送、宿泊施設などを計画的に配列し、展示その他の技術で明るい楽しい非日常の世界を現出し、その体験を通じて人々に感動を与え、思い出を創り出させるもので、主として大衆の教育に資する一過性のもの」であり、さらに、「波及効果として、文化的創造活動を刺激して、長期にわたって文化や産業の発展に寄与し、開催地域の経済、社会、生活、文化などの振興に役立つもの」という定義のほうが、より具体的で理解しやすい。

(2) 国際博覧会

　国際博覧会とは、国際博覧会条約に基づいて、正式に博覧会事務局に登録または認定された国際的な博覧会をいう。万国博覧会という呼び方もあるが、一般的には国際博覧会を使用する。国際博覧会の開催に関する一般的な条件については、「国際博覧会条約の第2章（PART Ⅱ）」に規定されているが、そこでは国際博覧会を会期や開催頻度、規模などから「登録の対象となる博覧会」と「認定の対象になる博覧会」の2種に分けて規定されている。

【登録博覧会[1]（大規模・総合型）】 ※以下の条件を満たしていることが必要。
①開催期間が6週間以上でかつ6か月以内のものであること。
②参加国が使用する博覧会用の建造物に関する規則が一般規則に規定されていること。不動産に課せられる租税が招請国の法令により要求される場合には、その租税は開催者が負担する。博覧会国際事務局の承認した規則に従って実際に提供された役務については、対価を求めることができる。
③1995年1月1日以降は、二つの登録博覧会の間には少なくとも5年の間隔を置くこと。但し、博覧会国際事務局は、国際的な重要性を有する特別な出来事を記念することができるようにするために、前段に規定す

る間隔を1年を超えない範囲で短縮することができる。

【認定博覧会[2]（中規模・テーマ型）】 ※以下の条件を満たしていることが必要。
①開催期間が3週間以上3カ月以内のものであること。
②明確なテーマを掲げるものであること。
③会場の総面積が25ヘクタールを超えないものであること。
④開催者が建設する施設を参加国に割り当てるにあたって、全ての賃貸料、料金、租税および費用（提供された役務に関わるものを除く）を免除するものであること（一つの国に割り当てられる面積は1千平方メートルを超えてはならない）。ただし開催国の経済上および財政上の状況によって正当とされる場合は、博覧会事務局は無償で提供する義務の例外を認めることができる。
⑤この規程による認定博覧会については、二つの登録博覧会の間において一つに限って開催することができる。
⑥同一の年においては、登録博覧会またはこの規程による認定博覧会のいずれかに限って開催することができる。

　また、先述の博覧会の条件をさらに詳しく述べると、「テーマ」については普遍性があり、広く国民・市民に対する教育・啓発的内容を有していることが求められる。「出展内容」については、複数の部門にまたがり、過去・現在・未来にわたる幅広い出展で構成される総合性が求められる。「出展者構成」においては、行政機関か民間かを問わず、全国・世界から複数の出展者があり、多彩に構成されていることが必要である。その他、ジャパンエキスポでは、「会場規模」については、国際博覧会の条件と異なり、概ね10ヘクタール以上の会場の広さを有していることや、「予想来場者」が100万人以上または開催都道府県の総人口以上であることなどを認定条件としている[3]。
　博覧会の組織は数年に及ぶ長期間の準備を要し、制作期間も長期にわたることが多い。また大きな経済波及効果を呼び起こすが、そのためには巨額の直接投資が必要となる。したがって博覧会の組織の特性として下記の要素が必要となるのである。①行政機関と産業界の代表者たちによる官民複合組織

で、②理事会（最高意思決定機関）と事務局（実務執行・管理機関）の二重構造になっている。また、③意思決定には顧問や評議員や監事などが関わり、④企画・制作には文化人や有識者およびプロデューサーグループが関わる[4]。また通常、主催者の組織は、博覧会の開催内容や規模に応じて、財団法人方式、任意団体方式、主催団体の実行委員会方式、単独団体の担当組織方式のいずれかの方式をとることとなる[5]。

2. 国際博覧会のはじまりと種別

(1) ロンドン万国博覧会（1851年）

　世界最初の国際博覧会は万国博覧会という名称で1851年に開催された「ロンドン万国博覧会」である。イギリス産業革命の成果を世界に誇示することに成功し、165日間の開催期間中の入場者は約603万人であった。会場として建設されたのが造園家ジョセフ・パクストンの設計による巨大な鉄とガラスの構築物「クリスタルパレス（水晶宮）」（**写真1-1**）であった。植物園の温室をモデルに設計されたこの会場は、1階は長さ1848フィート、幅408フィート、中央通路の高さ64フィートで、博覧会終了間際には1日10万人の入場者が水晶宮を訪れている。ここでは西半分が大英帝国の展示に、東半分が諸外国の展示に割り当てられ、中でも時代の先端を担うような新しい産業機械の展示が脚光を浴びた。大量印刷の輪転機、遠心ポンプ、工作機械、蒸気ハンマーなど機械テクノロジーを象徴する祭典であった。

　この博覧会見物に観光団を組織し鉄道会社と交渉し大量に団体客を送り込んだのが、世界初の旅行会社となるトーマス・クックであった。

　この博覧会の成功は各国を刺激し、以後今日まで欧米をはじめとする世界各国は競って博覧会を開催するようになったのである。

(2) 第2回ロンドン万国博覧会（1862年）と日本の出会い

　1862（文久2）年に幕府の使節として第2回ロンドン万国博覧会の開会式に臨席し、日本人で初めて万国博を体験した竹内下野守保徳を正使とする総勢38人の一行があった。当時幕府はペリーの黒船来航によりアメリカと条

写真1-1 クリスタルパレス
出典:平野繁臣『国際博覧会歴史事典』内山工房、1999年

約を結んでいたが、同様にヨーロッパ諸国とも結んでいた。しかし国内では依然として攘夷論が盛んであり、江戸、大坂、兵庫、新潟の開市・開港の延期をせざるをえない状況であったために、それをヨーロッパ諸国に認めさせるために派遣されたのである。ロンドン到着の翌日にロンドン万博が開幕し、使節団一行は紋付き羽織、袴姿で開会式に臨席している[6](図1-1)。

この第2回ロンドン博は、日本が組織された近代的博覧会と最初に出会う記念すべき第一歩であった。そして、使節団の一行は、実際に目で見ることにより西洋文明の成熟と博覧会の意味に触れたのである。鎖国により極めて一部の海外の文明にしか触れてこなかった日本が、ヨーロッパで開催された万国博覧会における発達した技術による展示物やそこに集う人々を目の当たりにしたことで、未熟さとその博覧会のもつ意義を認識するのである。その一行に福沢諭吉、松木弘安、福地源一郎、淵辺徳蔵などがいた。

淵辺徳蔵は、自著『欧行日記』で博覧会を「エキセルビジョン（展観場）」と呼んで、「この展観の企ては各国の産物を博覧することを目的とし、自国の誇るべき産物や製造品、機械などを衆人に見せ、多くの輸出をし利益を招くものであるから、出品するのにも多くの税を出し、また遠距離海運の費用もいとわずに、ひたすら国産品を他国の人々に知らせることを主としている。

図1-1 幕府使節団一行（1862年ロンドン博）
出典：The Illustrated London News

そのため選りすぐった品を出品し、もし見たものが直ちに買い求めたいとし、多く売りたいとするものがあれば売ることを悦ぶ（要約）」と記している[7]。

また、福沢諭吉の著書中、最も広く読まれ影響力の強かったものの一つに『西洋事情』がある。その初篇巻之一の中に「博覧会」の項があり、「各国に博物館を設けて古來世界中の物品を集むと雖ども、諸邦の技芸工作、日に闢け、諸般の発明、隨て出、隨て新なり。之が為め昔年は稀有の珍器と貴重せしものも、方今に至ては陳腐に属し、昨日の利器は今日の長物となること、間々少なからず。故に西洋の大都会には、数年毎に産物の大会を設け、世界中に布告して各々其国の名産、便利の器械、古物奇品を集め、万国の人に示すことあり。之を博覧会と称す」と記述されている。これによって博覧会という言葉が広まったと考えられている。それらの見聞を基に日本でも博覧会開催の機運が高まり、1877（明治10）年に第1回内国勧業博覧会が東京・上野公園で開催されることになるのである。

(3) 第2回パリ万国博覧会（1867年）と日本の参加

日本においては、1864（元治元）年に「博覧会」という言葉が登場している。フランス公使ロセスが、幕府の栗本瀬兵衛（鋤雲）に、1867年にフランス・

パリで開催予定のエキスポジションへの出展を要請した。このとき栗本は、公使の書記官であったカションにその次第や意味を尋ねたところ、"広く示す"の意味であるということであった。そこで栗本は「博覧会」という言葉を案出したといわれている[8]。幕府はこの第2回パリ万国博覧会（入場者数約906万人）に参加を決定し、正使を派遣した。この一行に渋沢栄一が加わっており、彼の『航西日記』にパリ万国博覧会の描写が詳しく記されている。幕府の出品物は工芸品が主で、小箱、銀・象牙細工の家具、青銅器、ガラス器、磁器、日本刀、水晶細工、人形などであった。そのほか、日本の茶店が建造され、着物姿の日本女性が人気を集めた。この博覧会には薩摩藩が独自に出品しており幕末の外交史上有名なトラブルとなった。五代友厚などが事前に現地に乗り込んで紡織用機械類や各種小銃の買い入れ、貿易商社の設立等を画策していた。そこで薩摩藩として出品もしようとしたのである。日本大君政府と薩摩太守政府が同格に列せられ、旗も同じ旭日旗を用いることになるなど、幕府の外交上の失敗ともいえる事件となった。しかしながら明治の実業界の両雄、渋沢、五代が奇しくも同じ博覧会の場に関わっていたことは特筆に値する出来事であった。

(4) パリ条約（1928年）とBIE、博覧会の定義の成立

　各国の博覧会熱の高まりによって、博覧会の開催頻度の規制と性格の明確化が必要とされるようになり、フランス政府の音頭で、1928（昭和3）年に31カ国が参加して「国際博覧会に関するパリ条約」が起草され、併せてパリに「博覧会国際事務局」（BIE）が開設された。現在の国際博覧会条約では、国際博覧会を「登録博（旧第1種一般博）」と「認定博（旧特別博）」とに分け（**図1-2**）、登録博の開催間隔を5年以上とし、10年以内に同一国内での大規模国際博覧会の開催を禁止したり、主催国の責任と参加国の義務等を規定している。日本におけるBIE承認の博覧会は5件しかないが、太平洋戦争後において約220もの地方博覧会が日本全国で開催されている。

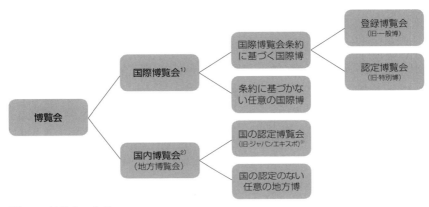

図1-2 博覧会の分類
注1）国際博覧会：複数の国・機関・団体・企業等が参加する博覧会
　2）国内博覧会：地方自治体や地域団体等が地域振興等を目的として開催する博覧会
　3）旧通商産業省のジャパンエキスポ制度は2001に終了した
出典：梶原貞幸編著『イベント・プロフェッショナル』Ⅰ、（社）日本イベント産業振興協会、2012年より

3. 国際博覧会の検証と展望

(1) 日本で行われた五つの国際博覧会

　ヨーロッパにおいて一地方の物産展から発展してきた博覧会は、多くの国が参加する国際的なイベントに成長していくが、その開催にあたって国際間のルールが必要となった。1912年にドイツの呼びかけで各国政府代表がベルリンに集まり「国際博覧会条約」が起草され、日本を含む15カ国が参加を決定したが、第一次世界大戦の勃発で条約は発効するに至らなかった。その後1928年に31カ国が参加してパリで開催された各国政府代表者会議の場で「国際博覧会条約」が制定され、以後数次の改定が行われて今日に及んでいる。この条約に加盟している国が参加して国際博覧会の開催や運営に関わる諸々の事項を決定する国際機関が前述の博覧会国際事務局（BIE）である。

　国際博覧会の開催に関する一般的な条件についての規定をみると、そこでは国際博覧会は会期や開催頻度、規模などから登録の対象となる博覧会（登録博）と認定の対象になる博覧会（認定博）の2種に分けて規定されている。日本においては現在までに二つの万国博覧会（BIE登録博）と三つの国際博

表1-1 日本開催の国際博覧会

開催年	名称 テーマ	広さ	期間	入場者数	種別・参加国・国際機関
1970 (昭和45年)	日本万国博覧会(大阪万博) 人類の進歩と調和	350ha	183日	6420万人	登録博(旧第一種一般博) 76カ国・4国際機関
1975 (昭和50年)	沖縄国際海洋博覧会(沖縄博) 海ーその望ましい未来	100ha	183日	350万人	認定博(特別博) 36カ国・3国際機関
1985 (昭和60年)	国際科学技術博覧会(科学万博) 人間・居住・環境と科学技術	100ha	184日	2000万人	認定博(特別博) 48カ国・37国際機関
1990 (平成2年)	国際花と緑の博覧会(大阪花博) 花と緑と人間生活の調和	140ha	183日	2310万人	認定博(特別博) 82カ国・55国際機関
2005 (平成17年)	日本国際博覧会(愛・地球博) 自然の叡智	173ha	173日	2200万人	登録博(旧第一種一般博) 121カ国・4国際機関

出典：梶原貞幸編著『イベント・プロフェッショナル』I、(社)日本イベント産業振興協会、2012年より

覧会（BIE認定博）が開催されている（**表1-1**）。

　1964（昭和39）年の東京オリンピックに続き、敗戦から立ち上がった日本を世界に印象づけた1970（昭和45）年開催の日本万国博覧会（大阪万博）と、徹底した自然環境問題への取り組みによって万博の新しい方向性を示した2005（平成17）年の日本国際博覧会（愛知万博）がBIE「登録博」、時代に即したテーマを掲げて開催された沖縄国際海洋博覧会（1975年）、国際科学技術博覧会（1985年）、国際花と緑の博覧会（1990年）の三つがBIE「認定博」である。

(2) 二つの登録博

1）日本万国博覧会（Japan World Exposition ; Osaka Japan, 1970）

　①テーマ：人類の進歩と調和（Progress and Harmony for Mankind）
　　主催：財団法人日本万国博覧会協会
　　会場：大阪府吹田市千里丘陵
　　会期：1970年3月14日〜9月13日（183日間／一般公開は3月15日から）
　　入場者数：6421万8770人
　　参加国数：77カ国、4国際機関、1政庁、6州、3都市、国内地方公共団体、2外国企業、28国内企業・団体

入場料金：大人（23歳以上）800円、青年（15～22歳）600円、小人（4
～14歳）400円
　　※当時の平均月収は5万円
トピックス：
・1日の最高入場者数83万5832人
・落し物5万227件（うち、金銭4780万円）
・1940年開催予定だったが日中戦争の影響で中止となった「紀元2600年記念日本万国博覧会」の前売り券が使用可となり約3000枚が使用された。

　②日本で初めての万国博覧会は多くの社会的貢献を果たした。この万博の影響として、関西のインフラ整備面においては高速道路、伊丹空港の国際化整備、千里ニュータウンの建設などが主なものとしてあげられる。観光に関しては、海外のパビリオンを通じて優れた技術や文物、会場の外国人と触れ合うことで、海外への知的欲求や好奇心が刺激され、開催翌年から日本人の海外旅行者数が訪日外国人を上回ることとなった。1969（昭和44）年および1970年の訪日外国人旅行者数はそれぞれ60万9000人、85万4000人（日本人海外旅行者数49万3000人、66万3000人）であったが、万博翌年の1971（昭和46）年は訪日外国人旅行者数66万1000人に対して日本人海外旅行者数が96万1000人になり逆転してしまい、以後2000年に至るまでその差は広がるばかりとなる（もっとも、のちのち、2000年代に入り、訪日外国人を増やす目的で「ビジット・ジャパン・キャンペーン」を国策として開始してから、訪日外国人の数は順調に伸び、2009年のリーマンショック、2011年の東日本大震災で大きく減少したがその後回復、2013年には初めて訪日外国人が1000万人を突破し、翌2014年には1341万人を記録した。円安、ビザの発給要件緩和などでアジアからの観光客の激増により、2015年には、1970年以来、出国日本人を訪日外国人が再び上回ることとなり、訪日外国人旅行者数1974万人、出国日本人数1621万人となった）。

　③1971年からの日本人海外旅行者数の増加は、日本万国博覧会というイ

ベントが、観光の国際化への視野を拡大することとなった一つの現れである。

また、万博におけるデザインや技術面の進歩は大きかった。催事やパビリオンの企画・運営においてはプロデューサーシステムが導入され、岡本太郎や手塚治虫、特撮の円谷英二、当時若手であった横尾忠則などが活躍した。建設においてはお祭り広場にみられるリフトアップ工法など新しい工法が試みられ、アメリカ館で採用された膜構造のエアドーム工法は、後年東京ドームにも使用されている。数社が共同で請け負うジョイントベンチャー方式や工程管理システムなどは万博以後の建設業界に定着している。

このほかにも、万博遺産と言われるほどに現代社会になくてはならないシステム、技術などが万博を機に誕生した。協会警備隊のセキュリティシステムはガードマンという呼称とともに社会に定着しているし、カフェテリア方式によるファーストフードの提供は外食産業の隆盛の原点ともいえる。またテレビ電話、ポケットベル、リアルタイムの世界の情報提供システムなどは情報革新をもたらした。会場デザインにおいても、1964年の東京オリンピックの競技種目で絵文字が採用されてはいたが、この万博ではさらに幅広く案内標識（ピクトサイン）などに活用され、日本にデザイン文化が浸透するきっかけとなった。

④観光面での効果

この博覧会見物による国民大移動は交通機関、旅行会社の発展の大きな転機となった。当時の国鉄（現 JR）は約 2200 万人（うち、新幹線は約 900 万人）の万博見物客を輸送している。博覧会と旅行会社の発展との関係においては、ヨーロッパでの 1851 年ロンドン万博において、16 万 5000 枚の入場券を、団体旅行を仕組むことで売ったとされるトーマス・クックによる旅行会社の誕生はよく知られたところである。また 1855 年のパリ万博では初の海外旅行のパッケージ商品を催行している。日本においては万博終了後に国鉄（現 JR）と電通により「ディスカバー・ジャパンキャンペーン」がスタートした。このキャンペーンについては当事者であるプロデューサーや研究者から多くの著書が発刊されている。本研究は博覧会の観光との関わりを主として論じているが、メディアの技術と手法においては、このキャンペーンに大きく寄

与した女性雑誌の発刊を無視することはできない。1970年3月創刊の『an・an』と翌1971年5月創刊の『non-no』である。旅とファッションをコンセプトに掲げ、若い女性を日本の旅へと誘った。とりわけ小京都と呼ばれる高山、萩、金沢など地方都市の魅力を取り上げてアンノン族とネーミングされる社会現象を巻き起こした。

2) 2005年日本国際博覧会（The 2005 World Exposition, Aichi, Japan）

①テーマ：自然の叡智（Nature's Wisdom）
　サブテーマ：宇宙、生命と情報（Nature's Matrix）
　　　　　　人生の"わざ"と智恵（Art Life）
　　　　　　循環型社会（Development for Eco-Communities）
主催：財団法人2005年日本国際博覧会協会
会場：愛知県愛知郡長久手町・豊田市・瀬戸市
会期：2005年3月25日～9月25日（185日間）
入場者数：2204万9544人
参加国数：121カ国（日本を含む）、4国際機関（その中の国際連合には国連本部および国連関係機関33を含む）
入場料金：大人4600円、中人2500円、小人1500円

　※国際博覧会史上初の半導体（ICチップ）を使用したシステムを導入した。この結果、リアルタイムでの入場者管理（総数、券種別、ゲート別、時間別など）が可能になり、会場内での混雑状況に合わせて的確な運営体制をとることができた。また、パビリオン・催事等の入場予約が可能となるなどの利点があった。過去には磁気方式（国際花と緑の博覧会）やバーコード方式が採用されていた。

公式キャラクター：モリゾーキッコロ
トピックス：映画「となりのトトロ」に登場するサツキとメイの家が人気。現在は愛・地球博記念公園内にて公開中。

②愛・地球博のメッセージでは、「巨大化した人類の活動は、地球自然の許容量を超え、さまざまな危機を知らせるシグナルが点滅し始めている」と警鐘をならし、「『自然のもつすばらしい仕組みと、いのちの力』に感動し、世界各地で自然とのさまざまなつき合い方、知恵に学びながら、多彩な文化・

文明の共存する地球社会を創ろうではないか」と呼びかけている。かつて森林伐採が繰り返された名古屋東部丘陵は、オオタカなどの希少動物が生息する緑豊かな地域であり、工事の進捗にも影響をもたらし、当初メイン会場となる予定であった海上(かいしょ)地区から愛知青少年公園であった長久手会場に変更せざるをえなくなったのである。

　長久手会場の基幹ロードともいうべき全長 2.6km の空中回廊「グローバル・ループ」は、起伏に富んだ地形を極力改変しないように、またバリアフリーを考慮しながら設計されている。

　環境と科学のテクノロジーが最大限活用され、世界最大の緑化壁、バイオ・ラングやガスパビリオンのコジェネレーションシステム、新エネルギー施設のメタン発酵システムなど先端環境技術が効果をあげている。

　また次世代交通システム IMTS やバッテリー駆動のグローバル・トラム、そしてリニアモーターカーの本格的商品利用となるリニモが走行するなど最新テクノロジーの体験ができた。

　③この博覧会の他の特徴として、地球市民としてのボランティアが開催前の企画段階から会場運営、また閉幕後のサポートまで積極的に参加していたことがあげられる。20 世紀型の国威発揚、産業振興を主目的とする博覧会から 21 世紀型の「人類共通の課題の解決策を提示する理念提唱型」への変容のターニングポイントになった博覧会であった。

　④BIE は下記についての開催努力に対し、設立以来、初めての「"祝意と賛辞"宣言」を決議した。

1．市民や BIE の意見を聞き、時代に合った強いテーマ性（テーマ発信性）の確保を行った。
2．環境保全に万全を期した会場の設計と建設を行うとともに、会場建設時から会期中、撤去に至るまで廃棄物のリデュース・リユース・リサイクル（3R）の努力をした。
3．誘致から会期に至るまで産学官民の連携、特に市民参加型の運営・展

示を行った。
　4．環境配慮と経済性（採算性）の両立についても努力した。
　5．大きな事故がなかったこと。

⑤観光面での効果
　この機会を利用して産業観光への取り組みが行われ、中京圏が、産業をテーマにした観光振興が全国に広がる先駆けとなった。1996（平成8）年、名古屋商工会議所では中京圏の産業文化財の集積を主な観光資源とし、万博を控えて、中京圏が交流中枢としての機能を果たすため、「産業観光」キャンペーンを展開することを決定した。名古屋を中心とする中京圏には、特色ある工場をはじめとして「ものづくり」の集積地となっている。この地域のそれらの工場や産業文化財を収蔵している資料館・博物館などを含む推進体制づくりが行われ、産業観光モデルコースの設定などがなされていった。中京圏は、万博以後もさらなる充実を目指して、国内外への情報発信や受け入れ態勢の充実を図るなど、産業観光への取り組みを強化している。

(3) 三つの認定博
1) 沖縄国際海洋博覧会（International Ocean Exposition, Okinawa Japan, 1975）
　①テーマ：海―その望ましい未来（The Sea We Would Like to See）
　　主催：日本国政府
　　会場：沖縄県国頭郡本部町
　　会期：1975年7月20日〜1976年1月18日（183日間）
　　入場者数：348万5750人（当初予測は445万3000人）
　　出展数：47（日本2、海外35、国際機関3、民間企業7）
　　入場料金：大人1800円、青年1400円、小人1000円
　　代表的な展示施設：未来型海洋都市モデル「アクアポリス」

　②1972（昭和47）年5月15日にアメリカの委任統治下にあった沖縄が日本の統治下に復帰し沖縄県が誕生した。その本土復帰を記念し、1975年に「海洋」をテーマにした世界初の国際博が開催された（その前年1974年にはアメ

リカ・スポケーンにおいて国際環境博覧会が開催されている)。各国政府、企業の出展の範囲に関しては次のように定められている。①海洋の生成、活動、その包含する豊かなるもの(海洋の生成、資源、科学など)、②海洋と経済活動(海洋と産業、海洋で働く人々の生活など)、③海洋の環境保全、④海洋と人類の交歓(海洋による文明交流の歴史、海洋とレジャー・スポーツ・冒険、海洋と文化など)、⑤海洋の未来と人類の努力(海洋資源、海洋空間の利用、海洋の科学の進歩、望ましい海洋環境の創造、海洋を巡る国際交流の推進など)、などである。

③しかし、その開催に向けての道のりは平坦ではなく、多くの問題が発生した。博覧会の会場が那覇市から約85kmも離れた場所にあり、開催に合わせてのインフラ整備が重要な課題であり、空港や港湾の整備、道路網の拡充および新設、ホテル等宿泊施設の整備および新設、その他上下水道や通信環境の整備等が必要となっていた。

しかも、開催に向けた作業が順調に進んでいた1973年秋に第四次中東戦争が勃発し、第1次オイルショックが日本を襲ったのである。狂乱物価という造語が生まれたように石油価格の大幅な上昇が、物価の高騰、資材不足を招き、工事の遅れの要因ともなった。結果として3月からの開幕予定を7月からに変更せざるをえなくなったのである。諸外国との出展交渉も停滞を余儀なくされ、当初142カ国、35国際機関に参加招請状を送ったにもかかわらず、参加出展数は上記のとおりとなった。

④観光面での効果

総入場者は予測から100万も少ない結果となったが、入場者の約7割が本土からの来訪者であったことがその後の沖縄観光に大きな影響を残すこととなった。平野(1999)は「沖縄本島南部の戦跡を訪れた人々は、第二次世界大戦の激しさとその間に味わった島民の困苦を胸に刻むとともに、琉球の歴史を再発見するなど『沖縄』に対する認識を深めることに役立ったことは間違いない」とその開催意義を認めている。それまでの沖縄用の旅券、免税措置などに象徴される半外国のような位置づけから、美しい透明度の高い海や

サンゴ礁、個性豊かな琉球文化をもつ自由に往来できる魅力あふれる観光地となったのである。

2）国際科学技術博覧会（The International Exposition, Tsukuba, Japan, 1985）

①テーマ：人間・居住・環境と科学技術
　　　　　　　（Dwellings and Surroundings-Science and Technology for Man at Home）
　主催：財団法人国際科学技術博覧会協会
　会場：茨城県・筑波研究学園都市
　会期：1985年3月17日～9月16日（184日間）
　入場者数：2033万4727人
　参加国数：48カ国（日本含む）、37国際機関、28民間企業・団体
　入場料金：大人2700円、中人1400円、小人700円

②この博覧会は日本のインフラ整備型博覧会を象徴するものである。筑波研究学園都市の建設プロジェクトの強力な推進力となることを主として、科学技術を通じて希望に満ちた未来の創造に寄与することを目的としたものであった。

　1963（昭和38）年、筑波研究学園都市の建設が始まってから20年経過しても「つくば」＝「砂漠都市」のイメージがぬぐい切れていなかった。当初のテーマは「21世紀の生活を創造する科学技術」とされていたが、日本開催の前後の1982年にはアメリカ・ノックスビルでの「エネルギー博」、1986年にはカナダ・バンクーバーでの「国際交通博」が予定されていたためにテーマを絞り込む必要があり、「人間・居住・環境と科学技術」に落ち着いた。

　ここでは企業のパビリオンが競って映像展示を行っているのが特徴である。日立グループ館では4分割された円形劇場「インター・フェイス・シアター」で5分ごとに90度ずつ回る仕掛けで、ロボットショーやCGによる立体映像などが上演された。東芝館ではスクリーンサイズ縦11m、横24mで日本初公開のショースキャン方式による映像が上映された。三井館では縦7m、横40mの人工滝のスクリーンで視野200度の三面マルチ映像、住友館では縦8.5m、横18mの偏向方式の3D立体映像、ガスパビリオンでは縦10m、

横20mの上下二面を使ったマルチ映像、講談社では縦7m、横28mの三面マルチスクリーンで実写、イラスト、アニメーション、CGを合成した作品で、合成映像とマルチスクリーンによる映像システムは世界初の試み、等々ほかの企業パビリオンでもそれぞれが工夫を凝らした映像による展示を採用していた。

③このように映像展示の場合、時間ごとに区切って入場させるために待ち時間が長くなり行列ができることとなる。流れ導線タイプのパビリオンとのバランスが会場配置には重要であるが、この博覧会に関していえば長時間並んで映像は10分前後ということになり、このことが不満につながり入場者が伸び悩むこととなった。2000万人の目標に届いたのは最終日の前日であった。また入場者をいかに増やすかということに展示の目的を置いたものが多く、本来のテーマを無視し派手さを競う結果となったことは反省すべき点であった。

④評価すべき点は、平野（1999）が分析しているように、(1) 約4分の1近くが子どもたちであり、楽しみながら最先端の技術や科学の歴史に触れる機会をもった、(2) 筑波研究学園都市の知名度と評価を高めることに役立った、(3) 道路関連事業において常磐自動車道の開発整備と首都高速道路への接続が茨城県と首都圏を結ぶ動脈として広域交流の基盤づくりに貢献した、などがあげられる。

⑤観光面での効果
科学万博では、最新技術を駆使したロボット、映像、通信、交通などさまざまな未来志向の展示が行われた。内容については、人間の生活の便利さの追求だけではなく松下館の映像「日本人のふるさと」にみられるような"心"を考えたものもあった。そこでは、中国・雲南省の農村や中央アジアの草原にロケし、そこで生活する人々の様子が映し出されていた。科学技術の発達によりより豊かな生活がもたらされる反面、秩序ある自然の環境システムを乱すことにもなりかねない。人間と自然界のバランスを保てないと21世紀

の人類はとんでもない「しっぺ返し」を自然界から受けることになる、と危惧する知識人もいた[9]。

　観光関連の要素をあげれば、テクノポリスにある全長85mの世界一（当時・ギネスブック申請）の大観覧車が人気を呼び、以後、観覧車の全長記録は次々と塗り替えられることになる。日立グループ館の立体CGによる宇宙模擬体験旅行は、宇宙基地から宇宙船に乗って、ワープしながら土星、火星、ハレー彗星、木星などを巡る模擬旅行体験ができるものであった。日本の科学技術のあゆみを示す歴史館では、1893（明治26）年に作られた国産初の860型蒸気機関車が展示され、機関車の組み立ての実演もあった。また1000人以上収容の大規模なカプセルホテルや国鉄のブルートレインによる列車ホテルなど万博の客を当て込んでの営業がなされていた。

3) 国際花と緑の博覧会 (The International Garden and Greenery Exposition, Osaka, Japan, 1990)

①テーマ：花と緑と人間生活のかかわりをとらえ、21世紀へ向けて潤いのある豊かな社会の創造を目指す。
　　主催：財団法人国際花と緑の博覧会協会
　　会場：大阪市鶴見区・守口市
　　会期：1990年4月1日〜9月30日（183日間）
　　入場者数：2312万6934人
　　参加国数：83カ国（日本含む）、55国際機関、212民間企業・団体
　　入場料金：大人2990円、中人1550円、小人820円

②この「大阪花博」は、当初は1989（平成元）年に大阪市が市制100周年を迎えるに際して、その記念行事として都市緑化フェアを開催する方向で準備が進められていた。しかしその後、「緑の三倍増構想」の実現を目指して建設省が取りまとめた「21世紀緑の文化形成を目指して」の政策と合致する国際博覧会として、1990年に開催されることになったのである。国際博の開催にはBIEの承認が必要であるが、花と緑をテーマとする場合、まず国際園芸家協会（AIPH）の承認を得なければならない。それには、AIPHに

加盟したうえで申請することが求められ、日本は社団法人日本造園建設業協会が加盟することとなり承認された。このように、この博覧会は BIE の承認する特別博であり、かつ AIPH の承認する国際園芸博覧会でもあるという特質をもっていた。また、国際園芸博覧会のほうから見ると初めて西欧以外の地で開催される園芸博となった。

③この博覧会の計画当初は、日本経済は「鉄冷え」と呼ばれるくらいに冷え込んでいたが、1980 年代後半から景気上昇の兆しがみえバブル景気を迎えた。これで民間企業の施設参加や資金提供が順調に進み、閉幕後の余剰金は 69 億円となった。

④（エココンセプトの登場）この博覧会は、産業革命以後産業の振興、技術開発などが大きなテーマとなってきた従来型の博覧会の概念から 21 世紀型へと大きく脱却するきっかけとなるものとなった。「自然との共生」というコンセプトがその後の愛・地球博などの博覧会のテーマに大きな影響を与え、地域振興のための博覧会に替わる大型イベントの開催において、「花と緑」「アート」などのコンセプトによるイベントが登場することになるのである。

⑤観光面での効果
花と緑というテーマ、そして国際園芸博という位置づけから、世界の園芸を楽しみ人々が多く訪れた。フラワーツーリズムが成立していたのである。会場が大阪ということで自然景観を楽しむという観光ではなく、庭園などの自然を介した社交やリクリエーションという新しい楽しみ方の提案があった。また地球の自然と人々の生活の調和を考える意味でエコツーリズムを考える機会にもなり、この博覧会の理念が「淡路花博・ジャパンフローラ 2000（地方博）」の開催へと継続されるのである。

(4) **現代の海外の博覧会における日本館の参加のあり方の例—国際博覧会（認定博覧会）の事例：2008 年サラゴサ万国博覧会（スペイン）**
2005 年に愛知万博（愛・地球博）が開催され、テーマである「自然の叡智

Nature's Wisdom」が多くの人々に共感を呼んだのは記憶に新しい。筆者もパビリオンの運営や会場施設デザインなど視察を目的に、プレオープン日を含め5回ほど会場を訪れている。

2008年スペイン・サラゴサ市で開催の国際博覧会に、日本政府としての出展が2006年閣議了承された。この万博は筆者が関わったので、やや詳細に見てみることにしたい。愛知万博の理念を継承し、そのメッセージを念頭に出展が計画されることとなり、筆者はその出展事業アドバイザーを2007年4月より会期終了までの1年半務め、基本計画から実施計画・運営に至る各種業務に携わってきた。この経緯をふまえて、博覧会が果たす役割等の一考を試みることにする。

1）サラゴサ市の概要

サラゴサはアラゴン州の州都である。アラゴン王国は11世紀に創建され、1150年にカタルーニャを統合、その後ナポリ、シチリアなどを支配下におさめるなど勢力を拡大しながら1469年スペインが事実上統一国家となる時代まで続いた。

文化と寛容性の高さがアラゴンの最も優れた特徴の一つとされ、キリスト教とユダヤ教徒、イスラム教徒の実り豊かな共存をもたらした。この平和的な共存の中からムデハル建築様式が生まれた。ムデハル様式はレンガ造りの鐘楼が特徴的で、上薬をかけた陶製のタイルで飾られている。

サラゴサ（Zaragoza）は、2000年以上前、スペイン最大級の川であるエブロ川の畔に、ローマ人の手により築かれた。人口規模約65万人でスペイン第5の都市でもある。マドリッド、バルセロナ、バレンシア、ビルバオといった主要都市から約300kmの好立地で、新幹線（AVE）のマドリッド～バルセロナの中間に位置し、マドリッドから1時間20分、バルセロナから1時間40分で到着する（**写真1-2**）。

サラゴサは先進的な都市インフラやサービスを完備した州都であるとともに、ローマ時代より伝わる劇場、浴場、公共広場や、さまざまな文明が残していった文化遺産（ピラール大寺院、セオ大聖堂、ムデハル様式のアルハフェリア宮殿など：**写真1-3**）が多く存在する。またこの地は、不滅の画家フランシ

写真1-2 サラゴサ駅・AVE
出典：筆者撮影

スコ・デ・ゴヤ、映画作家ルイス・ブニューエルなど世界的芸術家の生誕地でもある。

2) 2008年サラゴサ国際博覧会（ZH₂O）の概要

①博覧会の種類：国際博覧会条約に基づき、第138回BIE総会で承認された「認定博覧会」である。

※既述したように、国際博覧会は会場の規模、テーマなどから、主に「登録博覧会」と「認定博覧会」の二つに大別されている（以前は一般博と特別博に区分）。登録博は総合的な万国博覧会として5年おきに開催、開催期間は6カ月以内、会場面積は制限なし、テーマは一般的・総合的な内容とする。認定博は二つの登録博覧会の間に開催し、開催期間は3カ月以内、会場面積は25ha以内、テーマは特定・専門的な内容とする。ちなみに1970年大阪万博は一般博、2005年愛知万博は特別博として申請中に制度が変わり登録博となった。

テーマ：水と持続可能な開発（Water and sustainable development）
サブテーマ：①水―限りある資源
　　　　　　②生命の源である水
　　　　　　③水のある風景
　　　　　　④水―人々をつなぐ要素

写真1-3 アルハフェリア宮殿
出典：筆者撮影

開催地：スペイン国アラゴン州サラゴサ市

会期：2008年6月14日〜9月14日（93日間）

開催時間：午前9時30分〜翌午前3時（パビリオン開館は午前10時〜午後10時）

参加者：106カ国、3国際機関、企業、NGO

入場者数：565万941人（目標600万人）

会場面積：25ヘクタール（東京ドームの約5.3倍；**図1-3**）

　※終了後は、運動施設や自然と併存する文化・科学公園として利用された。

②公式エンブレム（ロゴ：**図1-4**）

　文字のレイアウトとデザインに、水と都市が組み合わされている。大きなZの文字の形をした雫はサラゴサ市を示し、スペインの国旗を表す赤と黄が彩りを添えている。

③公式マスコット Fluvi（フルービー：**図1-5**）

　フルービーは、親しみがあって愛らしい表情豊かな水の妖精で、「水の滴、水のもたらす恩恵」を表している。

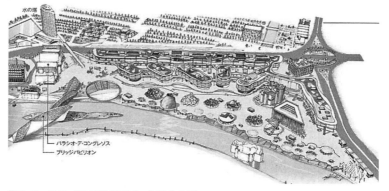

図1-3 サラゴサ国際博覧会・会場全体図
出典：サラゴサ万博公式パンフレット

図1-4 サラゴサ国際博覧会・公式エンブレム（ロゴ）
出典：サラゴサ万博公式パンフレット

図1-5 サラゴサ国際博覧会・公式マスコットFluvi（フルービー）
出典：サラゴサ万博公式パンフレット

3）日本館の概要

①日本館出展テーマ：水と共生する日本人〜知恵と技〜
　　　　　　　　　HARMONY WITH WATER-Wisdom and Skills

　日本館の構成：1階—プロローグ、ゾーン1・2／2階—レストラン、多目的ホール

　総事業費：約21億4000万円（2006〜2008年）

[第Ⅰ章] 国際博覧会の分類と日本との関わり　47

写真1-4　日本館入口付近
出典：筆者撮影

　総来館者数：73万8105人（博覧会全体入場者の13％）

②テーマ「水と共生する日本人～知恵と技～」について
　日本人は古来、モンスーンによる湿潤な気候の中で、「自然の叡智」に耳を傾け、水をはじめとした自然と共生する「知恵」や「感性」を醸成してきた。そして、自然と闘うのではなく、自然とうまく折り合いをつける独特の「技」も発展させてきた。人類と地球の関係が極めて危うくなっている今日、世界の人々が心を一つにして、新しい一歩を踏み出そうとした時の一つのヒントとして、水と共生する日本人の姿がそこにある。

● プロローグ（**写真1-4**）
　日本館外の来館者待ち列にて、来館者をもてなす空間として、および日本、日本館への興味と期待感を膨らませる場として計画された。ファサードデザインは博覧会のテーマである「水」の性質を利用した日本的な美術工芸「墨流し」の紋様をデザインモチーフとして、日本らしさを表現した。また日本館の待ち列に並ぶ来館者に対して日本の自然、地理や文化、ライフスタイルを紹介するとともに、愛・地球博の理念継承および日西交流の表現として、

愛・地球博の公式キャラクター（モリゾーキッコロ）とサラゴサ博の公式マスコット（フルービー）の共演アニメ映像のダイジェスト版を放映した。
- ゾーン1「水とくらし」

来館者は、時間と空間を超える船に乗って、サラゴサから200年前の日本へ、水と共生してきた日本人の伝統的な知恵と技に出会い、水の圧倒的な力強さ、美しさを体験する。船の形をした客席スペース（223席）と、その前方および左右側面に展開する大型スクリーンからなるシアターにおいて、来館者を船の乗客に見立て、江戸時代の日本の川をさかのぼる船旅を演出する。9分間の映像（旅）の終りには前面スクリーンを割って、実水による滝（落差12m）の演出と共に次のゾーンへの扉が開かれる。
- ゾーン2「水といのち」

地球の水環境の危機的な現実を認識し、水のかけがえのなさを実感する。今後100年の地球の水循環をシミュレーションした展示と、5人の写真家による「水といのち」の映像メッセージ空間を日本館のオリジナルフレーバーティー「サラゴ茶」で喉を潤しながら散策してもらう。また日本の月周回衛星「かぐや」が世界で初めてハイビジョンカメラでとらえた月面越しの「満地球の出」の貴重な映像を観る。

※サラゴ茶：製造過程で日本人が茶葉を育て、フランス人がその茶葉にオレンジの香りをつけ、スペイン人が日本館でお茶を淹れた。カップには生分解性プラスチックを使用している。

②五感で感じるパビリオン

特筆すべき点は日本館の展示における指針である。五感で感じるメッセージ型パビリオンを目指し、日本人の伝統的な水との共生のあり方を提示するとともに、すべての生命にとって水がかけがえのないものであるということを来館者の五感に訴えることを目標とした。

- 国際博覧会とは「メッセージ」を伝えるもの。「もの」を見せることが目的ではない。
- ゾーンごとに伝えるべき「メッセージ」を明確にして、それを表現する

図1-6 日本館シンボルマーク
出典：サラゴサ万博公式パンフレット

に最適な「仕掛け」を考える。ゾーンは「劇場」であり、「コンサートホール」である。
・最適な「仕掛け」とは「五感」にフルに訴えるもの。
・「仕掛け」の素材が日本製である必要はない。メッセージが日本製であることが重要。
・字による説明、直接的・具体的な「もの」の展示は「メッセージ」の伝達にはむしろ邪魔になる。
● 「その時、その場所でしか伝えられない」メッセージを目指す。同じ音楽でもCDとコンサートではまったく異なる。
● 日本館シンボルマーク（**図1-6**）
浮世絵の中に描かれる「波」の形を現代的にアレンジし、自然を尊重し、自然と共生してきた日本人の精神性を表現している。Japónの「o」の字を赤くして、日の丸を連想させている。

※日本館はカテゴリーA（展示面積750〜1000㎡）デザイン部門金賞受賞。洗練されたスタイルとテーマに沿った素晴らしい内容と評価された。

③ジャパンデー、ジャパンウィーク

日本のナショナル・デーであるジャパンデーは7月21日に開催され、日本からは皇太子殿下をはじめ森喜朗元内閣総理大臣ほか多くの著名人が参加された。当日夕刻にはジャパンデー・シンポジウムを開催、皇太子殿下が「水との共存―人々の知恵と工夫」と題して特別講演された。皇太子殿下は、江

戸時代の日本では、し尿処理について見事な循環型の資源再利用システムが機能し、「海外から江戸を訪れた人たちが『世界一清潔な街』と驚嘆したと紹介され、人と水がかかわる「循環型社会の構築」を呼び掛けられた（『日本経済新聞』2008年7月22日付）。

　7月22日から24日はジャパンウィークで、渡辺貞夫、村治佳織によるコンサート、山本寛斎による「いのちの祝祭」、モリゾー＆キッコロミュージカルなど会場内のイベントスペースで催事が行われた。

4) 会場視察（写真1-5）

　特徴としては、スペインがナイトカルチャーの国ということである。パビリオンが遅く（午後10時）まで開館しているので、人気パビリオンでも並ぶのは2時間程度であった。驚くのは会場が翌午前3時までオープンしていることだ。午後11時～11時半から7000人収容の劇場や3000人収容のイベントホールでビッグアーチストのコンサートやショーが始まるのである。むしろパビリオン閉館後が盛り上がっていたほどである。もちろんシャトルバスも午前3時過ぎまで運行している。中でも午後11時半からの「アイスバーグ（Iceberg）―ビジュアルと詩のシンフォニー」には強いインパクトを受けた。ショッキングな映像と心に残る音楽で、人類、地球が今直面している危機を訴えたショーであった。その他にも著名な建築家ザハ・ハディド（Zaha Hadid）の設計によるグラジオラスの花をモチーフにしたユニークな外観の上下2層のブリッジ・パビリオン（**写真1-6**）、水の塔、スペイン館、アラゴン館などが印象深い。会場内のパレードはシルク・ド・ソレイユのパフォーマンスによるもので質が高く観客を沸かせ楽しませていた。

　また会場内の飲み物は、博覧会のロゴ入りのプラスチックカップで提供される。ドリンク代＋€1（1ユーロ）が必要。ただし飲み終わって持参（どこの売店でも可）すれば€1を返金してくれる。そのまま持っていて再びドリンクを注文する時にそのカップを出すと飲み物のみの料金となる。ロゴが入っているのでお土産にすることも可能である。博覧会のテーマにふさわしい試みといえる。

写真1-5 会場風景
出典：筆者撮影

写真1-6 ブリッジ・パビリオン（ザハ・ハディド設計）
出典：筆者撮影

4. 小括——国際博覧会の理念の継承と展望

　世界初の万国博覧会が1851年ロンドンで開催されて以来、多くの博覧会が欧米の各地で開催されてきた。

初めて公式のテーマを掲げたのが1933年シカゴ博覧会で、「進歩の一世紀」であった。以後、平和、技術、科学、宇宙などがテーマのキーワードとなってきた。1970年、日本で初めての万国博覧会のテーマは「人類の進歩と調和」であったが、人気パビリオンが長蛇の列をなすのを皮肉って「辛抱と長蛇の残酷博」とまでいわれた。しかし、この成功は、日本の高度成長に大きく貢献した。

1974年アメリカ・スポケーン国際環境博覧会「汚染なき進歩」、1984年ルイジアナ国際河川博覧会「川の世界─水は命の源」など環境をテーマにした博覧会が開催されているように自然、環境が大きく取り上げられるようになってきた。愛知万博のメッセージに「巨大化した人類の活動は、地球自然の許容量を超え、さまざまな危機を知らせるシグナルが点滅し始めている。地球上の総ての『いのち』の持続可能な共生を、全地球的視野で追及することが、21世紀における地球社会の構成員総ての課題となった」とある。そのメッセージを伝え合う場として博覧会が機能することが今日的開催意義になるのではないか。

「水と持続可能な開発」をテーマとするサラゴサ国際博覧会は、この地球的課題に対する新たな解決方法を考える博覧会として次の点を目的とした。

1．水の新たな関係を地球規模で考えるユニークな枠組みを構築すること
2．持続可能な習慣と利用方法を構築する上で効果的で革新的なシステムとなる科学技術上の経験と発想を提示すること
3．これを増進させるための行動手順と持続可能な管理モデルの共有を図ること
4．今後尊重されるべき慣習構築の重要性を喚起すること

以上の4点であった。その意味では、日本館から発信したメッセージは極めて的を射たものであった。昔から培われていた日本人の水や自然と共生する繊細な感性、観察力、調和の精神、技術を紹介することで、地球規模の環境問題に対して、それぞれの国や地域の風土における伝統的なライフスタイルを再発見してみることも有効である、というメッセージである。

では、日本館を含めサラゴサ万国博覧会のテーマは来場者に訴求することができたであろうか。博覧会公社の発表によると、来場者の73.1％がこの博

覧会から環境問題に対する意識が高まったということである。残念なことにこの博覧会の開催を日本で知る人はわずかであった。広報エリアを主としてスペイン国内としEU諸国を従と考え展開していたからである。結果として来場者の内訳をみるとスペイン国外からは4.5％であった。

2010年に開催の上海万博のテーマは「より良い都市、より良い生活（Better city, Better life）」であり、テーマ館では人、生命、地球の三つの観点から体現した展示を行っている。参加国は190カ国、56国際機関、入場者総数は7308万人と、ともに万博史上最多となった。日本館は愛知万博の理念を継承し、「こころの和・わざの和」をテーマに最新の環境技術を導入したドーム型の建物となっている。上海は「環境調和型都市」としてさらなる発展を目指すが、開催前年2009年の上海の状況は、1970年大阪万博同様に高速道路・地下鉄の交通インフラ整備、ビル解体・新築工事、公園整備などが目立ち、経済的活況を呈していたが土埃で街が霞むごとく環境破壊的であった。「自然の叡智」をテーマに掲げた愛知万博のノウハウ、環境技術が、万博を通じて環境にやさしい都市づくりに役立つことを期待したが実現は難しかったようである。

補注
1）平野繁臣監修（1999）『イベント用語事典』㈳日本イベント産業振興協会、47-48頁。
2）平野繁臣監修（1999）『イベント用語事典』㈳日本イベント産業振興協会、48頁。
3）梶原貞幸編著（2012）『イベント・プロフェッショナル』Ⅰ、㈳日本イベント産業振興協会、42頁。
4）梶原貞幸編著（2012）『イベント・プロフェッショナル』Ⅰ、㈳日本イベント産業振興協会、45頁。
5）梶原貞幸編著（2012）『イベント・プロフェッショナル』Ⅰ、㈳日本イベント産業振興協会、46頁。
6）吉見俊哉（1992）『博覧会の政治学―まなざしの近代』中公新書、108-110頁。
7）吉田光邦（1970）『万国博覧会―技術文明史的に』日本放送出版協会、12頁。
8）吉田光邦（1970）『万国博覧会―技術文明史的に』日本放送出版協会、13頁。
9）毎日新聞社（1985）『毎日グラフ増刊・科学万博つくば'85完全ガイド』134-135頁。

第Ⅱ章

日本における博覧会の分類と系譜

1. 博覧会の変遷における転換期

　パリ万博に日本が最初に万博出展してから6年後の1873（明治6）年、ウィーン万博には明治政府が正式参加し、ヨーロッパ人たちのジャポニズム感覚を刺激した。この参加により、明治政府は国内博覧会開催のノウハウを学び、博覧会が殖産興業や富国強兵のために欠かせない装置と位置づけられ、内国勧業博覧会の開催に向けて進んでいくのである。1877（明治10）年第1回内国勧業博覧会が東京・上野で開催され45万人の入場者をみた。回を重ねるごとに入場者は増え、1895（明治28）年の第4回内国勧業博覧会（京都・岡崎）では113万人、1903（明治36）年、大阪・天王寺で開催された第5回は会場面積を京都の倍の10万5000坪とし、435万人の入場者で賑わった（**表2-1**）。

　これらの博覧会と自然災害や戦災からの復興を期して開催される博覧会とでは、殖産興業においては同様の展示が見られるが理念や展示の内容に違いが見受けられる。

　この第1回内国勧業博覧会が、富国強兵という日本を近代化し国力を増強するという国家目的のために東京・上野公園で開催されて以来、1970（昭和45）年大阪・千里で開催の日本万国博覧会をはじめ博覧会国際事務局（BIE）承認の国際博覧会や地方都市における博覧会が次々と開催された。しかしな

[第Ⅱ章] 日本における博覧会の分類と系譜　55

表2-1　内国勧業博覧会開催データ

博覧会	開催年	開催地	入場者数（千人）	会場面積（千坪）	開催期間	出品者数（千人）
第1回	1877（明治10）	東京・上野	454	30	8.21～11.30	16
第2回	1881（明治14）	東京・上野	823	43	3.1～6.30	28
第3回	1890（明治23）	東京・上野	1024	40	4.1～7.31	77
第4回	1895（明治28）	京都・岡崎	1137	51	4.1～7.31	74
第5回	1903（明治36）	大阪・天王寺	4351	105	3.1～7.31	118

出典：国立国会図書館資料より筆者作成

がら、このような大規模な国際博よりはるかに多くの数の博覧会が開催され、わが国の近代以来の地域振興において大きな役割を果たしてきたのである。しかしその実態の分析は、実務的な報告や記録が多く、学術的に体系化されているとは必ずしもいえない状況といえる。

2. データによる分類のいくつかの視点と結果

そもそも博覧会とは、東京、京都等の「勧業博」から始まったように、製品・技術を公開する場として始まったものである。しかし今日はむしろ地域再生、観光等の役割が主流となっている。その間にどのようなコンセプトの深化・進化があったのか考察する。

本研究では、近代の1900年前後から現在までの博覧会を俯瞰し、40万人以上の入場者があった186の博覧会[1]のタイトル、開催主体、開催テーマ、開催趣旨からその博覧会の主要コンセプトを引き出してみた（図2-1）。

(1) 時期分類（4期分類）

まず時期的には、博覧会開催における流れの中に大きな四つの波が起こっていたのをみることができる。

第Ⅰ期：戦前・戦中 1877～1945年（前期の第Ⅰ期a：1877～1929年、後期の第Ⅰ期b：1830～1945年）、

第Ⅱ期：大阪万博まで 1946～1970年

第Ⅲ期：大阪万博から20世紀末 1970～1990年代

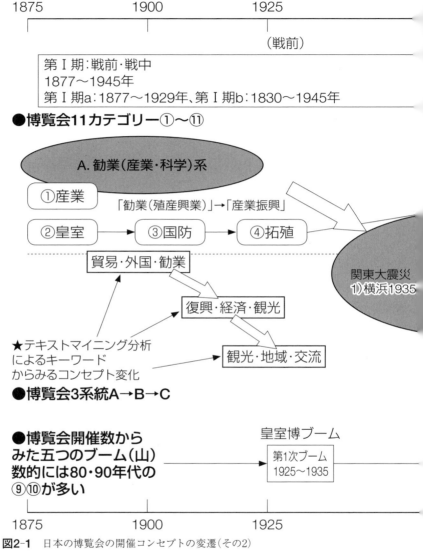

図2-1　日本の博覧会の開催コンセプトの変遷（その2）
出典：著者作成

[第Ⅱ章] 日本における博覧会の分類と系譜

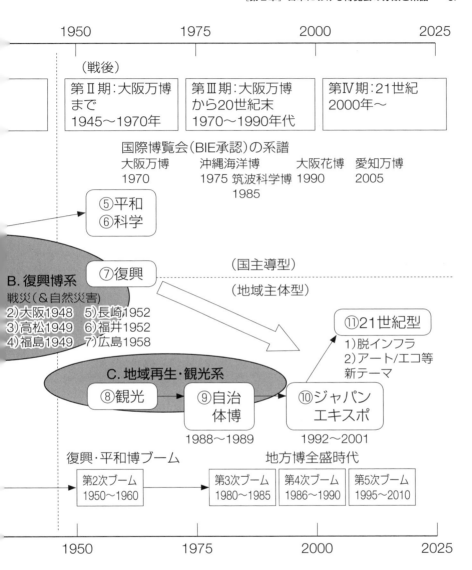

第Ⅳ期：21世紀2000年〜

の4期に大別される。

(2) コンセプト分類（11カテゴリー分類）

その上で、博覧会のコンセプトを分類してみたところ、つぎの11のカテゴリーに分類されることがわかった。

戦前Ⅰ期が、①産業（「勧業（殖産興業）」→「産業振興」）、②皇室、③国防、④拓殖である。

戦前から戦後にかけてが⑦復興である。

戦後Ⅱ・Ⅲ期が、⑤平和、⑥科学、⑧観光、⑨自治体博（市制100周年記念博）、⑩ジャパンエキスポである。

第Ⅳ期が、⑪21世紀型（脱インフラ、アート／エコ等新テーマ）である。

(3) 国家、勧業博から国際博へ

国家の威信や新製品や技術の公開を目的とするという意味で、戦後においては、⑥の科学博系等はすべて戦前のテーマの「国家、勧業」の継承者といってもよい。⑤の平和も国家的課題であったといえる。国際博覧会（BIE承認）の登録博である「大阪万博1970」「愛知万博2005」、認定博である「沖縄海洋博1975」「筑波科学博1985」「大阪花博1990」は、すべて国家の威信をかけた博覧会ということになる。

(4) 分類開催数の山からみた分類（五つのブーム分類）

しかしながら、これらはいわば例外的な、特別な国際博であり、博覧会開催数を分析したところ、数的には他のカテゴリーの博覧会が主力となっている。

それらの数のピークは五つあり、既述したように、博覧会の開催件数（**図序-3**）の分析からは、数的には五つの山（ブーム）が抽出された。

第1次ブームは1925〜1935年頃で②皇室博ブームである。

第2次ブームは1950〜1960年頃の⑦復興と⑤平和博ブームである。

第3次ブームは1980〜1985年頃の神戸ポートピア博前後の地方博ブーム

の端緒である。

第4次ブームは1986〜1990年頃の⑨自治体博（市制100周年記念博）中心のブームである。

第5次ブームは1992〜2010年頃の⑩ジャパンエキスポを中心としたブームである。

この結果、第3〜5次の山を総合すれば、数的には、国際博よりも、80・90年代において⑨⑩がつくる地方博全盛時代が重要ということがわかる。これを、より詳細にみてみると以下のとおりである。

1）第1次ブーム（1925〜1935年頃）

大正天皇崩御と昭和天皇即位の1926年から1928年にかけての皇室関連の博覧会と勧業、国内産業振興関連の博覧会の開催ブームである。第一次世界大戦後の好況は一転し、その不況脱出のきっかけとして各都市で勧業博覧会が開催されたのである。

2）第2次ブーム（1950〜1960年頃）

1948年からの復興および平和を謳った博覧会の開催ブームである。戦災、そしてその後に襲った自然災害からの復興、そして観光と平和をテーマにした博覧会である。

3）第3次ブーム（1980〜1985年頃）

1981（昭和56）年の「神戸ポートアイランド博覧会（ポートピア'81）」の成功を契機に日本各地で開催された地域振興博覧会である。

4）第4次ブーム（1986〜1990年頃）

1988（昭和63）年から1989（平成元）年にかけて市制100周年記念事業の一環で開催された市制100周年記念博覧会である。

しかし、既述したように、乱立気味の地方博覧会は、企業パビリオンへの依存度が非常に高く、大手広告代理店に企画運営を全面的に任せてしまうことから横並びの同質的なイベントとなってしまい、地域の主体性が乏しくマ

ンネリ化を招く結果となった。また1988（昭和63）年開催の「世界・食の祭典」（北海道）に象徴される地域社会に及ぼす悪影響も批判の的となった（86億円の巨額の赤字）。

5）第5次ブーム（1992～2010年頃）

このような背景がある中で、国により、地方博覧会の本来の目的と意義を明確に認識し、地域の自主性と主体性に基づく"個性的"かつ"独創的"な博覧会の開催を推進するために従来型地方博覧会の再生をねらって「ジャパンエキスポ（特定博覧会）制度」が誕生した。

この第1次から第5次ブームを経て、現在の潮流は「脱インフラ・アート型」である。第6次のブームの兆しが見えている。

3. 日本で開催の博覧会の歴史的変遷—4時期区分

(1) 時代背景から期待される効果

イベントは「非日常を設定し、複数以上の人間を集め、時間と空間を共有することで、ある目的を達成するための手段として実施する行事・催事のことである」と定義される[2]。

ある目的とは、期待される効果（期待効果）であると考える。近年開催されてきた博覧会の目的等を分析したところ、共通の期待効果として、経済的効果、社会的・文化的効果、運営効果が確認できる。

経済的効果としては、地場産品や特産物などの育成振興、観光資源の開発や観光産業の育成振興、道路などの社会資本の整備充実、地域の景気回復や雇用の促進、県内・国内・海外との経済交流の促進などである。

また社会的・文化的効果としては、地域の知名度やイメージの向上、地域の歴史や芸能など伝統文化の保存振興、高齢者の生きがいの創出、地域住民意識の連帯感の醸成、県内・国内・海外との文化交流の促進などである。

運営効果としては、博覧会の計画や運営などへの住民参加、イベント内容への興味・関心、開催跡地の利用、高齢者の参加や活動の場の創出、地元業者の出展などがあげられている。

当然のことながら期待効果には1次効果、また誘発効果としての2次効果がある。

また博覧会の効果に関しては、発生時期も開催前、開催中、閉幕後と内容的にも異なり、一様ではないのである。期間的にも、準備段階から閉幕後長きにわたり継続される場合があることも考慮しておかなければならない。

これらの一般的な期待効果に加えて、第Ⅰ期から第Ⅳ期に至る博覧会の変遷における転換期においては、時代背景にともなうコンセプトが特徴的に表出している。それは、観客からみた期待効果を形成しているのである。そこで、以下では、博覧会の4期の時代区分のそれぞれの歴史的背景を詳しく見てみることにしたい。

第Ⅰ期は前述のようにヨーロッパにおける博覧会を手本としながら、日本の国威発揚の場、産業技術の進歩・普及の場として機能させることに主眼が置かれた内国勧業博覧会から始まったといえよう。それまで鎖国によって欧米に後れをとっていた日本が世界へ視野を広げるためにも開催の意義は大きかった。

第Ⅱ期は戦災からの復興と、再び戦争は繰り返さないという意思の確認の場としての平和博覧会と科学技術の進歩啓蒙のための科学博覧会や宇宙博覧会、そして産業、観光と地方・地域名を冠した比較的中規模な地方博覧会が多く開催された。

第Ⅲ期は大阪での日本万国博覧会を機に日本経済は高度成長期へと発展し、地方・地域においても博覧会の開催が盛んとなる。BIE認定の万国博覧会が沖縄海洋博、筑波科学博と続くが国土開発型の象徴ともいえるこのような大規模博覧会の反動が新たな博覧会のあり方を模索することになるのである。

第Ⅳ期は市制100周年記念博覧会や国による地方振興のジャパンエキスポ制度を経て、産業振興を主としたものではない「脱インフラ・アート型」ともいえる花と緑、環境、アートなどをテーマに取り入れた住民主体の博覧会となっているのが特徴的である。

(2) 第Ⅰ期（明治・大正・戦前・戦中：1877〜1945年）

明治維新を境に日本でも文明開化が始まった。その一環として産業の近代

化が必要不可欠の課題になると、それを奨励する目的で博覧会が各地で盛んに催されるようになった。1877（明治10）年には、「**第1回内国勧業博覧会**」が、富国強兵という日本を近代化し国力を増強するという国家目的のために東京・上野公園で開催された。この時代の博覧会は主として、日本でもここまでできるようになるという、日本の国力の現状の確認と将来への展望とが示されていた。御厨（1994）は「富国強兵というのも強兵はいざ知らず富国は目に見えないと困る。現実にヨーロッパの人たちはこういうものを使っている、あるいはこれがヨーロッパの文明だ、ということを分かるには博覧会が一番適しており、それと同時に日本のそれぞれの地域で博覧会に出展するべきどのような産業製品があるか、ということを示すという意味でもこの博覧会というものが多用されていくことになる」と述べている。明治政府は、ヨーロッパでの国際博覧会に参加し海外の進んだ技術などを目の当たりにして、博覧会が、先進諸国での産業の発展や技術の進歩普及の啓蒙、国民に対する産業技術の普及促進などの効果が高いことを認識していた。そのため、国内で同様の趣旨の内国勧業博覧会を開催することとしたのである。国主導の産業政策、勧業的な政策と日本人の新奇なものに興味を示す好奇心というものとを、うまくマッチングさせる場所として博覧会が機能し、多く開催されるようになったといえる。

　明治時代末期になると、産業奨励を目的とした博覧会が徐々にその性格を変えていった。1903（明治36）年に開催された「**第5回内国勧業博覧会**」では、従来の産業奨励に加えて、見る、楽しむという娯楽性が付加され、前例のない試みとして夜間開場がなされ全館にイルミネーションが点灯された。またウォーターシュート（飛艇戯）、メリーゴーランドなどの外国から取り入れた娯楽施設が人気を呼んだ（**写真2-1**）。大正時代に入ると博覧会を電鉄会社や百貨店、新聞社など民間企業が主催するように変わってきた。その目的も完全に娯楽を主体としたイベントとなり、婦人や子どもなど、家庭を対象とした生活密着型ともいえる博覧会が開催されるようになった。箕面有馬電気軌道（後の阪急電鉄）は宝塚新温泉で婦人博覧会（大正2年）や家庭博覧会（大正4年）などを開催している。中でも1914（大正3）年に開催された婚礼博覧会の余興として日本で初めての少女歌劇の公演は、現在の宝塚歌劇

[第Ⅱ章] 日本における博覧会の分類と系譜　63

写真2-1　ウォーターシュート
出典：第5回内国勧業博覧会記念 写真帳

公演の始まりの日であった（**図2-2**）。博覧会が国の政策に利用されることなく、大衆文化を反映させた個人レベルに焦点を当てた博覧会が多く開催されるようになったのである。

　この時代、欧米列強による植民地政策が広がり、その動きに、日本も例外ではなく巻き込まれていった。1894（明治27）年、日清戦争勃発、1904（明治37）年、日露戦争と続き、1914（大正3）年には第1次世界大戦に参戦することとなる。

　その間にも博覧会は多く開催されており、1906（明治39）年には戦勝記念博覧会（大阪府）や凱旋記念内国特産品博覧会（京都府）なども開催された。また1912（大正元）年には植民地拡大で膨張する日本を表徴する明治記念拓殖博覧会が開催された（東京上野公園・入場者数約61万人）。

　昭和に入ると軍部の影響が強まり、満州をはじめとする中国やアジア諸国への侵略が進んだ結果、軍事的、国策的プロパガンダを主たる目的とした「**拓殖博覧会**」が当時の統治国の各地で開催された。1929（昭和4）年開催の施政20周年記念朝鮮博覧会[3]は京城の歴史ある京福宮跡地を中心に開催された、日本による朝鮮統治の成果を誇示した博覧会であった。

　「**皇室関係の博覧会**」も多く開催され、1913（大正2）年には明治天皇の

図2-2 少女歌劇初演広告
出典： 京阪神急行電鉄株式会社編
『京阪神急行電鉄五十年史』京阪
神急行電鉄、1959年

聖徳を追懐する目的で明治記念博覧会が開催されている。1924（大正13）年、東宮殿下御成婚奉祝と冠して万国博覧会参加50周年記念博覧会（京都府）、1926（昭和元）年には、東京と京都で昭和天皇第一皇女の照宮成子内親王の御誕生を祝う皇孫御誕生記念こども博覧会[4]が開催された。1928（昭和3）年には、大礼記念の博覧会が全国至る所で数多く開催されている。主なものをあげると大礼記念国産振興東京博覧会、御大典奉祝名古屋博覧会、大礼記念京都大博覧会、大礼奉祝博覧会（東京都）、大礼奉祝交通電気博覧会（大阪市）[5]などがあげられる。

　万国博覧会については、当初の計画では第一次世界大戦終結20周年、関東大震災12周年として1935（昭和10）年に東京・芝浦埋立地と横浜とで開催される予定であった。しかし1933（昭和8）年開催予定のシカゴ万博の直後では、外国からの観光客の集客が難しく、また、世界恐慌による不景気での財政難、満州事変による国情不安などの理由で延期された。そして、国威

発揚の究極の形として紀元2600年を記念とし、万国博覧会と東京オリンピックの同時開催が1940（昭和15）年に予定されたのである。「紀元2600年を記念し、世界産業の発展と東西文化の融合、国際平和の増進」を目的として参加50カ国、4500万人の観客動員の計画であった。この紀元2600年は、神話に基づき、初代天皇とされる神武天皇の即位が西暦紀元前660年に行われたとして、この年を日本の建国元年とする紀元法で2600年経ったことを意味している。

外客誘致に関しては、1930（昭和5）年に国際観光局が鉄道省の外局として設置され、国立公園制度も具体化していった。翌1931年に提出された国立公園法案の理由には、「国民の保健休養ないし教化に資せんとする」とともに、「わが国の独特なる大風景を、広く外国人に享用せしめることは、他の観光施設と相まってわが国の国情を海外に紹介し、国際親善上寄与する所多きはもとより、ひいて国際貸借改善上に資する所必ずや至大のものあり」とある。この法案は可決され、1931（昭和6）年公布、1934（昭和9）年に瀬戸内海、雲仙、霧島の3カ所が日本初の国立公園に指定された。また1936（昭和11）年には、こうした紀元2600年のイベントを念頭において、観光業界の業界団体として日本観光連盟が設立された。しかし、1937（昭和12）年に勃発した日中戦争の泥沼化、ヨーロッパにおける戦争の勃発のために軍事経済に陥り、イベントを開催する国家的な余裕が失われていった。結局、日本のオリンピックも万国博覧会も中止のやむなきに至り、太平洋戦争に突入していったのである。

戦時下では「**国防をテーマにした博覧会**」が各地で開催された。1941（昭和16）年、兵庫県西宮球場において開かれた「国防科学博覧会」は、国防と工業、工業と科学、科学と戦争という相互関係を明らかにして科学振興の重要性に認識を与えようという目的で開催された。資材は統制下にあって調達は大変であったが、軍、官民一致協力ということで軍需関係の各社が特設館をつくって国防への協力を示した。陸軍兵器館、代用工業館、海軍館、科学動員館、能率増進館、防空館、傷病軍人館や未来の科学戦争の知識を披露した驚異の科学館などもあった。同年新潟県高田市では、興亜国防大博覧会が大東亜共栄圏確立と高度国防国家完遂が肝要ということで開催された。メイ

ン展示は、聖戦パノラマ館で上海戦の導火線となった大山大尉最後の場面など4場面があった。陸軍館、防空館、防諜館、武勲館などが立ち並んだ。この他にも国民精神総動員国防大博覧会（東京都・1938年）、聖戦興亜大博覧会（群馬県・1939年）、決戦防空博覧会（兵庫県・1943年）など国威発揚を図る目的で多く開催されている。中には1934（昭和9）年開催された皇太子殿下誕生記念非常時国防博覧会（大阪府）という皇室と国防とを混在させたテーマの博覧会もあったが、内容的には軍事啓蒙の博覧会であった。ここには射撃館があり指導者の監督付きで機関銃と三八銃の射撃を試させていた。

(3) 第Ⅱ期（戦後・大阪万博まで：1946〜1970年）

1) 復興博

　終戦直後の日本では戦災による国力の弱体化から、とうてい博覧会などのイベントを考えるどころではなかった。しかし地方都市においては、戦災から立ち直り、住民の誇りを取り戻し、産業を活性化させるための「**復興博覧会**」が各地で開催された。そして各都市で開催された復興博覧会には必ずといっていいほど「**観光館**」なるパビリオンが設けられていた。復興を経て都市を持続発展させる過程において観光の持つ力が必要不可欠であるという証であろう。

2) 平和博、科学博

　戦災からの復興なった日本が次に意識したのは平和への渇望と科学の未来への希望であった。そして、この「平和」と「科学」、加えて産業振興を図るために多くの博覧会が開催された。

　1949（昭和24）年、善光寺の御開帳に合わせて長野市で開催された長野平和博覧会は、76万4000人の入場者を集めている。会場正面にシンボルである高さ13mの平和の塔が立ち、フィラデルフィアの自由の鐘を模った平和の鐘が鳴り響いた。パビリオンについてはハリウッドの映画などアメリカ文化を紹介するアメリカ文化館、東芝製の当時の最高品のテレビを展示したテレビジョン館、国宝や重要美術品などを展示した宗教館などがあり、御開帳との相乗効果で地方産業・文化促進に大きな役割を果たした。他にも伊勢志

[第Ⅱ章] 日本における博覧会の分類と系譜　67

摩国立公園観光と平和博覧会（1948年・三重県）、全日本宗教平和博覧会（1950年・石川県）、先述の長崎復興平和博覧会（1952年・長崎県）などが開催されている。

　科学や宇宙をテーマにした博覧会は、技術立国・日本を象徴する博覧会となり、1950年代から70年代にかけて、各県で競うように名称に工夫を凝らしながら開催された。1956（昭和31）年、鹿児島市で開催された「誰にも分かる科学博覧会」は、原子力の平和利用、宇宙科学などをわかりやすく解説し科学知識の普及に貢献した。地方都市でありながら55万人の入場者を記録している。1960（昭和35）年、大阪市で開催された宇宙大博覧会は米ソ両国をはじめ日本の宇宙科学者の英知が集められた大規模なものであった。会場内にはアメリカからパイオニア5号、フロリダ・ロケット発射基地の大パノラマ、宇宙カプセル、実物大人工衛星などが展示されていた。他にも伸びる科学博覧会（1953年・兵庫県）、大牟田産業科学大博覧会（1957年・福岡県）、徳島産業科学大博覧会（1958年・徳島県）、産業・観光と宇宙大博覧会（通称：若戸博、1962年・福岡県）、あすの科学と産業博覧会（1964年・岡山県）、明日をつくる科学と産業・福岡博覧会（1966年・福岡県）などが開催された。

3）万国博（国際博）

　戦前、幻のオリンピックとなった東京オリンピックが、戦後復興の象徴としてついに1964（昭和39）年開催された。東京オリンピックはまさに日本の国を挙げての大イベントであり、新幹線、高速道路をはじめとする交通網の整備からカラーテレビの普及まで、ソフト・ハード両面で様々な事業が発達した。また国際的にも一人前に成長した独立国家として、諸外国に認められ大きな成果を達成した。まさに東京オリンピックの開催にみられる日本国民の上昇機運は驚異的な高度経済成長に結びついていく。東京オリンピックが高度経済成長の先駆けとすれば、そのクライマックスは1970（昭和45）年に大阪千里丘陵で開催された**日本万国博覧会**であろう。テーマは「人類の進歩と調和」とされたように、展示物にはテレビ電話や電気自動車さらに宇宙関連など、ハイテク機器が集中し人気を集めた。これらはすべて永遠に技術の発展が続いて、人類社会はよくなるという当時の日本国民の気分がよく

あらわれていた。会期183日間で入場者数6421万人、この博覧会はその後の日本経済や文化に大きな遺産をもたらした。高速道路や伊丹空港整備、千里ニュータウンなどのインフラ整備はもとより、国際化による視野の拡大、プロデューサーシステム、とりわけ旅行会社、広告代理店、展示業者はこの博覧会を契機に大きな変貌を遂げた。情報革新における技術（テレビ電話、ポケットベル、リアルタイムの情報提供など）も国内外に知らしめる機会となった。御厨（1994）は「オリンピックが現状確認、現状の日本を観てもらいたいとするものであるならば、万国博というのは、さらに技術革新が進んで日本が技術立国というならば、その技術で日本の未来、世界の未来を見せたい、というところにポイントがあった」と述べている。

(4) 第Ⅲ期（大阪万博以降20世紀末：1970～1990年代）
  1) **科学博**
  戦後が終わり、日本社会に共通の達成目標が失われたため、これ以後の**沖縄海洋博**や**つくば科学万博**などの国家的なイベントは、日本という国家への一体感を醸し出すことができなくなった。同時に、オイルショックに端を発する高度成長の終焉やさらに高度成長の代償としての公害問題の発生など、徐々に悲観的な感情が国民の間に浸透していった。

  2) **地方博**
  戦後の復興を経て日本の各都市で開催された博覧会は、住民の活力とエネルギーを引き出し、開催地域に大きな波及効果をもたらした。博覧会が地域振興、産業振興の主要な戦略的手段となることが認識されたのである。そして、観光も、その博覧会を通じて地域・都市に実質的な経済効果および文化効果、そして将来展望においても大きな貢献を果たすことがわかったのである。そこに**地域・都市を冠した博覧会**が多く登場することになり、市制100周年記念の地方博覧会による第1次博覧会ブームへとつながっていくのである。

  ※1980年代の主な地方・地域名を冠した博覧会
   1981年：神戸ポートアイランド博覧会（ポートピア '81）

1982 年：山形博、北海道博
1983 年：新潟博
1984 年：栃木産業博、黒潮博（高知）
1985 年：淡路愛ランド博、岩手ピア '85
1986 年：秋田博、北海道 21 世紀博
1987 年：葵博・岡崎、天王寺博、未来の東北博
1988 年：埼玉博、ぎふ中部未来博、飛騨・高山食と緑の博、北摂・丹波の祭典（ホロンピア '88）
1989 年：横浜大博覧会

3) 自治体博（市制 100 周年記念博）

　1980 年代後半になると地域的なイベントや企業によるテーマパークなどイベント濫立の時代を迎える。とくに 1987（昭和 62）年から 1989 年にかけて**「第 1 次地方博ブーム」**が全国で起こり、**「市制 100 周年記念事業」**の一環などで、人口 100 万人規模の大都市、県庁所在地などの中核都市で年間 15 件の博覧会が開催された。これらの博覧会は、インフラ整備の起爆剤とした大型映像やロボットで先端技術と未来を表現するテーマを掲げて開催された。これらは企業パビリオンへの依存度が非常に高く、大手広告代理店に企画運営を全面的に任せてしまうことから横並びの同質的なイベントとなってしまい、地域の主体性が乏しくマンネリ化を招く結果となった。当然のことながら社会の厳しい評価が下されることとなり、とくに 1988（昭和 63）年、北海道で開催された「世界・食の祭典」は大きな赤字を残すことになり、この失敗が地域社会に悪影響を及ぼす結果となったことが国主導のジャパンエキスポ制度創設への契機になったことは間違いない。

4) ジャパンエキスポ

　1990 年代に入ると第 1 次博覧会ブームにおける地方博の反省をふまえて、国が主導する**「ジャパンエキスポ（特定博覧会）制度による博覧会」**が開催された。1980 年代後半の地方博との違いは、国の主旨に則り地域の特性を活かした博覧会であり、従来型地方博の再生をねらったものであった。①人口 20 万人以下の地方都市や町村も会場となりうる、②地域振興などインフラ整備を図る、③環境問題など社会的テーマを掲げるものも登場、④地元自

らの企画を重視し、自治体間のネットワークが広がる、⑤企業パビリオンの企画に対して地域の意向を反映する、⑥参加型イベントの増加、などが第1次ブームの博覧会と異なる特徴であった。

5）脱・従来型博覧会

また同時期に、ジャパンエキスポ制度の制約を受けない博覧会も多く開催されている。1993（平成5）年、神戸市で開催された「**アーバンリゾートフェア '93**」は、「**脱・従来型博覧会**」で、囲い込みの会場での開催ではなく街全体を会場にしてイベント展開を図るものである。大都市の活性化を目的とし、問題提起型の企画が盛り込まれ、既存施設を活用し、企業パビリオンは脇役の存在となっている。開催期間中のみならずプレイベントを含め参加型イベントを数多く展開しているのも特徴である。

この「ジャパンエキスポ」と「脱・従来型博覧会」の時期を近年における「**第2次地方博覧会ブーム**」と捉えることができる。1990年に開催された「**大阪花博**」は、産業振興や技術展示という従来の形式から脱却を目指した博覧会であった。自然、環境をテーマとした21世紀型の博覧会の先駆け的なコンセプトは多くの入場者を魅了した。ただし形式的にはパビリオン型の博覧会形式を踏襲したものであった。

同じコンセプトの花博でも2000年3月18日～9月17日に開催された「**淡路花博ジャパンフローラ2000**」は自然型・オープン形式であり、人間の手によって荒れ果てた地[6]の再生を目指すというテーマ設定は多くの人からの共感を得て、その思想は2005年の「**愛知万博**」に引き継がれていくのである。

(5) 第Ⅳ期（21世紀：2000年以降）

地方博覧会が開催された大都市や中規模の都市ではインフラ整備が進み終了後はソフト面でのまちづくりの試みもなされるようになってきた。しかし小都市や過疎地域は若年人口の減少による産業の停滞に悩み、存続すら危ぶまれる状況に陥ってきた。

そこで、従来の博覧会の考え方から脱皮した「**芸術祭**」という手法が2000年以降注目されるようになってきた。「大地の芸術祭」（第1回は2000

年7月20日〜9月10日）が新潟県・越後妻有で、「瀬戸内国際芸術祭」（第1回2010年7月19日〜10月31日）が瀬戸内海の七つの島と高松港で開催された。双方の芸術祭のアートディレクターを務める北川フラムは「1990年代の『まちづくり』は、中心市街地の開発や企業誘致などへの期待と幻想があった。しかし、この芸術祭でつながった人びと、特に老人たちが大きな力になったのは、この地域が過疎化しており、捨てられつつある場所であったことを暗に示している。経済効率至上主義によって起こった日本の農業政策の後退と都市への人口集中、その結果としての集落の高齢化と切り捨てである。このまま経済効率優先で行けば年を追うごとに人はいなくなり、集落が一つずつ崩壊する状況が続いていくことになる」（北川2014）と非常に厳しい現実に対し、**アートの力**が人を動かし、人を呼び込む力になることを証明して見せた。第1回瀬戸内国際芸術祭の報告にあるように、105日間に延べ約100万人の集客があったが、アートに関心のない人も呼び込む祝祭ムードが生まれたことも成功要因の一つであろう。アートが、地域活性化、観光振興の重要な手段に芸術祭がなり得ることに触発され、各地で開催が計画され実施されるようになってきた。このことは、他の地域とどう差別化するか、開催の必然性はあるのか、また持続する仕組みはできているのかという課題も出てきていることを示しており、乱立気味の芸術祭の今後の存続が懸念される。

4. 勧業博、復興博覧会、地方博のデータを元にしたテキストマイニングの試み──博覧会の3系統モデル

　本節では、テキスト情報間のキーワードを抽出し、その近さ・遠さをグラフィックに空間的に判定する「テキストマイニング」という、計量分析ソフトを使った分析を行い、日本における博覧会は、大きく2系統
　1．第1回勧業博覧会から始まる産業振興の方向⇒この延長が科学技術博
　2．現在主流の「地域再生・観光型」
があり、その間をつなぐ転換点となったのが復興博であるという仮説を確認し明らかにする。

(1) データ

1) 勧業博の例

　日本で本格的な博覧会として開催されたのは、明治政府が主催者となって第1回が1877（明治10）年に開催された内国勧業博覧会である。その中でとくに盛大であった大阪・天王寺区で開催の**「第5回内国勧業博覧会」**を代表例とする。第5回内国勧業博覧会は1903（明治36）年3月1日から153日間開催され、「農業・林業・水産・工業・機械・教育・美術・通運・動物・水族」の10館の他に台湾館、参考館を加える大規模な博覧会となった。海外からも英・米・独・露・カナダ・清国・韓国・ブラジルなど18カ国をはじめハワイ・米国オレゴン州なども参加申し込みがあるなど内容も充実した博覧会であり、総入場者数は435万人にものぼった。これだけの成功を収めた内国勧業博覧会であったが、第6回以降は日露戦争の影響等もあり、開催されていない。

2) 復興博の例

　また、復興博のジャンルでは、同じ大阪・天王寺区で1948（昭和23）年開催の**「復興大博覧会」**を代表例とする。

3) 近年の地域再生型博覧会の例

　加えて1992（平成4）年からはじまったジャパンエキスポの12回開催の中から、その中間にある**第7回ジャパンエキスポ「山陰・夢みなと博覧会」**を代表的例とする。

- 第5回内国勧業博覧会（大阪）
- 博覧会開設主旨
- 博覧会案内・緒言
- 博覧会要覧・国民経済の進歩
- 博覧会要覧・世界的博覧会
- 博覧会要覧・政府の訓戒（農商務大臣演説等含む）
- 第5回内国勧業博覧会開設の始末

・第5回内国勧業博覧会東京出品連合会報告
● 復興大博覧会（大阪）
・復興大博覧会誌・内閣総理大臣他祝辞8名
・復興大博覧会誌・開催主旨
● ジャパンエキスポ　山陰・夢みなと博覧会
・公式ガイドブック・開催主旨
・ジャパンエキスポ開催効果測定手法に関する研究・企業及び団体の期待内容（自由回答）

(2) 手法

　この三者のデータをもとに、どのようにコンセプトが変化してきたのか、テキストマイニングを試みる。
　使用するソフトは「トレンドサーチ2008」[7](SSRI) である。このソフトは、テキスト形式のデータからキーワードを抽出し、コンセプトマッピング技術でビジュアル化し、データに秘められた特徴を読み取ることが可能になる。
　抽出されたキーワード群が、関連度（重要度）に応じて互いに引っ張り合わせる（近さを調節される）ことによって、平面上にビジュアル的にマッピングされる。これによって、関連するキーワードは近くに配置され、関連しないものは離れて配置されるので、直感的に情報全体の外観を把握することができる。
　ここでは、対象とする博覧会のテキスト全体の重要キーワードをマッピングさせることにより、キーワード間の関連のイメージを把握し、テキスト全体が意味する概念を概観する。

(3) 結果

1) 勧業博と復興博の差異

　まず、「第5回内国勧業博覧会」と「復興大博覧会」を対比する（**図2-4**）。
　内国勧業博覧会側には、「貿易」「外国」「産業」「経済」などのキーワードが位置し、新たな「外国貿易」を切り開く、国家経済及び産業の発展、わが国の進歩を示す、などのキーワードが読み取れる。

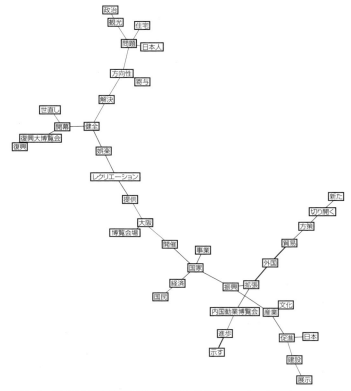

図2-4 第5回内国勧業博覧会と復興大博覧会のテキストマイニング結果

　これに対し、復興大博覧会側には、「復興」「観光」「健全」「娯楽」「レクリエーション」「住宅」「解決」「世直し」などのキーワードが見えている。
　「大阪」が中間に位置し、双方から引っ張り合われるキーワードとなっているのは、取り上げた第5回内国勧業博覧会と復興大博覧会が双方とも大阪・天王寺区で開催されたものであったことによる。

2) 復興博と地域再生博の差異
　次に、「復興大博覧会」と「山陰・夢みなと博覧会」を比べてみる（**図2-5**）。
　復興大博覧会側には、「社会資本整備」「健全」「レクリエーション」「観光」

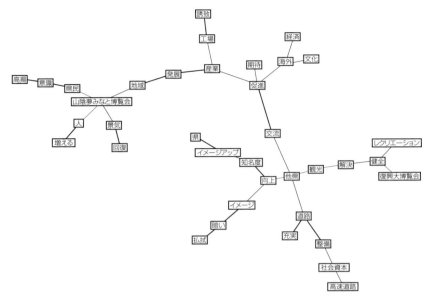

図2-5 復興大博覧会と山陰・夢みなと博覧会のテキストマイニング結果

などがキーワードで出ているのがわかる。復興博は、社会資本の整備、暗いイメージの払拭、県全体の活性化などが期待されている。

山陰・夢みなと博覧会側には、「地域」「経済」「交流」「景気回復」「県民意識の高揚」「工場誘致」などがキーワードで地域の発展の志向性がより強く出ている。

双方とも、それによって県の知名度やイメージアップ、観光のPRを図ろうとしていることがわかる。

3) 勧業博と地域再生博の差異

さらに、「山陰・夢みなと博覧会」と「第5回内国勧業博覧会」を比べてみる（**図2-6**）。

内国勧業博覧会側には、「貿易」「外国」「振興」「産業」などのキーワードが現れている。国内生産の振興、そしてそれをもって外国貿易を奨励し、拡張を図るということが表れている。

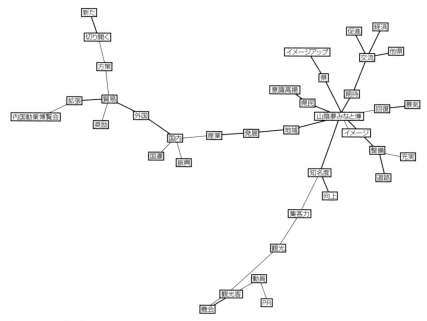

図2-6 山陰・夢みなと博覧会と第5回内国勧業博覧会のテキストマイニング結果

　山陰・夢みなと博覧会側は「観光」「経済」「交流」「地域」などのキーワードが現れている。県のイメージアップや道路整備、地域産業の発展などが見える。知名度向上には、観光による集客も期待されていることが読みとれる。

4）総括

　このようなテキストマイニングの手法を行ったところ、キーワードから、博覧会には以下の三つの系統で概念の変化があることがわかった。
　A．「貿易」「外国」「勧業」
　B．「復興」「経済」「観光」
　C．「観光」「地域」「交流」
　このように、日本における博覧会の構造を、4期、11カテゴリー、3系等に分類した結果、

Aは、勧業（産業・科学）博系
　Bは、復興博系
　Cは、地域再生・観光系
の3系統で概念が異なることとなり、勧業から地域再生・観光への転換点に位置する復興博が非常に重要な意味をもつことがわかった。
　この結果と日本で開催の大規模博覧会の流れを俯瞰してみると、日本で初めての近代的博覧会として開催された内国勧業博覧会の流れをくむ国家主導型の国内産業振興を柱とした勧業系博覧会と、都市で観光を冠した博覧会や地域産業の振興をテーマに掲げる都市・地域再生型の流れをくむ博覧会の二大潮流があり、その間をつなぐのが「復興博」であることがわかった。
　前者は、戦後の平和や科学技術の発達を中心に据えた博覧会までコンセプトの違いはあるが引き継がれてきている。後者は戦後の廃墟と化した多くの地方都市で開催された復興博覧会を機にして大きく転換したのがわかる。
　国家主導型の博覧会はその後に開催されるBIE承認の五つの博覧会に継承され、愛知万博以後にもその可能性は残されている。一方、都市・地域再生型の博覧会は囲い込み型から21世紀型へと変貌を遂げながら発展し続けている。
　戦災や自然災害の多い日本では、この「復興博」という独特の博覧会が多数行われてきた。戦前では関東大震災からの復興博「横浜1935年」、戦後の戦災・自然災害からの復興博「大阪1948年」「高松1949年」「福島1949年」「福井1952年」「長崎1952年」「広島1958年」である。
　これはまさに産業再生と同時に地域再生の意味をもつ中間的な重要な役割を演じており、中でもそこでつくられた「観光館」は、産業製品というより地域の風土を紹介し、地元への旅行行動を促すもので、ここには、まさに「地域再生・観光」という概念の萌芽を見ることができる。
　そこで本研究では、次章以降で、都市史的手法で、「横浜市の復興記念横浜大博覧会」「大阪市の復興大博覧会」、「高松市の観光高松大博覧会」と「福井市の福井復興博覧会」などを検討し、交通観光館の意義とその後の都市形成に貢献したモデルシティ手法などを明らかにする。
　このように、復興博が、博覧会の「地域再生・観光」への大きな概念の転

換を行い、1980年代・1990年代の地方博ブームが到来したのである。

　1980年代には市制100周年記念が集中したため県庁所在地などで自治体博（市制100周年記念博）が集中的に開催された。しかし、広告代理店への依存度が高くなってしまいマンネリ化を招いたため、1990年代には国が品質を保証するジャパンエキスポという枠組みが使われた。ここでは、筆者が携わった「世界リゾート博」、「南紀熊野体験博」という和歌山県下で開催された2件のジャパンエキスポを事例にその制度と地域活性化へ果たした効果を観光振興の面から考察した。そして、最後に、むしろこれからの地域再生手法にとって現実的な選択といえる21世紀型博覧会手法（脱・インフラ型＋現代アート活用）が現れる。このような転換がなされたきっかけとして、1995年の阪神・淡路大震災の復興イベント（一種の復興博）として開催された二つのイベント「神戸ルミナリエ」と「淡路花博2010、2015」が重要であることを明らかにする。いずれも、「アート」と「エコ」という21世紀的概念を導入したものと位置づけられる。この二つのイベントの意義も定量的分析で明らかにできる。

　製品でないアートを展示する芸術祭は増加しているが、中でも「瀬戸内国際芸術祭（2010年〜）」、「大地の芸術祭（2000年〜）」が果たす役割が大きい。以下では、その経済効果分析を行う。また、「滋賀県甲賀市信楽のアートイベント」の取り組みを取り上げ、甲賀市の観光におけるブランド価値を検証した。最後に、今後の博覧会のあり方を、現代アートを活用したアート博・芸術祭の将来像を見据えて考察し、また、それらの課題をふまえつつ先の東日本大震災の復興に際しての博覧会の開催の可能性について論ずる。

5. 小　括

　日本で開催の博覧会は、近代ヨーロッパの国際博覧会（万博）を参考とした「内国勧業博覧会」から出発した。産業革命を経たヨーロッパ文明のショーケースともいえる博覧会の形式を取り入れた経緯から、「産業振興」という文脈で主に語られてきた。しかしながらわが国の博覧会の歴史を総括的に分析すると、全体として歴史的には4期にわかれ、五つのブームが存在し、

ジャンルとしては11分類できることがわかった。

　この日本における博覧会の受容の歴史の分析から、日本の博覧会においては、「産業振興」の他に、「観光・地域再生」という大きな潮流が存在していることがわかった。この潮流は災害の多い日本において、震災や戦災の後に計画・開催された「復興博覧会」が一つの契機となっており、この「復興博覧会」には、「観光館」といわれる施設が設けられていた。これが日本における観光振興の一つのモデルになっていたのである。

　また近年には、20世紀末になってブームとなった地方博覧会、そして国主導によるジャパンエキスポなどは、地域ハード整備も含めた「観光・地域再生」のための開催という潮流の一つの完成型であるが、21世紀に入ると、「アート」「市民参加」「エコ」などのソフトな概念と手法が重要となっている。

　またテキストマイニング手法によって、博覧会の潮流が大きく3系等あるということが明らかになった。テキストマイニングに使用したデータについては、内国勧業博覧会に関しては過去最大規模であり、最も多くの資料が存在する第5回内国勧業博覧会を取り上げることとした。また復興博覧会は第5回内国勧業博覧会と同じ区域で開催された復興大博覧会のデータを、またジャパンエキスポにおいては12回開催されたうちの第7回という中間点であり、資料としても適用できるデータがあった山陰・夢みなと博覧会を取り上げた。結果として、ジャパンエキスポは国主導でありながら、地域主体となっており、県民意識の高揚、地域の景気回復などが強く出ているのがわかった。

　ただし、データについてはそれぞれの博覧会における出典が統一されたものではなく、また数量的にも充分なデータ数を分析したわけではない。しかしながら重要なキーワードがお互いの博覧会の意義の違いを浮き彫りにしていたことは明らかとなった。

補注

1) 博覧会研究と博覧会関連資料コレクターとして著名な寺下（2005）の「日本の博覧会年表」をベースに、『イベント白書2000』『乃村工藝社資料室博覧会資料』からの博覧会情報を加えて加筆、修正し作成。乃村工藝社情報資料室にて資料確認（博覧会誌含む）。

2）一般社団法人日本イベント産業振興協会監修（2015）『イベント検定公式テキスト・基礎から学ぶ、基礎からわかるイベント』一般社団法人日本イベント産業振興協会、4頁。

3）施政20周年記念朝鮮博覧会
会期：1929（昭和4）年9月12日～10月31日
会場：韓国京城・旧京福宮
入場者数：98万6179人
　京城の歴史ある京福宮跡地を中心に開催された日本による朝鮮統治の成果を誇示した一大イベントであり、90棟の特設館が設けられた。当時の統治国であった台湾、満州、樺太からの参加や東京、大阪、京都をはじめとする日本各都市の特設館もあった。

4）皇孫御誕生記念こども博覧会
1926（大正15）年7月1日～8月20日
主催：大阪毎日新聞社・東京日日新聞社
会場：京都岡崎公園
入場者数：150万9544人
　東京開催の成功をもって京都でも開催された。照宮記念館には照宮殿下の御誕生儀式に使用した品々の展示があった。また会場には子供と母の家、きもの館、おもちゃ館、電気館、栄養館、教育館、娯楽館、子供のための遊戯施設などが設置され人気を博した。

5）大礼奉祝交通電気博覧会
1928（昭和3）年10月1日～11月30日
会場：大阪天王寺公園・住友邸址
入場者数100万872人
　昭和天皇の大礼奉祝事業と大阪市電気軌道20周年、電灯経営5周年記念事業として計画、即位の恭賀を表し、同時に交通、電気の進歩発展に貢献するという趣旨であった。大礼参考館が設置され、そこには明治天皇聖蹟御物を陳列し王冠威儀御物や大礼関係の絵画や写真を展示してあった。また3会場のうち、メインの第1会場には世界一周館が設けられ、世界の風景パノラマ11場面が配置されていた。

6）関西国際空港をはじめ大阪湾での各種開発プロジェクトに必要な大量の土砂が採取された土地を会場にして、その自然破壊の跡の回復をアピールするものとして計画された。『月刊レジャー産業資料』418号：46-51頁、2001年。

7）トレンドサーチ2008の著作権は、株式会社社会情報サービスと株式会社富士通ソフトウェアテクノロジーズ（開発元）にある。テキスト形式のデータからキーワードを抽出し、コンセプトマッピング技術でビジュアル化し、データに秘められた特徴を読み取ることが可能になる。

第Ⅲ章

日本における災害と復興博覧会

1. 災害大国日本―日本における自然災害と戦災

(1) 日本と災害

　日本は災害大国といわれるほどに昔から多くの災害に見舞われてきた。本研究において博覧会と対比するのに利用した内閣府の防災情報の参考資料「過去の災害一覧」には、日本における震災、津波、風水害、噴火、火災、事故災害について発生日、災害名、規模の大きさ等、被災状況、その他（当該災害の教訓を基に導入された制度等）が合計 512 件記載されている（2015 年 4 月 23 日現在）。内訳は次のとおりである。

1．震災（599 年以降）222 件
2．津波（681 年以降）49 件
3．風水害（1757 年以降）86 件
4．火山災害・噴火（781 年以降）126 件
5．火災（1657 年以降）26 件
6．事故災害（1890 年以降）3 件（1995 年地下鉄サリン事件など）

　加えて日本は、1945 年太平洋戦争の終戦前の空爆による各都市の被害、沖縄戦の攻防による被害、原爆による広島、長崎の被害など甚大な戦災を被っている。

　災害とは何を指すのかという定義については、学術分野ごとに見解の分か

れる点もある。ここでは「災害対策基本法」（1961年制定）による定義に基づき展開することとする。災害とは「暴風、豪雨、豪雪、洪水、高潮、地震、津波、噴火その他の異常な自然現象又は大規模な火事若しくは爆発その他その及ぼす被害の程度においてこれらに類する政令で定める原因により生ずる被害」と定義している（災害対策基本法2条第1号）。「これらに類する政令で定める原因」とは、災害対策基本法施行令で「放射性物質の大量の放出、多数の者の遭難を伴う船舶の沈没その他の大規模な事故」と定められている（同法施行令第1条）。

　つまり、自然災害以外の原因による災害も含まれるのである。船舶の沈没などは事故と呼ぶべきものともいえるが、人為的な原因による事故は人災であり災害に含む場合もある。また、被災した地域・住民を支援していこうという観点からは、災害が人間生活や社会構造に及ぼす影響を重視した、「被災地域内の努力だけでは解決不可能なほど、地域の包括的な社会維持機能が障害された状態」という太田（1996）が唱える定義もある。戦災やテロ災害などは心の復興が必要とされる災害であり、この定義に含まれるものであるといえる。

(2) 地震など

　記録された全世界の地震のうち、約1割が日本で発生したともいわれる。地震学の存在しない時代においては、祈りで鎮めようとして火山そのものをご神体として山麓に社を創建して祀った。その代表例が富士山を祀った浅間神社であり、現在の静岡県側の駿河大宮と山梨県側の甲斐一宮を総社とし、東海、甲信、関東を中心に約1300の末社が分布する[1]。その他にも祀られた火山の例は多く存在する。日本史上初めて記録された地震は、416（允恭5）年7月14日の地震で、『日本書紀』に記されている[2]。

　また、外川（2011）は、1596（慶長元）年の慶長伏見地震における復興に関してユニークな考察を試みている。大阪府東大阪市を震源とするマグニチュード7.3の地震で、この畿内一円を襲った地震により死者は数万人に及び、京都や奈良の寺社、伏見城と城下町が壊滅的な被害を受けている。伏見城の再建工事に大量の労働者が動員され、その労働者を相手にする商売人が集ま

り活況を呈し、沈滞していた景気が回復したとある。かり出された被災者には賃金が支払われ生活再建の原資となった。このような復興事業の流れは、災害復興の王道としての最初の事例であると述べている。

そして、秀吉死後、淀殿と秀頼母子により寺社の復興に力が注がれた。この復興事業により、畿内では好景気の状況が創出されたことに加えて、京都や奈良の寺社は当時の物見遊山の対象であり、その再建により多くの参詣客が見込まれた。このことは現在の考え方をふまえれば、観光事業への投資でもあったと外川は述べているのである。当時は観光という言葉はなかったが、参詣客を増やすという集客戦略を復興事業と絡めて行うという計画のあり方はこの時代においても有効な手段であったのである。

(3) 戦災

戦災という面からも、日本の各地域は、幾度となく戦火を浴びながらも復興を遂げてきた歴史がある。国内においては、大和朝廷の時代から反乱、戦乱、合戦が江戸時代になるまで続き、政権交代、町の焼失、庶民の暮らしの崩壊などが繰り返されてきた。また明治維新を経て海外への侵攻により軍需産業を中心に国内産業は発展してきたが、幸いにも国内が戦争の舞台になることはなかった。しかし1941（昭和16）年、真珠湾攻撃により太平洋戦争に突入したことで大きな傷を負うことになるのである。日本本土への初空襲は1942年、その後1944年末頃から激しくなり、翌年の終戦当日までの間に200以上の都市が被災した。総務省のホームページでは東京都の9区を含む全国94の都市の被災状況の詳細を見ることができる[3]。内地全戸数の約2割にあたる約223万戸が被災した悲惨な状況の中から、復興を念じて住民は立ち上がったのである。

2. 災害・復興における復興博覧会の位置づけ

日本においては、博覧会が国威発揚、殖産興業に有効な手段として積極的に活用されてきた。同時に、復興・再興を目的に開催されることも多くあった。また、大災害からの復興を祝い、世間に復興なった姿を示すことを目的

とする博覧会もあった。前者の例として「京都博覧会」、後者の例として「復興記念横浜大博覧会」をあげることとする。

(1) 京都博覧会の先進例

　明治維新の結果、千年の都として繁栄してきた京都は火が消えたように衰退しつつあった。この沈滞した京都を盛り上げようと立ち上がったのが三井八郎右衛門らの京都の有力商人たちであった。彼らの尽力で1871（明治4）年10月10日より33日間、博覧会が西本願寺を会場に開催された。骨董品が中心の見世物的なものであったが、約1万1200人の入場者で黒字となった。この成功により翌年京都府も協力し、さらに大規模な「京都博覧会」を本願寺、建仁寺、知恩院を会場にして開催した。盛況で50日の会期が80日に延長され、入場者3万1103人、無料の学校生徒7531人、外国人770人を数えた。

　ここで注目すべきは2点ある。まず近代博覧会に必須の「娯楽性」に着目し都踊りや鴨川踊り、能楽、花火大会などの附博覧（アトラクション）を取り入れたことである。もう1点は京都府と民間の商人らの官民共同で「京都博覧会会社」を組織し、以後60年間にわたって毎年のように博覧会を開催したことである。また京都府はこの博覧会の開催中、外国人の入京を特別に許可するよう中央政府に申請し、会期中に限って入京切手が発行されることになったのである（1872年）。当時、外国人は開港場から10里以外は旅行することができなかったが、京都府内と琵琶湖に限って遊覧が可能となった。宿舎案内のためにコミッティ・オブ・キョート・エクシビジョンと記した旗と案内係を置いている。それまで外国人を迎えたことのない京都にとっての国際観光の貴重な一歩となったイベントであった。

(2) 復興の定義と社会的意味合い

　「復興」の定義は、『広辞苑』（第六版、2008年）によると、
　【復旧】もと通りになること。もと通りにすること
　【復興】ふたたびおこること。ふたたび盛んになること
とある。

日本災害復興学会では、2010年より「復興とは何かを考える委員会」が設置され、さまざまな論点から議論がなされているが、明快な定義には至っていないとされる。越山（2014）は、「『復興』は、主体が社会や人間におかれ、物理的要素より社会的要素が多く含まれて、時と場合によって使用される不安定な言葉である。災害によって発生する災害からの『復旧』に比べ、主体もゴールも抽象化された概念である。つまり、結局はその言葉を使用する人および使用する社会が、能動的に何かを定義するために使うといえよう。『復興』が定義するのは、『復興』という状態を作り上げる意図の存在であり、またそのための道筋や活動内容をかたちづける概念である」と述べている。

「災害」という言葉は、佐藤ほか（1964）が「災害論」の中で「人間とその労働の生産物である土地、動植物、施設、生産物が何らかの自然的あるいは人為的要因（破壊力）によって、その機能を喪失し、又は低下する現象」と定義している。自然災害であれ戦災であれ人によって作られた空間（構造物）に被害がもたらされ、その空間再建が不可欠となる。越山（2014）は「都市は空間を介した社会的存在であり、都市の災害被害からの再建は空間再建を通じた社会的存在の再建である。そうすると『都市復興』は『空間再建を通じた都市の新たな社会性の獲得である』と定義できる」としている。ここに復興博覧会における観光館のもつ意味が生じてくるのではないかと筆者は考える。

津久井（2006）は、「復興基本法のデザイン―法制度案のラフ・スケッチ」の中で、重要な概念の提示を行っている。災害における被害の要因ごとに見てみると、「復旧の守備範囲とされているのは、公的構造物や人命にかかわるごくわずかな部分に過ぎないということが見て取れる。つまり、それ以外の部分は対象外とされているか無視・度外視されている」と述べている。さらに津久井は復興の定義として「公私を問わず国土及び構造物等、経済、文化、産業、労働環境及びコミュニティならびに市民の生命・身心及び生活全般等について、その被害を速やかに回復し、これらの再生ないし活性化を図ること」という概念を当てている。この概念は、筆者が復興博覧会における「復興」の範囲（**図3-1**）として捉えているものであり、復興博覧会開催の意義に沿うものである。

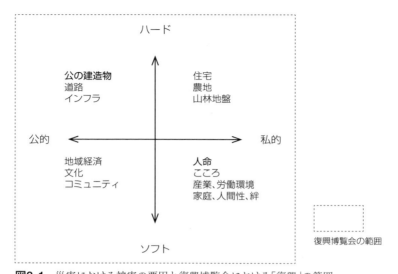

図3-1 災害における被害の要因と復興博覧会における「復興」の範囲
出典:津久井進「復興基本法のデザイン－法制度案のラフ・スケッチ」関西学院大学災害復興制度研究所編『RON《論》被災からの再生』関西学院大学出版会、2006年、39-63頁より筆者修正

すなわち、公的なものだけでなく、市民・民間の資産や文化の復興が大切であるということである。

(3) 復興博の例

　京都、横浜以外の都市においても災害、戦災から立ち直り、住民の誇りを取り戻し、産業を活性化させるための復興博覧会が各地で開催されている。その代表的なものを下記にあげておく。

● 大阪復興大博覧会（1948年）

　事例として第Ⅴ章に取り上げる、1948（昭和23）年に大阪市天王寺区の夕陽丘にて開催された「復興大博覧会」は、太平洋戦争後の焦土と化した大阪における政治の貧困、企業の経営不振、国民の無気力から復興の端緒をひらく世直しをするとしたものであった。戦災による不衛生な環境の注意を促す衛生館などのパビリオンもあり、平時の博覧会とは一線を画す内容となっている。

大阪での復興大博覧会の他にも、太平洋戦争の爪痕も消えぬ間に追い打ちをかけられるように自然災害に見舞われた日本の都市もあり、そこでも、住民の誇りを取り戻し、産業を活性化させ復興を願う、また復興を祝っての博覧会が後述のように多く開催されてきた。

● 観光高松大博覧会（1949年）

　復興博覧会と名乗っていないが、1946（昭和21）年の南海大地震の被害を受けてから4年、市制60周年を迎え、地震から立ち直った姿を見せる産業振興の博覧会であり、復興博の意味をもっている。内容は丸亀の団扇や高松市の獅子頭、張り子ダルマなどの玩具を陳列した郷土館、観光館等のパビリオンに加え、性教育の普及をはかる展示の衛生館のようなユニークなものもあった。

● 福島県産業復興博覧会（1949年）

　東北に向かって方丈の気を吐き地域の活性化に貢献した。

● 福井復興博覧会（1952年）

　太平洋戦争の戦火で9割近く町が焼かれ、3年後の地震で壊滅的な打撃を受けたところからの再起をかけた博覧会であった。

● 長崎復興平和博覧会（1952年）

　原爆が投下された長崎で復興と平和を祈念して開催。講和記念館、長崎復興館、観光貿易物産館、発明科学館などがあった。

● 広島復興大博覧会（1958年）

　焦土と化した広島の平和都市としての復興ぶりを示した。

　上記以外にも「復興」を冠しないが「復興」をテーマにした博覧会が多く開催されている。

3. 復興博覧会と都市観光／「観光館」の役割

　以上のように、自然災害や戦災による都市機能の崩壊や被災者の気力喪失という状況の中で、復旧に立ち上がり、復興をやり遂げようとする人々の努力（再生力）が形になって見えてきた時、祝祭の意味も込めて「復興」をキ

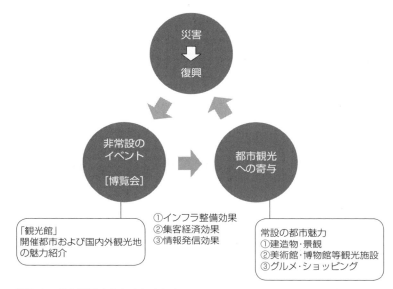

図3-2 復興博覧会と都市観光概念図
出典：筆者作成

ーワードとした博覧会が多くの都市で開催されてきた。

　非常設（仮設）イベントである博覧会には三つの効果があげられる（**図3-2**）。都市のインフラ整備効果、アミューズメント性による集客がもたらす文化的・経済的効果、そして都市からのメッセージ（情報）発信効果である。通常、都市観光は都市景観や建造物、美術館・博物館等の文化施設やテーマパークなどのエンターテイメント、そしてショッピングやグルメなどの都市魅力を楽しむものである。そこに加えて非常設のイベント開催により、多くの入場者がもたらす賑わいが都市に文化的・経済的効果を都市にもたらすこととなる。しかし、壊滅的な被害を被った都市の復興は再生とともに新たな価値創造を図らなければならない。そこに「観光」という重要なキーワードが必要とされ、多くの復興博覧会において観光館がパビリオンとして設営されたのである。その結果、開催地をPRするとともに、国内外の観光地のPRも同時になされた。出展する側からみると、多くの来場者への情報提供は、旅への誘いが増幅され、誘客および認知度アップをもたらすものとなったの

である。

　わが国においては2006（平成18）年に「観光立国推進基本法」が成立し、国策として観光を推進することになり、2008（平成20）年には「観光庁」が設置された。しかし横浜市をはじめ日本の各都市では、その一世紀も前から災害等の復興の重要なキーワードとして、「観光」の都市再生に果たす役割が認識されていたと考えられる。これを明らかにするために、復興博覧会とその中における「観光館」の役割を検証し、イベントを活用した都市観光再生の歴史的考察を試みる。

4. 小　括

　本章では、災害の定義と復興における博覧会の意義について考察した。日本の災害史における1596（慶長元）年の慶長伏見地震における復興に関しての外川（2011）の考察は筆者が復興博覧会と観光との関連性に注目したことを裏づけるものであった。当時の復興事業に際しての雇用促進、経済波及効果等は現在でも同様の効果を見出すことができるが、復興なった後の参詣客を増やすという集客戦略を復興事業と絡めて行うという計画のあり方は1600年前後の時代からすでに有効な手段であったのである。

　曖昧であった災害における被害の範囲が、津久井（2006）の概念規定により明らかとなり、復興博覧会の開催意義と復興博覧会における復興の範囲を明確にすることができた。

　次章からは具体的な復興博覧会を事例として、それぞれがどのような効果を国・都市・地域にもたらし、どのような課題を残して終了したかを検証する。

補注

1 ）外川淳（2011）『天災と復興の日本史』東洋経済新報社、21頁。
2 ）外川淳（2011）『天災と復興の日本史』東洋経済新報社、22頁。
3 ）総務省ホームページ http://www.soumu.go.jp/main_sosiki/daijinkanbou/sensai/situation/state/index.html （2015.4.25アクセス）。
4 ）平野繁臣監修（1999）『イベント用語事典』社団法人日本イベント産業振興協会、51-52頁。

第Ⅳ章

復興記念横浜大博覧会と交通観光館
【復興博事例①】

1. 横浜の開港と国際観光都市・横浜のあけぼの

　横浜の原点である関内地区は、幕末の頃、戸数わずか101戸という半農半漁の寒村（武蔵国久良岐郡横浜村）であり、「横浜」の名前のとおり、横に伸びた砂嘴状の浜があった。細長い砂洲は「宗閑嶋」と呼ばれていた。砂洲に抱かれて釣鐘状の入江があり、これを江戸時代から次第に干拓して、新田（吉田新田と呼ばれる）として開発していった。現在の横浜市の三角形の中心市街地（中区・西区の一部）は、この砂洲と釣鐘状の入江を埋め立てたもので形成されている。

　1858（安政5）年に締結された日米修好通商条約により開港場となった横浜であるが、当初の条約には、開港予定地は、東海道の宿駅であった神奈川と記されている。神奈川宿（現在のJR東神奈川駅辺り）は日本橋から7里、東海道五十三次3番目の宿場であり、地名が県や区の由来となっている。幕府は、街道筋の神奈川では外国人と攘夷派とのトラブルが予想され、辺鄙な横浜村の方が取り締まりやすいとして、海を隔てたところにある横浜村を強引に神奈川の一部として条約締結の翌1859年開港した。

　町の中央に役所を置き、その東側に外国人居留地、西側に日本人町をおいた。日本人の町は急遽貿易に携わる商人を公募や強制によって集め、つくり上げたものである。この町は島状になっていて、陸路では橋を通じてしか入

れない。メインの入り口である吉田橋の袂に関所を設けた。それでこの内側を「関内」と呼ぶことになったのである。その後、町は発展し維新前後の文明開化の中心地となり外国や文明への窓口になった。

　横浜市土地観光課の「文明開化の横濱」(1938年)の記述においても、横浜は、憲法草創之處（伊藤博文が閉じ籠もって大典憲法を起草した地）、祝祭日の国旗掲揚の始め（明治5年東京横浜間の汽車開業式）、禮砲の始め（文久元年）、鉄橋の始め（吉田橋）、汽車の始め、乗合馬車の始め、洋風学校の始め（藍謝堂）、新聞の始め、ポンチ絵の始め、電信電話の始め、回転灯台の始め、金星観測所の始め、洋風病院の始め、種痘所の始め、生絲貿易の始め、洋式調練の始め、洋式競馬の始め、洋式水道の始め、瓦斯灯の始め、洋式製鉄業の始め、潜水夫の始め、その他に洋瓦焼き、写真店、石鹸製造業、共同便所、ホテル、理髪屋、西洋料理店、牛乳搾取業、氷水屋、麦酒醸造業の始めとなったされている。すなわち、横浜は、わが国における風俗、教育、産業、衛生、交通、通信、公共施設の「始め」となったことが謳われている。

　横浜は、都市づくりの点でも先進的であり、近代港湾の建設、洋式公園、防災遮断帯としての日本大通り、遊歩道など、すべてわが国で最初に設置されている。横浜市は、これらの比較的新しい歴史的遺産と、ハイカラな異国情緒のある町として、他都市とは一味違う個性を観光資源として宣伝したのである。

2. 関東大震災と山下公園

(1) 関東大震災における横浜の被害

　1923（大正12）年9月1日午前11時58分、相模湾沖を震源地とするマグニチュード7.9（横浜の震度は7）の大地震が東京府、神奈川県、千葉県を襲った。澄み切った大空に太陽が輝いている天候であったその日、何の前ぶれもなく「突然どこからか遠雷のような地響きがしてきたと思う間もなく、大地が大波のように揺れ始めて、あの恐ろしい上下動の激震が襲ってきた」と『横浜市震災誌』第1冊にある。当時の土曜日は、大半の会社や役所は半休

となっており正午で勤務が終わる直前であった。また多くの家庭で薪や炭による炊事の最中であったことが原因で出火、そして30余カ所で発生した旋風によって火炎が猛威をふるった。午後3時頃には中村町にある神奈川県揮発物貯蔵庫に飛び火して、貯蔵庫内にある石油、機械油、パラピン油、松脂、揮発油、アルコール類などに引火、大爆発が連続して起こっている。死者の9割が焼死であった。

　大震災当日の読売新聞朝刊には、「山本新内閣の組織成る・昨夜深更閣員の顔觸全部決定す・親任式は明日二日」とある。総理大臣山本権兵衛のもと新内閣の発足の記事が出ている。諸案として「選挙法の改正」や「大都市制度の調査（東京市に特別市制を施行することなど）」があがっていた。その日に大震災が発生したのである。山本は、この難局に対処すべく急遽地震内閣をまとめ、この時の内務大臣後藤新平が震災被害に対する善後策を講ずるとともに、灰塵の中より新帝都を回復するため復興計画の立案にあたったのである。

　関東における新聞社は震災により機能が麻痺（活字の破損など）しながらも懸命の努力を続けていた。翌9月2日の大阪毎日新聞の1面（**図4-1**）をみると、大きく「日本未曾有の大地震」とあり、「横濱の大建築物殆ど倒壊し盡す・海嘯起り流失家屋無數」と続き、「横濱市は殆ど全滅せり」との着電による見出しも掲載されている。

　横浜市震災記念館（現在はない）における震災記念館陳列品説明書に東京横浜の被害一覧表の記載がある。この数字が示すように東京より横浜のほうが被害が甚大であったことが窺える（**表4-1**）。

　また、「関東大震災総勘定」として、「関東大震災は一府六県に渉って大被害を及ぼし、世帯数に於て六十八萬四千六百五十九世帯、人命に於て十萬四千五百十九人を失ったが財産の損失亦莫大な額に達した。内閣統計局の調査によれば、総額五拾五億六百参拾九萬円と見積られ、其中東京市は参拾六億弐百萬円（六割六分）横濱市は九億四百萬円（一割七分）神奈川県郡部は四億八千萬円（九分）である。尚種別によれば商品弐拾弐億参千萬円、建物拾八億七千五百萬円、家財八億六千九百萬円、工場弐億参千八百萬円、在庫品壱億七百萬円等が重なるものである」と記されている[1]。

[第Ⅳ章] 復興記念横浜大博覧会と交通観光館　93

図4-1 関東大震災翌日の新聞
出典:『大阪毎日新聞』1923年9月2日付

表4-1　東京・横浜被害状況一覧

	東京		横浜	
	員数	百分比(%)	員数	百分比(%)
災前人口	2,265,300	100	442,600	100
罹災人口	1,700,249	75	412,896	93
死者	68,660	3	23,335	5
傷者	26,268	1	10,208	2
災前戸数	483,000	100	98,900	100
罹災戸数	311,721	64	83,140	84
全焼	300,924	62	62,608	63
全潰	4,222	1	9,800	10

出典:震災記念館陳列品説明書より筆者作成

横浜港は当時年間国内汽船6000隻、外国汽船1100隻余が出入港していたが、震災は、横浜と水路に停泊中の小蒸気船や艀船のほとんど全部を焼き払い、水面はこれらの船の残骸で塞がれたとある。

　とくに被害が大きかったのは旧外国人居留地で、外国商館やホテルが多く並ぶ山下町、貿易業者が軒を並べ県庁その他諸官庁があった関内などで、初の強震で大部分の建物が倒壊してしまっている。震災後の復興が東京と比べ、より困難だった原因の一つとして、横浜市では官庁、警察署がほとんど焼失して、公簿、地図などが残らなかったことがあげられる。また東京市では官吏の住宅がある山手方面が無事であったが、横浜市は大部分の住宅が焼けてしまい、人の面でも復興の際に大きな不利となった。「横浜は廃市になる」「横浜は東京市に合併される」などの報道もみられた。

　一瞬にして廃墟と化した横浜市は、震災翌日には山手公園に露天の仮市役所を開設し応急罹災事務を開始した。1923年9月30日には渡辺市長（当時）の提案で横浜市在住の有力者を網羅した横浜市復興会が設立された。市の復興に必要な施設を調査研究し、その実行を期するための機関で、ここで定めた事柄の実行は県や市、商工会議所、各種実業団体が当たることとなった。

　横浜市における復興事業の大要は次のとおりであった。
 1．政府の事業：6地区の土地区画整理事業、街路、橋梁、河川、公園
 2．神奈川県の事業：国道、橋梁の両事業、中等学校建設修理事業
 3．横浜市の事業：7地区の土地区画整理事業、街路、橋梁、河川運河、公園、学校建設、上水道施設、下水道施設、衛生施設、社会事業施設、中央卸売市場建設、電気およびガス事業

　横浜の復興に関しては、帝都復興院（後に復興局）総裁後藤新平の意向によって、内務省技師・牧彦七が派遣され担当した。工学博士でもある牧は横浜市復興会や関係者の意見も聞きながら大胆な横浜市復興都市計画案をつくった。「横浜都市計画案・牧案」と記された地図には、街路や鉄道・軌道、運河、港湾、公園、市場などが整然と配備され、伊勢山付近に新都心の建設が計画されている。後藤新平の大規模な復興計画案が財政事情により逐次縮小されていく中で牧案も修正が加えられ、実現するのは一部にとどまった。結果的に横浜の復興復旧施設費は総額2億739万円、このうち国施行分が

8871万円、県施行分が916万円、市施行分が1億952万円であった[2]。

　惨憺たる状況から復旧には長期を予想されると思われていたが、震災復旧工事が開始されると、予想に反し驚くほどの短期間で復興がなされていった。

(2) 山下公園

　山下公園は横浜を代表する観光名所である（**写真4-1**）。780mに及ぶ海岸沿いの公園であり、右手沖に横浜ベイブリッジを、左手奥に「みなとみらい21」のシンボルであるランドマークタワー、すぐ前には大桟橋とそこに停泊する豪華客船を望み、また中心には氷川丸も係留されている。公園内には噴水や「赤い靴はいてた女の子」や「かもめの水兵さん」の童謡の碑が建てられている。休日のみならず平日もカップルや家族連れで賑わっている。背後には、横浜の歴史とともにあるホテルニューグランド、近年のタワーブームに人気再燃のマリンタワーが修景として納まっている。氷川丸についてさらに述べると、横浜船渠で造られ、山下公園が開園した1930（昭和5）年に進水した。日本郵船シアトル航路に就航し、「太平洋の女王」とも呼ばれた豪華客船である。1961年、公園前に係留されることとなったが、陸上から自由に出入りできる係留船は建築物と同じ基準が必要として改造されている。

　田中（2000）は、「大震災のころ、都市計画の専門家も、海岸や河川沿いは工場地帯という考えが常識だった。（中略）戦前、我が国では輸送に便な水辺が産業用地に重用された。特に、港の水際線は貨物の積み下ろしに欠かせず『港のイノチ』といわれている。港周辺はどこも、埠頭や倉庫がわがもの顔に立ち並び、その間を引き込み線が縫うように走るという光景が見られた。都市景観といったことより効率第一の時代だった」と述べている。現在の親水公園などに見られる都市のアメニティなどの考え方とは大きく価値観が違っていた。現在の山下公園のある場所の横浜港開港時の様子は、開港と同時に設けられた西波止場（現在の大桟橋あたり）と東波止場（フランス波止場ともいう）の間にバンド（海岸通り）という遊歩道があり外国人の散歩コースとなり、また海岸では海水浴や潮干狩りを楽しむ人もいた。

　震災による瓦礫を埋め立てに用い、さらに山手隧道の掘削土なども加えて、山下公園は造られたのである。1923（大正12）年10月15日の『横浜市日報』

写真4-1 現在の山下公園①
出典：筆者撮影

公告

焼跡土石處分ニ關スル件

一、焼跡土石ハ放置セル焼跡土石道路上ニ堆積シ又ハ物件ノ取片付ケタルベシ其ノ他ニ於テ有者ニ於テ本年十月末日迄ニ各所ニ取片付ケタルベシ

二、焼跡土石、塵埃等ハ濫リニ通路、海面、河川、下水、水路等ニ投棄スベカラズ

三、市内者ハ處分セラルベキ土地ノ土地一帯ニ低下セル地ハ可成敷地地上ゲ用ニ供セラレタシ

四、不用瓦石類ハ左ノ場所ニ取捨テラルベシ
　（一）山下橋ヨリ税關棧橋南百間ノ地點ニ至ル標示ノ箇所
　（二）根岸町土砂捨場東隣リ海面中標示ノ箇所
　（三）青木町鉛入場區有水面中標示ノ箇所
　（四）神奈川棉花町省砲臺場西隣リ公有水面中標示ノ箇所

五、前號（一）（二）ニ揭クル箇所ニハ土類ヲ投棄スベカラズ

大正十二年十月十日

　　　　横濱市役所

図4-2 公告
出典：『横浜市日報』1923年10月15日付

[第Ⅳ章] 復興記念横浜大博覧会と交通観光館　97

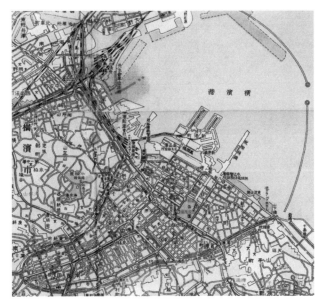

図4-3　山下公園周辺（1927年）
出典：東京日日新聞社編『大横浜地図』東京日日新聞社、1929年より（部分）

に公告が掲載され、「焼跡土石処分ニ関スル件」として、取り捨て場所として4カ所が指定されている（**図4-2**）。山下橋より税関桟橋南百間の地点（山下町の海岸）、根岸町土砂捨場東隣海面、青木町舟入場区有水面、神奈川棉花町旧砲台場西隣公有水面とある。市は焼失面積から土石量を16万立坪（1立坪は6尺立方）と試算、それから敷地の地揚げ用に10万立坪、道路地盤用に2万立坪、残りの4万立坪を指定の4カ所に捨てるというものである。

しかし瓦礫が捨てられた海岸を公園にするということが計画どおりに進められたわけではない。山下町の瓦礫の捨場は幅50間、延長430間である[3]。当初は海岸遊歩道や埠頭としての計画もされていたが、「山下公園を次の三条件で認める」という政府案に決定した。

一　此ノ際復興局ニ於テ護岸工事ヲ施行スルコト
一　本箇所ハ大正十六年九月迄物揚場トシテ利用スルコト但永久的建物ハ建設セシメサルコト

写真4-2 山下公園（昭和初期）
出典：絵葉書（横浜都市発展記念館）

一　全号期間経過後復興局ニ於テ公園トシテ経営スルコト

　区画整理が断行され、道路、河川、公園などが整備されたが、公園については、国直轄で山下公園、野毛山公園、神奈川公園の新設、横浜市により山手公園、横浜公園、掃部山公園、翁町公園の復旧、元町公園・市児童遊園の新設の事業が実施されている。山下公園は 1925 年工事に着手（**図 4-3**）、1930（昭和 5）年 2 月末に完成、3 月 15 日に開園した（**写真 4-2**）。現在の山下公園は幅平均 91m、延長 780m である。

3. 復興記念横浜大博覧会の開催意義と概要

(1) 復興記念横浜大博覧会の概要

　1929（昭和 4）年、横浜市は天皇を迎えて復興事業終了を記念する祝賀会を開いた。翌 1930 年に関東大震災の瓦礫を埋め立てて開園した山下公園を会場として、1935 年に復興を記念する大博覧会が開催された（**図 4-4・5・6**）。

　　主催：横浜市
　　会場：横浜市山下公園（約 3 万坪）

[第Ⅳ章] 復興記念横浜大博覧会と交通観光館　99

図4-4　復興記念横浜大博覧会ポスター
出典:『復興記念横浜大博覧会誌』1936年

会期：1935（昭和10）年3月26日～5月24日
観覧料金：大人50銭、小人25銭（6歳以上12歳以下）
観覧者総数：322万9000人
総予算：収入72万9000円、支出64万4000円、差引剰余金8万5000円

1）復興記念横浜大博覧会開催の主旨

　開催の主旨には「大震坤軸を撼し、猛火蒼穹を焦し、倏ちにして吾が横濱市が潰滅し去ったのは大正十二年九月一日。顧みれば安政六年、本邦開港場の嚆矢として、金湊の銅扉颯爽と開かれてより、僅かに百餘戸の寒村をして、人口四十餘萬を擁する大都市たらしめた、その半世紀の餘に亙る粒々の経営は、一瞬にして粉砕、亦餘す所なく、人をして『世界の横濱』は、空しく史上の遺跡として残るに過ぎぬことゝなったとさえ思はしめ、その復興は一般

図4-5 復興記念横浜大博覧会開幕日の新聞
出典:『横浜貿易新報』1935年3月26日付

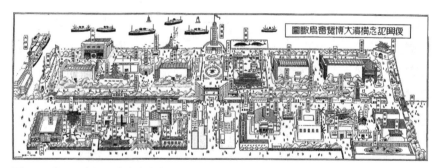

図4-6 復興記念横浜大博覧会会場俯瞰図
出典:乃村工藝社蔵

に不可能事とされたのであった。然るに　皇恩示大、恵澤累りに下ると共に、中外の同情翕然として集まり、市民志を励まして精進し、爾来僅かに六星霜、昭和四年四月二十三日を以て、遂に聖駕の御巡幸を辱うして、復興完成の式典を挙行するに至ったことは、眞に天災に對處せる、人類努力史上の驚異であり、外人の如きは、多く是れを奇蹟として驚嘆したのであった。（中略）

市民の胸に満つる、期の眞摯敬虔なる心情は、次いで外に発露せざるを得ず、切りにその発露の形式を求めて、遂に博覧会開催の要求となり、是れが全市民の標語となるに至った」と記されている。神奈川県、横浜商工会議所とともに計画を練り、1933年には米国・シカゴで開催された万国博覧会の視察も行いつつ、開催前年の1934年2月に大西市長（当時）が計画を発表した。

①博覧会開催の意義
横浜市が掲げる博覧会開催の意義は下記のとおりである[4]。

1．市経済界の振興
　　外観的には復興は完成したが、世界的不況の余波は内地産業の不活発化、貿易不振、蚕糸貿易は他港の驚異を受けて死活の岐路にある等々の状況を博覧会によって勃興を計る。
2．本邦貿易並に一般産業の発展
　　世界貿易の大勢を示して、各般の資料を展示するとともに、わが国の対外貿易の現勢や産業界の現勢を周知せしめて貿易の振興に資する。
3．工場の招致
　　横浜は国港として大貿易港であると同時に将来の大工業都市を期している。官民一致でこの地帯に工場を誘致する機会とする。
4．来住者及び遊覧者の吸集
　　市内至る所、優良なる健康住宅地として推奨される地区が多く、更に省線が桜木町から延伸すれば将来大いに嘱望される。また風光明媚な市内の遊覧地をはじめ、近郊の観光地を紹介して遊覧客の吸集を図り横浜進展の一助とする。
5．土地の利用発展
　　山手、山下町および新山下町等は震災のために荒廃し、都市美の見地からも遺憾である。博覧会の開催によってこれらの土地の利用方を刺激すれば土地繁栄の基調となる。

市勢振興上、大いなる期待がこの博覧会にはかけられているが、精神的使

命も担っていた。横浜市の復興に対して内外から多く寄せられた同情と支援への復興完成報告の意味、そして感謝の熱意の表現であり、報恩の宣明であった。

②会場構成
- 本館
  ・一号本館（東京館）：全館526坪、入口に東京市設案内所があって東京の観光地の案内をなし、間口6間の大東京大模型があって電車が走るように設備されている。所狭きまでに数万点の東京物産が陳列された。
  ・二号本館・三号本館・四号本館：全国各県の生産品、物産の展示がなされた。
  ・五号本館：120坪。全国各県の生産品、物産の展示とルーマニア、ペルー、ソビエトの出品もあった。
- 付設館
  ・近代科学館：870坪。入口正面に大宇宙の模型、星座の位置を豆電球にて表示する。テレビジョンを1日45回実演、葉煙草（紙巻）の製造および即売（専売局）。
  ・復興館：197坪。復興横浜の姿を一望のもとに見せ、臨港工業地帯のパノラマ、横浜復興工事のジオラマ等動力を使用しての展示。また横浜市が住宅地としていかに東京の中心に近いかを小型電球を使用して現した。
  ・保健館：120坪。保健局の出品した体育関係の模型、赤十字社の出品する保健大ジオラマ、わが国でもまれにみる健康地帯の海岸・台地住宅地の大パノラマの展示。
  ・開港歴史館：144坪。横浜開港から現在までの歴史を見せる。入口に吉田橋関門があり、次いで開港当時の大砲2門あり、左右に動力を応用した二つの大ジオラマ、異国船渡来の光景と横浜どんたくの光景。
  ・交通観光館：316坪。入口に明治・大正・昭和スピード比較の動力応用の大模型。京都、鎌倉、江ノ島、ソビエト等の観光地の紹介。鉄道省出品の丹那トンネル模型、江戸時代道中模型をはじめ多数のジオラマ。
  ・海軍国防館：157坪。海国とその守りに対する思想の普及徹底に期すべ

く出陳物に特に力を入れた。海軍軍縮会議と我が国の主張をジオラマで、また日本海の大海戦もジオラマで現している。太平洋上の大海戦（未来戦）で電力による発砲撃沈の光景は実物のようである。東郷元帥の記念品なども展示。

・陸軍国防館：187坪。正面に戦車を据え付け。動力使用のジオラマで時代戦（元寇役、日露戦争、満州事変）や未来戦（投下爆弾、高等飛行、毒瓦斯防毒設備）を現す。

・蚕絲館：152坪。純絹の装飾をして日本、満州、欧州の三場面を造り、人形を配して廻り舞台とする中心装飾をはじめ、絹を使用する軍需品を網羅して非常時日本を表現している。絹糸のみで造った安芸の宮島の大模型もあった。

・海洋発展館：300坪。入口には十六角形の大タンクが中央で地球儀を廻し、各国主要地の模型、水には汽船が浮かび世界一周をしている。南洋から取り寄せた椰子樹林、陳列品にはインカ帝国のミイラ3体があり評判となった。

・水族館：100余坪。大海亀や海豹、50数種の海水魚を入れた水槽が評判。

● 特設館

・神奈川館：340坪。入口にはモデル人形群を使用し婦人の装飾品を見せ、輸出工芸美術、諸物産等を陳列。中央には県下の産業、観光を現した大ジオラマを背景に休憩所を設け、各百貨店の女店員が交替で接待。

・奈良館：64坪。奈良時代の古代建築を模した館。優雅な門の両袖に仁王像を安置、史跡・観光の奈良をジオラマ模型、宝物、写真等で示した。

・シャム館：52坪。シャム寺院をかたどった館で、物産数千点、風光写真、生活模型、工芸品を出品。

・名古屋館（**写真4-3**）：100坪。名古屋城の天守閣を模した高さ約15mの建物で、照明を施し不夜城として博覧会名物となる。尾張名物の自転車、毛織物、時計、陶磁器等の展示の他に花火の玉（1発250円）が注目された。

・北海道館：98坪。産業北海道の全貌を知りうるように工夫されている。入口右側には景勝地の写真、正面は工業製品、左側には水産、農産、食

写真4-3 名古屋館
出典：記念絵葉書（乃村工藝社蔵）

料、食堂等を配し、出口に売店を置いている。
・満州館：170坪。満州の現勢に対する正確な認識を与えることが目的。天井には満州式六角型紗燈シャンデリアを10数個吊り、展示は大連港の模型や撫順炭鉱の模型等、また万里の長城の写真も展示。
・朝鮮館（**写真4-4**）：167坪。朝鮮総督府の特設で純朝鮮式宮殿造りの2階建。入口には館名入揚額、左右の壁には龍、鳳凰紋様壁画入、建物の前後を囲む外垣および通用門等全て朝鮮独特の形式。1階は陳列、2階は接待室。
・台湾館：2階建延100坪。台湾総督府の特設で台湾様式。入口はアーチ型で南国気分の溢れるものであり、内部1階は陳列、2階を喫茶部として烏龍茶の宣伝に利用した。
・ブラジル館：100坪。ブラジルコーヒー宣伝のための喫茶室を設ける。物産数千点を展示。

その他の歓興物（個人経営）として、公園プール前の海、数千坪を区切って生きた鯨を放ち人気を呼んだ生鯨館や、海女の実演で多くの観客が押し寄せた海女館などがあった。
この博覧会の見どころを紹介したガイドブック（冊子・本文24頁）が復興

[第Ⅳ章] 復興記念横浜大博覧会と交通観光館　105

写真4-4　朝鮮館
出典：記念絵葉書（乃村工藝社蔵）

記念横浜大博覧会協賛会より定価15銭で販売されている。この「序にかへて」には博覧会開催の思いがこもっている。「(前略) ここに開かれた大博覧会の姿。(中略) "百万円博" と呼ぶその豪華な内容は、躍進日本の工業と貿易と科学とを物がたり、その進歩に拍車をかけるものであるが、また他の一面に於いては、市民はこれによって横浜の復興完成をいささか自祝するとともに、震災以来与えられたる全国・全世界の応援に対して、満腔の感謝と報告とを贈ろうとするものである。かかる意識を持つこの博覧会は、その意義に沿うべく豊富・新鮮・潑剌たる内容を盛っているのであるが、更にこの内容を覆う雰囲気は、港都横浜の持つ "異国情調" である。風光の明媚、情調の随一を誇る臨港山下公園を会場として、この内容と外装を持つ "百万円博" が、昭和10年春の日本の催しの白眉編であり、豪華版であることは、いまさら言うまでもないであろう。(後略)」。また、この冊子には開会式の模様や会場の見どころが丁寧に紹介されている。

(2) 交通観光館

　日本における博覧会の歴史上、1877（明治10）年開催の第1回「内国勧業博覧会」（東京上野）以来、国威発揚、殖産興業に力を注いできたのは先述のとおりである。しかし後年、技術立国として発展してきた日本は、2003（平

成 15) 年観光立国としての基本的あり方を検討し、2006 (平成 18) 年観光立国推進基本法を成立させた。ここにいたって日本の方針が観光立国となり、「技術・製品 (ハード)」の輸出から「文化などを含む観光 (ソフト)」の輸出に大きく転換したのである。ここでは、そこに至るまでの長年に亘る経緯の中で、この「復興記念横浜大博覧会」こそ、日本の博覧会の中で、はじめて「観光」の概念が出てきたものであるということに注目する。すなわち、「観光立国」の始まりともいえる復興博覧会のパビリオンとしての「交通観光館」の存在があり、ここでは、それが、どのような展示内容であったかを明らかにする。

　この館は 316 坪あり、復興記念横浜大博覧会誌による説明には「本館は内外観光地の紹介を主眼としたもので、その出品の 3 分の 2 は本会施設として、是が出品、陳列の一切を鉄道省に委嘱し、爾余の 3 分の 1 は各府県参加団体及交通関係業者の出品によることとした。入口正面には横浜市電気局出品の横浜市内名所、三渓園、外人墓地、山下公園、掃部山公園、南京町、八聖殿、横浜港桟橋、横浜公園等、自動回転のジオラマを設け、その周囲に直径 21 尺に及ぶ海陸交通機関の、自動大模型を陳列した。鉄道省委嘱の出品中重なるものは鉄道工作物、工事模型、電気機関車模型、鉄道統計、観光に関する模型、ジオラマ等である」と記されている。

- その他の交通関係者等の出品
- ジオラマ：江之島電鉄、東武鉄道、湘南電鉄、京浜電鉄、東京横浜電鉄、山梨県、関西ペイント
- ジオラマおよび写真：香川県国立公園協会
- パノラマ：名古屋観光協会
- 絵画・写真等：神中鉄道、滋賀県、東京湾汽船
- 沿線案内図：南武鉄道
- 絵画：雲仙国立公園協会、貯金局業務課
- 信号機その他：日本信号、京三製作所
- 自動車：日産自動車
- 人形 (都踊、加茂川踊)：京都市観光課

・写真・地図・手工芸品：ソヴエイト通商代表部

4. 復興記念横浜大博覧会と観光振興

　復興博覧会前後の横浜市を取り巻く環境は、戦前の東京オリンピックや万国博覧会の1940年の日本開催が決定するなどで、国際観光の波が押し寄せていた（結果としては、国際紛争のために双方とも中止となった）。第12回オリンピックの東京誘致については、関東大震災からの復興の達成と紀元2600年を記念して東京市会として決定したものであった。また1930（昭和5）年には、外客誘致に関する中央機関として、鉄道省の外局に「国際観光局」が設置されさまざまな施策を実施、翌1931年（昭和6年）には「国立公園法」が成立するなど、観光事業に対する大きな期待が寄せられる素地ができつつあった。

　この横浜の復興博覧会においては、当初は横浜市の人口（**表4-2**）に鑑みて70万人くらいの入場者予測をしていたようだが、結果として、320万人を超える人々が押し寄せ大成功となった。当時の宿屋数と宿泊人員（**表4-3**）にみられるように、入場者に対して宿泊人員はさほど影響しているようには見えないが、宿泊施設の不足や市内および周辺都市からの集客が多かったせいと推察される。

　ここでいう旅人宿、下宿、木賃宿の区分については官報（明治28年3月12日）の警視庁令第2号に宿屋営業取締規則の改正施行が記載されており、その第1章通則第1条に「宿屋営業ヲ分テ左ノ三種トス」「一、旅人宿（一泊定ノ旅籠料ヲ受ケテ人ヲ宿泊セシムルモノヲ謂フ）、二、下宿（一月定ノ食料座敷料等ヲ受ケテ人ヲ寄宿セシムルモノヲ謂フ）、三、木賃宿（賄ヲ為サス木賃其他ノ諸費ヲ受ケテ人ヲ宿泊セシムルモノヲ謂フ）」となっている。

　横浜市は、この博覧会をきっかけに、積極的に地域振興に観光を取り入れることを組織面からも本格的に着手することとした。まず翌1936年8月には「土地観光課」を新設した。課の名称が示すとおり、横浜市の埋め立て地の売却などをからめた工場誘致、商業地の開発、住宅地の造成などによる土地政策と、文明開化の観光資源を活かした観光客誘致とのバランスのとれた

表4-2 横浜市の人口

年次	面積(km²)	世帯	現在人口	
1922(大正11年)	37.032	98,874	439,000	推計
1923(大正12年)	〃	100,586	446,600	9月1日現在
1924(大正13年)	〃	87,770	389,700	推計
1925(大正14年)	〃	95,377	405,888	国調
1926(昭和元年)	〃	96,596	411,500	推計
1927(昭和2年)	133.875	124,249	529,300	〃
1928(昭和3年)	〃	125,939	536,500	〃
1929(昭和4年)	〃	127,676	543,900	〃
1930(昭和5年)	〃	135,929	620,306	国調
1931(昭和6年)	〃	140,338	640,800	推計
1932(昭和7年)	〃	144,923	661,500	〃
1933(昭和8年)	〃	149,531	682,600	〃
1934(昭和9年)	〃	154,181	703,900	〃
1935(昭和10年)	135.630	148,545	704,290	国調
1936(昭和11年)	168.020	155,785	738,400	推計
1937(昭和12年)	173.180	160,211	759,700	〃

出典:「横浜市統計書」より筆者作成

表4-3 横浜市の宿屋および宿泊人員

	宿屋				宿泊人員総数	
	総数	旅人宿	下宿	木賃宿	日本人	外国人
1934(昭和9年)	434	247	131	56	529,743	31,122
1935(昭和10年)	549	267	226	56	704,680	24,519
1936(昭和11年)	612	267	293	52	955,384	44,792
1937(昭和12年)[1]	666	269	345	52	1,301,606	40,892

注1)昭和12年の外国人宿泊者が減となっているのは、事変の影響とみられる。
出典:「横浜市統計書」より筆者作成

都市づくりを目指した。

　1937(昭和12)年2月から横浜市土地観光課と横浜観光協会が共同で「ヨコハマ」という観光情報誌を週刊で発行している。この第1号(1937年2月25日発行:**図4-7**)の序に「世界のマドロス、世界のエトランゼーが往来するが故に、わが横浜を異国情緒溢れる港都としてのみ観るは余りに皮相である。それは彼等と共に来るあらゆる世界の文化を消化し、之を同胞に輸血せんと努力して居る。之を観、之を解することによって、はじめて観光横浜の新し

図4-7　観光情報誌「ヨコハマ」第1号
　　　　（1937年2月発行）

い意義が把握される。故にこの小冊子が、その把握に役立つことを得ば幸である」とある。内容は12頁で市民ニュース（商品展示会の案内、家政婦の紹介など）、観光ニュース（観光協会の事業、市設案内所の利用状況など）、各地区隣保館や講堂などでの催し、出船・入船の船名、縁日情報、演芸・映画の上演・上映内容、梅林特集、随筆、観光写真懸賞募集の入選者名など多岐にわたっている。

　第2号（3月4日発行）には、「観光価値の反省」として巻頭に「（前略）由来、歴史的遺跡を『名所』と並称して『旧跡』と呼び、観光の対象に置かんとする場合は、我々は余りにも時代の古きを求め過ぎはしなかったろうか。その観光価値を評価するに際し、その経過年代の計数的偏重の過誤を犯しては居なかったろうか。山高き故に必ずしも尚かからずとする理が、この旧跡への観光価値判断の上にも適用されるのが当然ではなかろうか。少なくとも、

もう少し文化的観点を重視し、殊に今日の文化との関係性を検討して評価さる可きだと思考される」とあり、新興都市である横浜の評価はもっと高くあるべしという主張が感じられる。またこの号の中で、横浜市における接客業務（ホテル、旅館、汽船、タクシー・バス、外人案内など）に関係する者で組織されている水交会の例会の模様が報告されている。横浜市土地観光課長や同課宣伝招致係長も出席し、観光館（交通館）の常設、観光施設の充実改善の急務、埋め立ての際に海岸線を美化し景勝を保たせること、海岸遊歩道・ドライブウェーの設置、土産品の奨励、はま祭の提唱などが討議されている。現在の日本における都市の観光施策と比較すると同様な課題が常に存在するかのようにも思える。

『横浜・秋』（1938年11月発行・横浜土地観光課）には、秋のハイキングコースや菊花大会、秋の行楽地の案内のほかに土地紹介特集が組まれている。「工場は必ず横浜へ」「なぜ横浜は工業の楽土と謂われるか」という見出しで、工場敷地の選定にあたっては、原料の仕入れに有利なこと、生産費の低廉なること、生産品の出荷販売に便利なることが検討されなければならないとして、横浜の有利な点が謳われている。観光客の誘致より住宅地とした工場誘致に力点が置かれている。

また同年3月には、土地観光課・横浜観光協会共同で、観光案内冊子「観光のヨコハマ」を発行している。主として修学旅行生用に短時間で要領よく市内の観光名所を見学できるように編集されている。総24頁の内容は次のとおりである。「ミナトヨコハマの横顔」として横浜の簡単な歴史、人口などの都市概要、貿易額や出入船隻数などを紹介したうえで、桜木町を中心として3〜4時間程度の見学コースの紹介となっている（裏表紙には横浜観光地図）。震災記念館、野毛山公園、伊勢山皇大神宮、掃部山公園、伊勢佐木町、吉田橋、馬車道、横浜生糸検査所、弁天通、開港記念横浜会館、横浜市商工奨励館、英国領事館の玉楠、横浜港、山下公園、山手高台・外人墓地、南京街、横浜公園、このほか市の外廓を訪ねて三渓園などが紹介されている。ちなみに山下公園の案内文は「面積2万2千余坪の本園は震災後海岸地先を埋立てこれに公費70余万円を投じて造営した本邦唯一の近代的臨海公園で、園内には豪華な噴水あり、芝生に描かれた、モザイック型の逍遥路あり、緑陰に

憩いて目を前方に投げれば港内は一望の中に収められ、更に広報に転ずれば、ホテルニューグランドの明るい建物、山手丘陵に点在する瀟洒な住宅等々（中略）しばし我々は異国的な風景の中に浸ることができるであろう」となっている。

5. 小括

　歴史に翻弄されながらも様々な変遷を経て、市民の憩いの場、観光客の訪れる名所として多くの来園者を迎えている山下公園。この地で、1935年に開催された復興博覧会は、そこに展示された当時の統治下であった台湾や満州などの外地への旅の思いや、日本国内各県の物産や景色が旅への憧憬を来場者に覚醒させたともいえる。予想以上の322万9000人という来場者にとっては貴重な体験となり、主催した横浜市にとっては持続発展させる過程において、観光のもつ力の必要性を認識する機会となった。その後の横浜市の観光振興に対する取り組みは素晴らしく、組織面、情報面とも素早くなされ、ここに現在の横浜市の観光のポテンシャリティの源があるということが考察できた。

　横浜は戦後、そして現代に至るまで素晴らしい観光都市である。最近の横浜市の観光入込客数（延数）の推移をみると過去10年間、着実に伸びてきている。2007（平成19）年からは4000万人を超え、2010年は約4200万人であった。2011年は東日本大震災の影響で一時的に3610万人と落ち込んだ（国の共通基準に準じて算出された集客実人員は2010年2619万人、2011年2229万人となる）。しかし、みなとみらい・桜木町のエリアの人気が高く、1000万人前後が入り込む。山下公園・関内・伊勢佐木町のエリアは、2010年が約346万人、2011年は296万人であった。また山下公園においては2009年に歩行者流動量等調査が行われ、市民を含め年間約566万人が来訪しており、平日は5700人〜1万1700人（月により異なる）、休日で2万800人〜3万5900人と多くの人が来訪しているという推計結果が出ている。

　本章では、第二次世界大戦後の経済復興等のために開催された各地の復興博覧会と、そこに必ずといっていいほどに設置された「観光館」についての

意義を確認した。内容からみても、この復興記念横浜大博覧会が先駆的モデルとなり、その後の行政の組織のあり方や観光政策が開催都市の復旧・復興にいかに先導的な役割を果たしてきたかが検証できた。

補注
1）横浜郷土研究会（1995）『横浜に震災記念館があった』（よこれき双書第14巻）、37-38頁。
2）高村直助（2006）『都市横浜の半世紀―震災復興から高度成長まで』有燐堂、23頁。
3）瓦礫捨場の延長は『帝国復興史』では約500間とあるが、『横浜復興誌』の430間を採用。
4）復興記念横浜大博覧会編（1936）『復興記念横浜大博覧会誌』2-3頁。

第Ⅴ章
戦災復興とモデルシティ
―大阪における復興大博覧会と観光館
【復興博事例②】

1. 勧業博覧会と復興博覧会

　1877（明治10）年に「第1回内国勧業博覧会」が東京・上野で開催されてから、博覧会のモデルとして回を重ねてきた内国勧業博覧会であったが、これらの博覧会と自然災害や戦災からの復興を期して開催される博覧会とでは、殖産興業においては同様の展示が見られるが、理念や展示の内容に違いが見受けられる。

　ここで、次に事例として取り上げる大阪市天王寺区の夕陽丘にて開催された「復興大博覧会」は、太平洋戦争後の焦土と化した大阪における政治の貧困、企業の経営不振、国民の無気力から復興の端緒をひらく世直しをするとしたものであった。戦災による不衛生な環境の注意を促す衛生館などのパビリオンもあり、平時の博覧会とは一線を画す内容となっている。大阪の他にも、太平洋戦争の爪痕も消えぬ間に追い打ちをかけられるように自然災害に見舞われた日本の都市が多数あり、そこでも住民の誇りを取り戻し、産業を活性化させ復興を願う、また復興を祝っての博覧会が、高松、福島、福井、長崎、広島などで多く開催されてきた。

　日本では、積極的な近代政策の一環で欧米からの技術と在来技術の出会いの場として内国勧業博覧会の開催に至ったわけである。ところで、戦後の復興博覧会を考える上では、㈶日本交通公社理事長・高田寛が1947（昭和

22）年4月に行われた初の参議院選挙で国会議員として当選し、国家（都市）再建、経済復興を主としつつも、国政に「観光立国」を大きく取り上げることを主張し、政策形成に大きな影響を与えたことも忘れてはならない。将来の文化国家（都市）建設の手段としての観光振興事業の促進に寄与するために、観光を冠したパビリオンの設置が多くなされたのは、観光が復興の重要なファクターになっていたことの証といえる。

さらに現代では、わが国においては2006（平成18）年に「観光立国推進法」が成立し国策として観光を推進することになり、翌年には「観光立国推進基本計画」が閣議決定され、2008（平成20）年には「観光庁」が設置され、観光立国への道を進み始めた。

しかし、復興横浜大博覧会を開催した横浜市をはじめ日本の各都市では、その80年も前から、災害等の復興の重要なファクターとして、観光の都市再生に果たす役割が認識されていたと考えられる。

2．戦後の観光立国論――二人のオピニオンリーダー・高田と松下

近年、「観光立国」という言葉が、2003（平成15）年の観光立国懇談会の開催、そしてビジット・ジャパン・キャンペーンの開始以来、わが国において頻繁に使われるようになってきた。しかし、この言葉は新しいものではなく、1946（昭和21）年の第90回帝国議会請願委員会に初めて登場している[1]。

また先述の㈶日本交通公社理事長で国会議員となった高田寛らの「観光立国」の主張もあり、その影響を受けた東京都は1948（昭和23）年および1949（昭和24）年に「観光講座」を開催している。その序に「経済自立の目的を達成する為には、国民食糧の一部を初め、多くの原料資材を国外に依存せざるを得ない我国としては、全力を挙げて外貨の獲得に努め、以て国際収支の維持改善を図るを必須の要件とする。然るに即今の我国は、如何に輸出産業を振興して見ても当分の間、輸入超過を免がるる事能はざるは、政府の諸計画に照合するも極めて明瞭であり、残るは即ち貿易外収入の方途あるのみであらう。戦前此点に於いて大いなる役割を演じた海運収入、海外投資、移民送金等による収入源泉の悉く喪失した今日の日本に於いては、観光事業

figure: 觀光立國の辯 ——石炭掘るよりホテル一つを—— 松下　幸之助

素晴しき哉ニッポン

今年の春は、日本を訪れる外人客が激増し、アメリカからは「キャロニア世界一周観光團」の來朝が報ぜられると共に、一方、大阪で開かれる國際見本市には、世界各國からバイヤー達が訪れるという話である。だが、たった五百人あまりのキャロニア観光團ですら、これを迎えるホテルはもちろん、外人専用の遊覽バスが、日本に僅か二臺しかないという状態である。せっかくの好シーズンに、ドルを落とすべく日本に來る世界の観光客を前にして餘りにも勿體ない話だ。

しかし、わが國の観光施設がこうした状態にあるのは、考えてみれば無理もない話で、何と言っても、今まで、観光に對する理解な認識の度合が、官民共にきわめて低調であった。第一、政府がこれにあまり乗氣でないために、民間もこれに隨つて、観光についての力強い創意も工夫も生み出さず、唯石炭を掘ること、石油を探すこと、そして商品を輸出することに、せっかく力を注いできた。だから、せっかくの日本の景観も、これが保

図5-1　「観光立国の辯」
出典：『文藝春秋』1954年5月号（関西学院大学図書館蔵）

による外貨の獲得を以て唯一の途とせざるを得ないのである」と記している。

　高田も、この講座の第1回の冒頭に「観光立国論」という表題で講演し、「将来の文化国家建設を促進するもっとも有効な手段として観光事業の振興がある。この事業を敗戦のわが国の国策として取り上げ、適切な振興方策を新たに樹立しなければならない」と述べている。内容は具体的に多岐にわたり、観光事業と主要課題（経済復興、文化政策、日本再建、失業救済、文化国家）についての提言、観光国土計画、観光施設の整備、海外への観光宣伝、観光事業法規の整備などなどを論じている。その上で、国家としての観光政策を設定する機関をもつことが必要であると言及している。

　松下電器産業グループの創始者である松下幸之助もまた、1954（昭和29）年発行の『文藝春秋』5月号で「観光立国の辯」（図5-1）を語っている。内容は現在の観光立国の考え方を先取りしたものであり、極めて示唆に富むものである。「戦後の日本は経済自立の道として、工業立国、農業立国、貿易立国が叫ばれてきたが充分な成果をあげなかった。観光立国こそ我が国に最

も適している」「1年に100万人の外国人旅行者が平均10日滞在すると年間8億ドル（当時のレートで約2800億円）のお金が落ちる」「外国人向けの良いホテルが必要であり、道路を始め観光施設の整備が必要である」「経済効果のみならず日本人の視野が国際的に広くなる」「国土の平和のためという崇高な理念からも実行すべき方策である」「観光省を新設し観光大臣を任命し、総理、副総理に次ぐ重要ポストに置く」「各国に観光大使を派遣し宣伝啓蒙する」「国立大学のうち幾つかを観光大学に切り替え観光学かサービス学を教える」などなどを提案し、これらは決して突飛な夢物語ではなく、そうすれば日本の繁栄は大いに期待できると結んでいる。

　国政において高田寛が主張し、民間からは経営の神様と呼ばれる松下幸之助が説いた国家・都市再生に果たす観光がもつ経済的・文化的な力の大きさが、復興博覧会において観光館が必要とされる意味づけの要因の一つとなっている。

3. 大阪における（戦災）復興大博覧会と観光館

　戦災や自然災害による都市機能の崩壊や被災者の気力喪失という状況の中で、復旧に立ち上がり、復興をやり遂げようとする多くの都市において復興博覧会が開催されてきた。また、復興への人々の努力が形になって見えてきた時、祝祭の意味も込めて横浜市で開催された博覧会は前章で述べた。

　この関東大震災から6年後の1929（昭和4）年に開催された復興記念横浜大博覧会は、太平洋戦争による空襲などで焦土と化した多くの都市が復興の手本とした。

　この章では、1948（昭和23）年、大阪で開催された「復興大博覧会」を事例とする。この博覧会は従来の博覧会の考えと一線を画し、終了後は更地となる会場設営ではなく、終了後に外囲いを外すとモデルシティが出現するという画期的な構想による博覧会であった。

　事例とした復興大博覧会は、過去には、論文はもとより報告書としての「復興大博覧会誌」しか詳細を記したものがなく、森（1998）の「昭和23年復興大博覧会―大阪経済リハビリの時代」が唯一この博覧会の概要を記したも

のである。ただし内容については、自身の小学生時代の体験と「復興大博覧会誌」をもとに博覧会の趣旨、開催経緯、パビリオン等を解説したものであり、その背景や大阪経済の復興に果たした役割を論じてはいない[2]。したがって、本研究では、「復興大博覧会誌」(公式記録)、天王寺区史、大阪市史、大阪府史、当時の新聞等博覧会関連資料の文献を読み解き、博覧会場となった上町台地・夕陽丘の現況を視察し、当時の住民へのヒアリングも加えて都市再生に博覧会が果たした役割の考察を観光の視点から試みるものである。等価交換による立ち退き、そして地域への愛着から再び博覧会終了後に戻った経緯、恒久施設として建てられたパビリオンが大阪府・市への売却後の幾度かの変遷を経て現在に至る過程などを確認することができた。さらに本研究の事例においては復興博覧会の開催場所の選定にあたり、上町台地となった理由を大阪の成り立ちをふまえて考察する。

(1) 開催地としての大阪の始まりの地・上町台地

　上町台地は大阪の始まりの地である。縄文時代の上町台地は北方に突出した半島状で、東に河内湾、西は瀬戸内海が広がっていた。弥生時代以降、淀川や大和川の運ぶ土砂で河内湾は陸地化し、西部にも土砂が堆積していく。上町台地が東側に緩やかに傾斜しているのは、大量の土砂が流れ込み台地に近い高さまで埋まってしまっているからである。台地の西側は東側ほど埋まらず急な坂が残っている。上町台地は南北に12km、幅2～3kmで北部が高く標高は25mあり、その北端に大阪城がある。南へ行くほどに低くなり、住吉まで続いていて、住吉津（すみのえ）の近くには航海の神を祭る住吉大社がある。また聖徳太子の発願によって建立された四天王寺には古くから町場が形成されていたが、平安時代に入ると、浄土宗の広まりとともに四天王寺の西門が極楽浄土の東門に通じていると信じられ、都の貴族だけでなく庶民を含む広い信仰を集めた。上町台地から見る大阪湾に沈む美しい夕陽に、西方極楽浄土への往生を願う日想観がはやり、今日に夕陽丘の地名を残している。

　大阪市が成立したのは1889（明治22）年、明治政府の市制町村制に基づき東・西・南・北の4区を市域として発足した。この年、全国で39の都市

表5-1 天王寺区の人口

年次		世帯数	人口	男	女	大阪市の人口
1944（昭和19）	人口調査	26,221	104,749	47,174	57,575	2,833,344
1945（昭和20）	人口調査	5,152	19,943	9,285	10,658	1,102,959
1948（昭和23）	常住人口調査	9,523	36,787	17,999	18,788	1,690,072

注：昭和20年の減少は戦災と疎開による
出典：川端直正編『天王寺区史』天王寺区創立三十周年記念事業委員会、1955年より筆者作成

が市制施行された。1925（大正14）年4月、大阪市が周囲部の発展から、周辺の東成・西成両郡44カ町村と合併した大阪市第2次市域拡張が実施された時に天王寺区は誕生した。この時までに旧市には先述の東・西・南・北の4区があったが、これを此花、港、浪速、天王寺を加えて8区に増やし、同時に新たに編入をみた地域は5区の行政区画（西淀川、東淀川、東成、西成、住吉）に分けられることになり、合計13区となった。そして市域は181.68平方キロ、人口は211万4804人となり、面積・人口の双方で日本一の都市となり、大大阪と呼ばれた。しかし市街地の実情は道幅が狭く、商売上での陳列の道路へのせり出しなどで狭い道が更に狭くなるという状況であった。そのような中で1926（大正15）年着工、1937（昭和12）年完成の御堂筋は大阪市の都市計画にとっては重要な意味をもつが、ここでは詳細は述べない。

(2) 太平洋戦争における空襲の被害状況

大阪地域への最初の空襲は1944（昭和19）年12月19日、大空襲として記録されているのが1945（昭和20）年3月13日深夜から14日未明にかけてのもので、死者3987人、罹災者50万1578人もの被害があった。焼夷弾が投下された大阪市内は火事によって真昼のようになり、3時間半に及ぶ空襲の後、暗い雨が降ったとある[3]。天王寺区においては8400の焼失家屋、3万2300人を超える罹災者があり、四天王寺の伽藍、生國魂神社、大江神社など天王寺の誇る名社・寺院の数多くが焼失、そこに所蔵されていた文化財も灰塵に帰した。天王寺区の人口の推移（**表5-1**）をみると戦災で激減しているのがわかる。

(3) 復興大博覧会

1) 復興大博覧会開催の背景と主旨

　この「大阪復興博」の背景としては、敗戦3年目の秋を迎えたが戦争の余弊は去っておらず、政治の貧困や経済の立て直しの停滞、生活の危機は依然として続き、混沌たる世情そのまま人心に投影されていたのが当時の日本の偽らぬ実情であった。

　そのような状況下で毎日新聞社は、博覧会のもつ使命に重要な意義を見出し、復興の端緒をひらく世直しの事業であると開催を決意した。毎日新聞社は、この種の事業には数多くの経験を有しており、1925（大正14）年には天王寺公園および大阪城で大大阪博覧会を主催し、3月15日～4月30日の47日間に180万人もの入場者を集め成功に導いている。大大阪と呼称されるように、この年に大阪市は市域の拡張、周辺町村の編入などにより人口200万人超となり、日本第一の都市となっている。しかし、経験があるとはいえ戦後の状況下での開催は膨大なる資材や労力が必要とされ、その決定には相当の覚悟があっただろうと推察する。

　会場候補地としては当初、道頓堀の南北地帯（日本橋一丁目から松屋町通に至る約4万坪）が計画されていたが、米軍当局への建築許可がおりず、その間に新築家屋が濫立してしまい会場建設には不適当な状態になりつつあった。そこで、特別都市計画法に基づく土地区画整理事業により整地工事と換地処分の対象となっていた上町台地・夕陽丘高台を候補地とし、地元天王寺区の主なる地主240名がこれに賛同、開催地とすることになったのである。大阪の始まりの地が復興の始まりの地となったのである[4]。

2) 復興大博覧会開催の意義

　主催者は、開催の意義として、全国一流メーカーの製品を一場に集めて展示することは貿易の手引きとなり、産業を促進するにとどまらず、国民に豊かな印象を与え、日本がすでに立ち直りつつあるという自信と希望を植えつけるために役立つと謳っている。こういった意義の裏には、貿易の再開によって国内産業はにわかに活況を呈してきたが、一般には、いまだに粗悪品が氾濫し消費者の信用を失いつつあったことがある。また戦前日本一の輸出港

であった大阪港が復活し、大阪市の経済もようやく回復の兆しもみえ、博覧会開催の機運も高まってきたところであった。内容的にも出品物は身近な生活必需品を主として当時の日本における最高の物を選び、民主主義の名のもとに氾濫する種々雑多な国民生活に対して一つの拠りどころを示し、真の文化の水準を示そうという実質的な意義をもったものであった。

　また、博覧会の機会を利用して、荒廃した戦災跡地に恒久建造物を構築して土地の復興に資し住宅難緩和の一助にもしたのである。すなわち会場の諸建築はすべて大阪市の都市計画に即し、本館のうち8館は本格的建築を施して閉会後売却、場内には住宅付き店舗を建て開会と同時に居住しつつ営業をしうるよう諸施設を完備した。また理想的な住宅を建築して希望者に売却、閉会後譲渡するという構想のもとに、博覧会閉会後に外囲いを外せばそのまま復興新市街となるように計画されたのである。戦災地の中でとくに復興が遅れている天王寺区夕陽丘高台がその敷地として選ばれた。

　健全な娯楽の場としての意義も大きい。交通難と物価高の影響で生活者は行楽の場を失っていた。そこで家族連れのために場内に健康的な娯楽施設を多くつくり、一流芸能人の来演による催しを行った。このほか教養・衛生などに関する諸施設によって来場者に有意義な一日を過ごしてもらうように努めている。

3）復興大博覧会の概要

　戦災からの復興・再生をテーマとする復興博覧会は、1947（昭和22）年5月に広島県福山市で開催された「福山産業復興博覧会」をはじめ小規模な博覧会が2、3回開かれた。しかし、本格的な博覧会として開かれたのが、この大阪市の上町台地・夕陽丘の復興大博覧会であった（**図5-2・写真5-1**）。

　会期は1948（昭和23）年9月18日〜11月17日の61日間で、入場料金は大人80円、小人30円であった。主催者は、既述したように、当時は新聞他社と熾烈な読者獲得競争を展開しており、いくつかの大規模なイベントを主催していた毎日新聞社である。

　敗戦の苦難の中から力強く起きあがりつつある日本の産業、文化の復興を促進し、あわせて新建築の指標を与えようとの構想のもとに計画が進められ

[第Ⅴ章] 戦災復興とモデルシティ─大阪における復興大博覧会と観光館　121

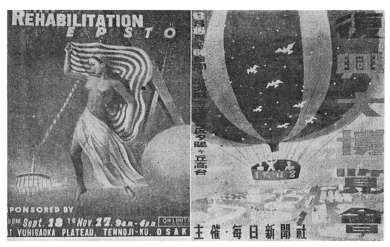

図5-2　復興大博覧会ポスター
出典:『復興大博覧会誌』1949年

写真5-1　復興大博覧会正面入口
出典:『復興大博覧会誌』1949年

図5-3　『毎日新聞(大阪)』1948年9月19日付

た。会場は天王寺公園から上本町8丁目一帯の通称、夕陽丘の高台で、大阪復興の大局から見て、大阪の都市計画に結びつく重要な場所であった。終戦3年目でようやく祖国再建の声が上がりつつあり、これに大阪府、大阪市も全面的に賛同、資材や物資の調達困難な時期であったが、諸問題を克服しながら開催にこぎつけた。サトーハチロー作詞、古関裕而作曲の復興記念歌(テーマソング)「恋し大阪」が、人気歌手・藤山一郎の美声によって町中に流れ復興気分を盛り上げた。

　「焼跡に生まれた『復興街』、夕陽ヶ丘に輝くモデル・シティ」と開幕翌日の毎日新聞に記事(図5-3)が掲載されているように、会場には復興館をはじめ農業機械館、貿易館、科学館、観光館、衛生館など約20館が建てられ、本館の内8館は閉会後売却された。また場内にモデル住宅、住宅付店舗を建て、これも閉会後譲渡する画期的な構想で外囲いをはずすとそのまま復興新市街となるようになっていた。

　この博覧会は極めて実質的で、場内に建設された住宅付店舗は閉会と同時に居住しつつ営業をしうるよう諸施設を完備していた。また売却された館は

[第Ⅴ章] 戦災復興とモデルシティ―大阪における復興大博覧会と観光館　　123

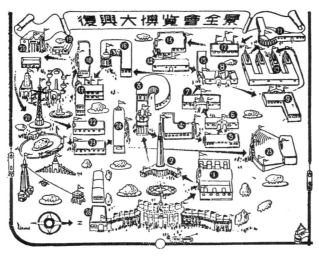

図5-4　復興大博覧会全景図
出典：復興大博覧会・各館出品目録より

「夕陽丘母子の街」（後述）の施設となりモデル母子寮、各種婦人相談所、モデル保健所、婦人公共職業補導所、家庭生活科学館などとなった。戦後の虚脱状態から抜けきれなかった人々に、明るい希望と建設の喜びを与え、復興への道をうちたてた博覧会であり、総入場者数は 160 万人となった。

4）会場構成（図 5-4）

　当時は、交通難と物価高により都会生活者は次第に行楽の場所を失いつつあった。そのような中で復興大博覧会は各種の健全な娯楽を設備し、大阪市民の遊園地となり厚生の場所となった。産業展示や観光関連の展示が人気を集め、観光館は大阪鉄道局や京阪神急行（阪急）・南海・阪神・近鉄・名鉄等の鉄道会社、奈良県・和歌山県・愛知県等の観光課の出展が見られる。また兵庫館には兵庫県商工部が産業観光模型を展示、京都館も京都市観光課が鉾や古代衣装の出品展示をするなど観光宣伝の場として活用されているのが窺える[5]。

①農業機械館

わが国の基礎産業であり復興の原動力である農業の機械化の象徴的するパビリオン。農機具今昔展、アメリカの機械化農業のパノラマ、最新式電気耕運機の展示等、京都大学農学部の出品もあり。

②記念館

関西初公開の東芝のテレビジョンの実演が大人気。館内にはテーブル、ソファ、生け花展示あり。

③外国館　※後述

④貿易館

館内の大半はアルミ製品で埋められ、他にフィルム製品、ゴム製品、ガラス製品、琺瑯鉄器などが陳列されている。英語の解説が付けられており、バイヤーが多く訪れていた。

⑤兵庫館

地元大阪に対抗して灘五郷酒造協会の灘生一本の圧倒的な展示が目を引く。神戸港のパノラマ、兵庫県の工業製品（マッチ、自転車、皮革製品、機関車など）の展示があった。

⑥自転車館

輸出用自転車の大量展示があり、自転車の歴史、製造工程や生産台数、スピード記録などの自転車に関するあらゆる情報の解説・展示がされていた。

⑦第一衛生館

性病予防が主たる目的で阪大医学部提供の標本、学術写真の貴重な展示あり。人口問題、伝染病予防、環境衛生、寄生虫などの詳細な解説がある。
※未成年者入場不可。

⑧京都館

鉾や豪華な古代衣装の出品展示、西陣織物、絹製品、島津製作所の精密機械、吉忠のマネキン人形の展示がある。他に舞鶴港の引揚船入港のパノラマや陶磁器、扇子、竹製品等の展示もあり。

⑨自動車館

開幕前日に市内をパレードした約50台の出品車を展示。トヨタ、日産、ディーゼル、三菱各社の大型トラック、乗用車、バス、オートバイ、三輪車、

スクーターなどが配置されていた。

⑩農業薬品館、水産館、日立館

農業薬品館：農業用の薬品（除虫菊乳剤、水銀剤、作物ホルモン等）や一坪菜園用の農薬の即売と解説。水産館：入口のポーチに大洋漁業出品の捕鯨二門砲を据え付け、各種漁業のパノラマ等。日立館：石炭、電力、交通運輸、鉄鋼、繊維、農林、水産、工場、文化、家庭におけるオール日立の展示。

⑪科学館

建物が会場内でひときわ目立つ近代建築。原子力時代を象徴する内容の展示（キューリー、ボーア、アインシュタイン等の科学者の業績等）、嘘発見器などの展示、電話交換機の実演もあった。

⑫電気館

発電所の模型や電気自動車、ラジオ、モーター、真空管等の電気器具類が多く展示、東芝出品の電子顕微鏡の展示もあった。

⑬繊維館

輸出産業の中心である繊維の全てを見せる。日本綿業に関する各種統計、絨毯、毛織物、メリヤス等の製品展示。豊田、大坂機械出品の精紡機、ジャガード機の実演など。絹靴下の即売もあった。

⑭機械館

遠心分離機、プロペラ、コンプレッサー、エンジン、ボイラー等の特殊機械の出品。専売局がタバコ製造機による「復興博記念ピース」の製造と即売を行い人気。

⑮印刷文化館

新聞のできるまでの解説、活版、グラビア、シーリング、オフセット、印刷機械、活字鋳造機の実演あり。印刷ローラー、インキ等の陳列や刊行物の出品等もあった。

⑯観光館　※後述

⑰復興館

終了後は郵便局に使用する目的で建てられた博覧会随一の建物。1階は日本再建の基礎産業である石炭に関する総合展示（坑道を模したトンネル、全国石炭埋蔵分布ジオラマ等）。2階は30年後の大阪市の大パノラマ（整然たる都

市計画により拡張された大大阪の全貌が明らかに示されている）があった。

　⑱西日本館

　岡山県以西九州までの各県からの代表的産業の実物展示。例えば福岡県の場合、紙ナフキン、博多織、クレヨン文具、線香、蛇の目傘、花火、提灯、柿渋など。

　⑲理想住宅

　⑳有田サーカス興業場

　㉑子供遊園地

　㉒第一産業館

　大阪を中心に皮革品、ミシン、消防ポンプ、ガス副産物、化粧品、時計、セルロイド、毛皮製品、帽子、セメント、事務用品等、多種多様な出品。

　㉓第二産業館

　滋賀、富山、香川、徳島、高知、岐阜、三重、奈良の各県から寄せられた産物の出品展示があった。

　㉔第二衛生館

　大阪府指定模範薬局が開設され各製薬会社の優良薬品の販売、飲料水、体温計の検査あり。よろず健康相談所も開設され無料健康相談も実施。

　㉕野外劇場

　・店舗付住宅

　・その他（無料休憩所など）

5）観光館（写真5-2）と外国館

　観光産業は輸出産業である。日本（地域）の観光資源（魅力）を海外（国内他地域）に輸出し、外貨（経済効果）を稼ぐ。そのために、この期以降、ほとんどの博覧会には観光館または同様の目的を持ったパビリオンが設置された。復興大博覧会における観光館では、全体的には堅苦しい館の多い中にあって、元禄模様の提灯をぶら下げお祭り気分を演出している。国鉄や日本交通公社、全日本観光連盟共同のカラー観光写真の壁面展示や大阪市を中心とした関西の大パノラマ、トヨタの乗用車の展示、模型電気機関車の走行、模型汽船の水上走行など日本の美しさと観光資源の豊富さを認識させる。ま

写真5-2 観光館
出典:『復興大博覧会誌』1949年

たパンアメリカン航空提供のカラー観光映画の上映など盛りだくさんの内容である。外国館も観光館同様に見知らぬ国への旅行の雰囲気を醸し出している。インドの象の相撲、ベニスのゴンドラ祭りなど各国の珍しい風俗と行事がジオラマで展開、国際情勢や国連機関などの解説、ルーズヴェルト夫人などの世界のトップレディの紹介、アメリカンライフの紹介などがされている。特筆すべきはPXの特別出品物である。コカコーラ、ビスケット、クラッカー、缶詰、煙草、チョコレート、衣料、靴、台所用品、スポーツ用品など憧れの物品展示がなされていた[6]。

天王寺区内の復興については、1945(昭和20)年末に閣議決定をみた戦災復興計画基本方針によって、戦災を被った小橋清水谷付近、上汐町付近、生玉町付近、石ヶ辻付近、寺田町付近、庚申堂付近の6カ所に復興土地区画整理事業が実施され従来の迷路・曲路も碁盤の目のように整理された。また主要幹線道路の拡築も戦災復興都市計画事業により施工された。この地区の復興に関して復興大博覧会の及ぼした影響は大きく、この博覧会によって夕陽丘一帯は焼跡の姿を一変し理想的文化地帯となったのである。復興大博覧会終了後、科学館、京都館、印刷文化館、貿易館、農業・水産・日立館を大阪府が買収して「夕陽丘母子の街」(**図5-5**)を建設し、1949(昭和24)年度予

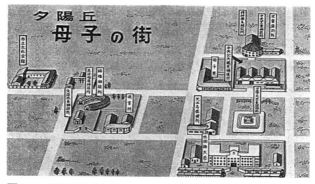

図5-5 夕陽丘母子の街
出典：川端直正編『天王寺区史』天王寺区創立三十周年記念事業委員会、1955年より

算として4200万円を計上し、戦争犠牲者の母子を対象として一大楽園を実現するよう努めた。

また観光館は大阪市によって市立文化会館となり、復興館は郵便局に、第二衛生館は白百合文化学院となり、さらに会場内店舗付住宅（86戸）も完成し復興大博覧会の外囲いをはずすとそのまま復興新市街となるようになっていた（**図5-6**）。夕陽丘音楽堂も造られ、戦災を受けた諸官庁の復興も進み、一時天王寺区役所内にあった警察署も1946（昭和21）年新庁舎が復旧、1949（昭和24）年には大阪外国語大学が創設、1951（昭和26）年には天王寺府税事務所、天王寺保健所などが次々と夕陽丘一帯に竣成した。

4. 戦争による壊滅から貿易観光都市への再生

終戦直後、大阪市の人口は戦後の急激な出生増加などにより毎年10万人以上の増加がみられた。また1949（昭和24）年1月には転入抑制の解除、1951（昭和26）年には朝鮮動乱景気の影響でそれぞれ15万人超の増加となり、1951（昭和26）年には200万人を突破している。

大阪市の復興計画は狭小な土地、多大な人口、商工業の発展、大阪港中心という基本的な考えの中で進められ、街路計画、公園計画（大阪城公園、靱公園を中心に1万坪以上26カ所を含む108カ所）、土地区画整理、交通計画・

[第Ⅴ章] 戦災復興とモデルシティ―大阪における復興大博覧会と観光館　129

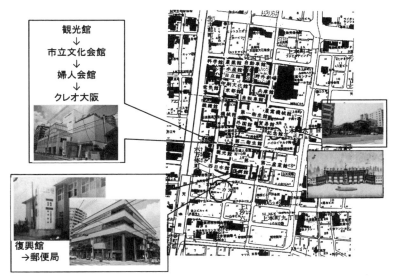

図5-6　現在の街区と会場配置図
出典:森延哉「昭和23年復興大博覧会」『大阪春秋』91号:88-98頁、1998年をもとに筆者加筆

　港湾計画等が樹立された。交通計画においては、大阪市を中心とする鉄道・郊外電車の整備、地下鉄網および環状線の完成への計画がなされている。
　観光事業においては、1946(昭和21)年に大阪観光協会を設立、復興博覧会の開催前1948(昭和23)年4月には、国内外の観光客の誘致に、近畿各都市が連携しながらあたることを目的に近畿都市観光連絡協議会が結成された。同年12月、瀬戸内海観光都市連盟も結成されている。その後、1952(昭和27)年には大阪駅前第一生命ビル内に観光案内所を設置し、内外観光客に対する観光案内、宿泊の紹介、土産品の斡旋などを行っている。同ビル内には商工貿易相談所があり、併設展示場には在阪業者の輸出有望商品や海外競争商品見本が多数展示されていた。また1954(昭和29)年には東京八重洲口の国際観光会館に貿易観光相談所を開設し、大阪商品の紹介、取引の斡旋、常設展示もされていた。戦後の復興に伴い観光客も増加し、1950(昭和25)年には市営観光バスが再開され、多くの人が、約3時間半で市内の名所巡りを楽しんだ(大人240円、小人200円)。また貿易の活発化にともないバイヤ

表5-2 大阪城入場者数の推移

年次	入場者数	
昭和24年度[1]	176,871	7月20日再開以降
昭和25年度[1]	377,138	
昭和26年度[1]	583,393	2月末日現在
昭和35年(1月〜12月)	1,775,400	

注1)4月〜翌年3月
出典:大阪市経済局貿易課観光係「大阪城天守閣観覧客に関する調査」1952年、14頁より筆者作成

一も多く大阪を訪れるようになり、加えて大阪市は京都・奈良らとともに日本有数の観光都市として海外観光客用の宿泊施設の整備が急務となった。そのために1950（昭和25）年扇町産院を改装しナニワホテルが開業している。

　この後の観光振興の施策の中で特筆すべきは、1959（昭和34）年から「産業観光」を実施していることである。最近新たな観光コンテンツとして産業観光が注目されているが、すでに大阪市では半世紀以上前から産業都市の特性を活かした新しい観光分野として、優秀な設備や技術を有する会社、工場等近代社会施設の見学の斡旋などを実施していたのである。

　1962（昭和37）年に大阪市・貿易観光課は、観光行政上の参考資料とするために過去5年間の来阪内外客に関する諸種の調査結果をまとめたものを発表している。この「観光に関する調査」によると、国鉄、私鉄の市内各駅の降客数から観光客の算定は困難とし、観光バス・タクシー・自家用車・徒歩での入市人数は把握できず、大半は大阪城天守閣を訪れるものとし天守閣入場者数から推定している[7]。観光入込客数に対する認識が大雑把であったことが窺える。復興大博覧会後の大阪城入場者数の推移をみると、**表5-2**のとおり天守閣再開後10年の間に大幅に伸びていることから大阪への観光客の増加が推定できる。

5. 小　括

　本章においては次の検証を試みた。①復興博覧会が「大阪市の再生」に果たした役割を「観光の視点」で検証、②戦後の観光立国論が大阪での復興大

博覧会を含めその後、各地で開催された復興博覧会に与えた影響の検証、である。

　第1の検証①については、太平洋戦争による戦災で焦土となった大阪の復興大博覧会が、従来の博覧会の考えと一線を画し、終了後は更地となる会場設営ではなく、終了後に外囲いを外すとモデルシティが出現するという画期的な構想による博覧会であったことを論述した。この博覧会の開催前から国会等で議論されてきた観光立国論の考え方が観光館などに大きく反映され、その後の大阪が貿易観光都市として再生を遂げた要因の一つであったことを解明した。この指摘は、従来の観光研究においては見当たらず、新たな視点を提供することができたと考える。復興大博覧会は、復興の具体的な宣伝の場として機能し、来場者の観光意欲の増進に寄与する効果をもたらした。また博覧会出展を通じて大阪市が貿易観光都市として進むべく方向性を見出すきっかけとなったことが検証された。ただし詳細な来場者データが得られないため経済波及効果等の数量的効果は測られていない。

　第2の検証②については、この復興大博覧会には、日本交通公社をはじめ多くの旅行会社、交通機関、自治体の観光課、観光施設が出展しており、観光立国という復興のキーワードとともに入場者の観光意欲の高まりを、視察に訪れた多くの県・市の関係者が直接目の当たりにしたと考えられる。その成功が各地での復興博覧会の開催を促し、その核としての観光館の設置に繋がったのである。

　入場者は、勧業博覧会、復興大博覧会などの大規模なイベントを通じて、未来への希望を見出した。観光館の主たる目的は外貨獲得とわが国の貨幣の国外への流出防止のための国内旅行の奨励であり、かつ観光事業の経済的意義の国民への啓蒙にあった。同時に、多くの入場者に対して、そこに展開されている国内外の観光地の紹介や文物の展示を通して、旅へと誘う意識の醸成に大きな役割を果たしたといえよう。だが現実は観光への意欲の高まりはあっても大半の人々にとって、まず求められていたのは食の充足であった。観光の時代が来るのはまだまだ後のことである。安定した職業に就き、食の充足から三種の神器に代表される耐久消費財への欲求、そして住宅、その後にようやく生活の充実を求め旅行をすることになるのである。その意識が顕

在化し日本の旅行業が大きく発展するきっかけになったのは 1970（昭和45）年の大阪万博であった。しかしながら戦後の大規模な復興博覧会が社会資本整備、都市への集客などに果たした役割は大きく、都市再生への原動力となったことは明らかである。

補注

1）工藤泰子（2007）「占領下京都における国際観光振興について」『日本観光研究学会全国大会学術論文集』22 号：93-96 頁。
2）森延哉（1998）「昭和 23 年復興大博覧会——大阪経済リハビリの時代」と題しての文章、『大阪春秋』91 号：88-98 頁。
3）大阪市史編纂所編（1999）『大阪市の歴史』創元社、289 頁。
4）大阪市役所（1965）『昭和大阪市史 続編』（第 2 巻・行政編）、228 頁。
5）『復興大博覧会誌』および各館出品目録より記載。
6）『毎日新聞』シリーズ記事「復興博ガイド」に外国館（1948 年 9 月 11 日付）、観光館（同 13 日付）が掲載。
7）大阪市経済局貿易観光課（1962）『観光に関する調査』28 頁。

第Ⅵ章

戦災と自然災害からの復興
―地方都市における復興博覧会
【復興博事例③④】

1. 観光高松大博覧会（1949年）

　終戦直後の「観光高松大博覧会」は、高松市が日本産業振興の状況を広く一般に公開するとともに、瀬戸内海を中心とした観光地を日本全国に紹介し、新生日本の産業奨励と観光都市としての発展につとめ、ひいては日本の文化再建に貢献したいとの主旨で開催したものである。開催主旨には次のように述べられている。「新生日本の生きる道は、国内産業の振興による海外貿易と世界の観光地として立ち上がる事である。この意味において窮乏のどん底にありながら、新日本の国内需要と対外貿易の要望の下に生まれた全国産業界の多くの製品並びに日本再建の指針となるべき新文化の粋を一堂に集めて、あまねく一般の観覧に供して生産意欲の高揚と地方産業の振興を計り、恒久的平和と文化日本再建に寄与せんとするものであり、本市としては之を一転機として戦災後沈滞した郷土産業の発展振興を計り、市民生活に新しい復興の息吹を加えんことを期する次第である」。ここに述べられているように、開催趣旨からみても観光高松大博覧会という名称ではあるが、復興博覧会に位置づけされるものといえる。

　「玉藻よし讃岐の国は」と万葉の歌人柿本人麻呂に謳われた高松市は、平安朝の頃すでに篦原郷(のはら)として現れており、その自然美を讃えられていた。天正15年には豊臣秀吉の臣・生駒親正が城を築き高松城と名付け地名も高松

と改めた。生駒氏が四代続いた後寛永19年松平頼重（水戸黄門の兄）が常陸よりこの地に封ぜられたが、広く庶民の声を聞き民政を布いて産業文化の開発に努めた。開墾、水利、陶器、放牧、紙漉、薬園、塩田、製糖業などの奨励をはかり町は次第に繁栄した。高松藩からはわが国の博覧会の先駆者ともみられる平賀源内などの碩学が出ている（宝暦7年の薬品会が嚆矢とされる）。廃藩置県後の高松は香川県庁の所在地になり、1890（明治23）年2月市制が実施された。この博覧会は市制60周年記念事業の位置づけもある。

(1) 戦災と南海大地震からの復興

　関東大震災後に委縮した日本の産業界の不況を挽回すべきとして横浜市にて開催され成功した復興横浜大博覧会を先駆けとして、太平洋戦争の戦災からの復興をかけて各地で平和と産業振興を主題とする博覧会が多く開催された。高松市は昭和に入ってから海陸交通の要衝とした四国における物資の集散地として大きく発展してきた。

　1928（昭和3）年築港竣工記念事業として「全国産業博覧会」を開催し産業文化の向上に目覚ましい実績を収め、1934（昭和9）年には瀬戸内海国立公園の制定に際し記念事業として「瀬戸内海展と讃岐物産即売会」を開催し、高松市を瀬戸内海国立公園の中心地としてアピールしている。

　そのような博覧会開催の素地があった上に、周辺各都市での復興博覧会（1947年兵庫県・再建日本農業博覧会、1948年宇治山田市・平和博覧会、徳山市・貿易博覧会、松江市・貿易と観光大博覧会など）の開催がいずれも成功裡に終わっており、高松市においても復興博覧会開催の意欲が加速されることとなった。

　1945（昭和20）年7月4日未明、アメリカ空軍の焼夷弾攻撃を受け、市街地の約80％（被害地面積3.85平方キロメートル）が廃墟と化した（**図6-1**）。被害建築物は1万8913戸（うち住宅1万6418戸）、内訳は全焼1万8505戸（うち住宅1万6108戸）、半焼408戸（うち住宅310戸）となっている。罹災者は8万6400人、死亡者927人、負傷者1034人、行方不明者186人と文字どおり壊滅的な打撃を被った。さらに、市民生活に密接な影響のある電気・水道・電信・交通機関が破壊され、都市の機能はマヒ状態となったのである。

[第Ⅵ章] 戦災と自然災害からの復興―地方都市における復興博覧会　135

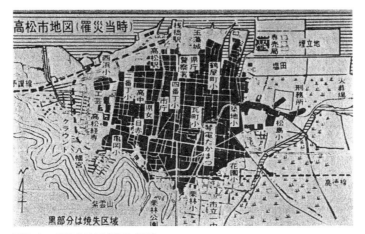

図6-1　高松市地図（罹災当時）
出典：『高松百年史』（上巻）1988年より

図6-2　南海大地震の報道
出典：『四国新聞』1946年12月22日付

さらに、翌1946年の南海大地震の被害により経済の復興発展に甚大な影響をもたらした（**図6-2**）。この地震は紀伊半島沖を震源とする極めて大規模な地震で、被害は中部以西西日本各地に及び、津波は房総半島から九州に至る沿岸を襲った。高松市では震度5を観測している（高松市内で死者24名、全壊家屋174戸、半壊家屋514戸）。

(2) 観光高松大博覧会の概要（図6-3）

　企画段階の構想では、広く、政治、経済、産業文化、観光、社会その他あらゆる部門にわたって理想日本の縮図を繰り広げ、産業の振興、復興の促進、文化の高揚等に貢献しようと意図されていたのだが、「焦土の裡から起ち上がった民主日本の新しい郷土を"産業と観光、そして貿易讃岐"として普く全国に、また海外に宣伝紹介し、将来の高松発展に寄与する」ことに要約された。企画主旨の中には、「新生日本の生きる道は、国内産業の振興による海外貿易と世界の観光地として立ち上がることである」と明記されている[1]。

　会期：1949（昭和24）年3月20日～5月20日
　会場：高松市中央グランド付近（第1会場）（**写真6-1・2**）
　　　　栗林公園（第2会場）
　主催：香川県、高松市共催
　予算総額：6890万円
　入場料：大人100円、小人30円
　総入場者数：57万3980人

- 施設：第1会場
- 国産館：会期終了後は体育館として活用されることが決まっているこの博覧会最大の恒久建築物で、館内には中央飾塔の五色のネオンサインが点灯し、日本全国の優秀物産が網羅された展示となっている。各県ごとにブースが設けられ、自転車、ミシン、化粧品、玩具、呉服、カメラ、万年筆などあらゆる商品が広大な場内を埋め尽くし、生産意欲の高揚と地方産業の振興に資するところが大とされた。

図6-3 観光高松大博覧会ポスター
出典：乃村工藝社蔵

- 貿易館：欧米各国の嗜好に適した瀟洒な意匠の繊維製品、麦稈帽子、日傘、模造真珠、運動具を並べ外国貿易の前途洋々たる姿を見せていた。
- 機械館：歯車を浮出したメカニックな建物。館内には爆音がものすごい発動機の実演や最新優秀な国産機械を一堂に集めわが国の工業水準の決定版ともいえる展示内容となっている。
- 農業館：香川県が全国に誇る農業技術の宣伝普及と食糧増産、農村の経営改善に関する諸資料を豊富に収める。また農機の展示もあり、農家必見の館とされた。
- 水産館：名産鯛網、鰯巾着網、秋刀魚流し網など独特の漁獲方法をパノラマで説明、各種水産加工品、水産機械などの展示があった。
- アメリカ館・文化館：同一の建物で館内がアメリカ館と文化館に分かれている。アメリカ館はデモクラシーの実態、現在のアメリカの日常生活、

写真6-1 観光高松大博覧会入場ゲート
出典:『観光高松大博覧会誌』1951年より

写真6-2 博覧会第1会場跡(現在の中央公園)
出典:筆者撮影

アメリカに関する知識の図示、GHQ、CIE（民間情報教育部）、PX（軍内店舗）などからの出品も多数ある。文化館では日本における衣食住の生活文化についての過去、現在、未来を明示し、その変遷と向上発展を啓示した展示で、十二単衣装から食器、住宅の歴史絵巻、平賀源内に係る諸品などさまざまな物品・資料が展示されていた。

- 記念館：ゴルフハウスのような白亜の瀟洒なスタイルの館で、占領軍将兵およびその家族、外国人観光客その他貴賓客の接待所として設けられていた。
- 子供の国：中央に高さ約12mの飛行塔が6人乗り飛行機4台を吊るして回転している。客車を曳いた汽車が走り、竜宮城を模った滑り台など遊具が豊富で無料休憩所の設備も整っていた。
- 衛生館：衛生思想向上のために各種伝染病、とくに性病に関する参考資料を集めその予防に努めるほか、栄養衛生、受胎、妊娠、育児に関する展示多数。胸部疾患予防のためのレントゲン写真の即写と栄養食堂も開設していた。
- 新聞館：四国新聞提供による豊富な参考品が並び、各種活字鋳造機、活版印刷機、有名人原稿、新聞ができるまでの詳細を図示した資料、新聞についての古今の文献の陳列がされていた。
- 郷土館（**写真6-3**）：蒲鉾型の建物で、場内は讃岐名物の団扇で装飾、香川県の特産物を広く全国に紹介宣伝するものである。漆器、日傘、花籠を含めた郷土民芸品を展示していた。
- 電気館：外部にネオンサインの装飾、館内は理想節電パノラマ、四国鉄道電化計画など電気利用の実演とパノラマで全館を埋めていた。
- 通信館：松山通信局より出品の各種電話交換台、自動通話方式、鍵盤模写電信などの豊富な参考品の出品があり、通信知識の宣伝普及に努めていた。
- 繊維館：紡織および染物を陳列、また世界に誇る繊維工芸の粋を尽した豪華絢爛の衣装も展示されていた。
- 自動車館：県下の14メーカーが代表的小型自動車が陳列されていた。
- 銀行館：日銀、勧銀をはじめ在県有名銀行13行が共同担当し、経済危

写真6-3 郷土館
出典:『観光高松大博覧会誌』1951年より

機を乗り越えるための国民必知の金融知識と経済知識を得ることができる資料統計などを揃えた。

- ラジオ館：ラジオ知識啓蒙のため録音機、擬音用具などの展示、郷土放送のプログラムの構成をはじめNHKの「二十の扉」や「話の泉」の写真での紹介、即席のど自慢の歌謡曲に実演もあった。
- 野外演芸館：舞台をアーチ型に構え3000人の収容を誇る野外劇場（会期終了後は恒久施設として残る）。連日郷土芸能、音楽、舞踊、浄瑠璃、有名芸能人の実演、ミス博覧会の選出など多彩な催しがあった。
- 煙草実演場、団扇実演場、交通公社、証券相談所など
- 他に、農機具実演場では農機具100余台が各種の実演を行い農業経営の合理化の標本を示している。また人気の海女館では、伊勢志摩の海女のあわび取りの実演があり、郷土生んだサーカスの雄、矢野サーカス団の演技が絶賛を博した。

● 施設：第2会場

- **観光館**：この博覧会の花型パビリオンの一つであり、運輸省、交通公社、関西汽船、南海電車、高松琴平電鉄、その他各地の観光協会等の協力を得て、ジオラマ、パノラマ、絵画、写真等を設備し、各観光地の紹介とともに外客誘致にもねらいを当てた展示内容となっている。入ると屋島

の獅子の霊岩展望台からの高松全市街を望む一大鳥瞰図があり、瀬戸内海および周辺の名称のパノラマ、ジオラマが展示されている。また高野山の出開帳による宝物の公開も人気を呼んだ。
・科学館：館外には黄色の風車が回り館内の種々の実験に必要な電力を発電している。館内には原子力時代の到来にふさわしい現代最新科学の粋を集め、テレビジョン、電波探知器、模写伝送装置など科学教育の参考資料を一堂に集め、科学知識の啓発培養を行った。
・美術館、動物園、水族館

(3) 観光高松大博覧会前後の観光振興の状況

　高松市を代表する名勝地である屋島、栗林公園は、明治の中頃までは訪れる人も少ないところであった。1902（明治35）年に皇太子殿下（後の大正天皇）が屋島をご訪問、この頃から高松市も観光振興に力を入れ始め、1913（大正2）年には「高松しるべ」を発行したり、市職員が各地からの団体客を桟橋に出迎えたりしていた。1927（昭和2）年には大阪毎日新聞社主催の日本八景の募集事業で、屋島は日本八景の別格「横綱」となっている。1928（昭和3）年には全国産業博覧会が高松城跡にて開催された。これは第一次世界大戦後の世界的不況の影響や、関東大震災による国内産業の不振の打開策として開催したものである。48万7399人の入場者を記録し、高松の知名度アップ、その後の観光事業の発展や企業進出の促進に大きく貢献した。それを機に高松市は1930（昭和5）年、勧業社会課の中に勝地紹介係を設置し積極的な観光行政に乗り出した。

　大正時代後半から国立公園誘致のキャンペーンを展開していたが、1934（昭和9）年3月に瀬戸内海は霧島、雲仙とともに国立公園第1号に指定された。この春の高松市は観光客で賑わい、翌年には土讃線の開通にともない高知方面からの観光客も多く押し寄せた。しかし戦時体制の強化とともにその勢いも衰えていくことになる。

　太平洋戦争、南海地震後の不況、沈滞する地元経済の復興と成長を期待しての観光高松大博覧会の開催については前述のとおりであるが、博覧会の成功で、低迷を余儀なくされていた高松市の経済活動や市民生活に活気がよみ

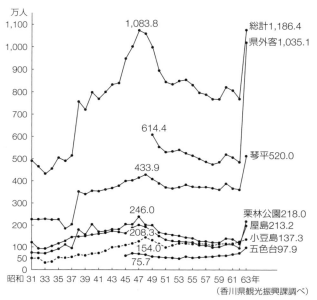

図6-4 香川県主要観光地観光客延べ数推移（昭和31年〜63年）
出典：『高松百年史』（上巻）1988年より

がえり、その後の観光都市づくりへの大きな推進力となったのである。博覧会の前年（昭和23年）には高松観光協会が再発足し、市と共同で観光宣伝事業をスタートさせている。博覧会開催の年には1ドル＝360円の為替レートが決まり、国際観光に長く影響を与えることになる。1953（昭和28）年からは観光宣伝キャラバンが日本全国に出向くなど観光都市高松の宣伝に努めた。

また現在の観光スタイルの一つとして定着しているロケ地巡りの先駆けとしての効果も目立つものであった。映画全盛の昭和20年代後半から30年代にかけて多くの映画のロケが高松市でも行われている。1954（昭和29）年の『二十四の瞳』、1956（昭和31）年の『新平家物語』、1957（昭和32）年の『喜びも悲しみも幾歳月』などは大ヒットし、ロケ地である瀬戸内海や高松市の観光宣伝効果は非常に大きかった。とくに高峰秀子主演の『二十四の瞳』は主な舞台となった小豆島の観光客を急増させただけでなく、高松市や香川県全体の観光史上においても重要な役割を果たした。

昭和40年代後半には1000万人台という第1期黄金時代を築き、その後減少傾向に陥るも大鳴門橋（1985）、瀬戸大橋（1988）の架橋により再び急増し第2期黄金時代を迎えることとなった。1988（昭和63）年には香川県坂出で四国瀬戸大橋架橋記念博覧会、岡山県児島で岡山瀬戸大橋架橋記念博覧会が同時に開催され、それぞれ350万人、296万人の入場者で賑わい、高松市の観光にも大いに寄与した（図6-4）。

2. 福井復興博覧会（1952年）

1871（明治4）年に廃藩置県が行われ、越前国のうち坂井・吉田・足羽・大野・丹生郡が合わさって福井県（のち足羽県）が、越前国のうち今立・南条・敦賀郡、若狭国全域が合わさって敦賀県が誕生した。その後、1873年には足羽県と敦賀県の統合により新たな敦賀県が誕生、1876年からの石川県・滋賀県時代（敦賀県は消滅）を経て、1881（明治14）年、石川県・滋賀県より坂井・吉田・足羽・大野・丹生・今立・南条・敦賀・三方・遠敷・大飯郡が独立・統合し、現在の福井県が誕生した。

終戦直後、1948年に福井は大地震を経験した。1952（昭和27）年春、時の内閣総理大臣・吉田茂は「福井復興を讃えることば」として、福井復興博覧会に次のメッセージを寄せている[2]。「わずか五年の間に、戦災、烈震、水害、台風禍など、相次ぐ壊滅的試練を受けられた福井県、市民諸君が、雄々しくも廃墟の上に起ち上り、よき指導者のもと心を協せ新たに近代文化による郷土建設の大目標を目ざして日夜不撓の努力を続けておられる郷土愛に対し衷心より敬意を表するものである。しかも今日、その偉業の半ばを遂げられ華々しく福井復興博覧会を開催せられるに至ったことは、洵に喜びに堪えない次第である。郷土愛は祖国愛に通ずる。よろしく禍を福に転じ、理想郷土の具現に尽力せられ、新生日本の再建に寄与せられるよう祈念してやまない」。当時の熊谷福井市長も1949（昭和24）年の施政方針演説で「（前略）第一にそれが単なる復旧ではなく是非とも禍を転じて福となす意味において、旧状に何物かをプラスし、一歩理想に近付けたものとして復興してゆきたい。第二には形のみに終わらず形を整えることにより、精神的な復興を裏付けて

図6-5 足羽山三段公園整備
出典：福井市立郷土歴史博物館編『足羽山の今昔』1987年より

ゆきたい。第三には本市の復興を通じて本市のみに止まらず、ひいては国家の再建復興に寄与致したいものと念願してゐるものであります。（後略）」と述べている[3]。そして市民の精神的な復興のシンボルにしようと、福井平野を一望する景勝の地・足羽山を公園として整備する（**図6-5**）。この足羽山は笏谷石の産地として越前の文化史上極めて重要な土地なのである。

　福井県の主な産業としては、合繊織物を中心として総合産地を形成する繊維産業をはじめ、機械産業、眼鏡産業などがあげられる。また、コシヒカリに代表されるコメの生産基地として知られている。中でも織物の起源は古く、西暦2、3世紀頃、大陸から集団移民してきた人々が、越前、若狭地方にも移り住むようになり、絹織物が織られるようになったといわれている。戦前には人絹王国福井の名を世界に轟かせたが、1942（昭和17）年の企業整備令の発令により大規模な縮小を余儀なくされた。しかし朝鮮戦争、復興博覧会を経て目覚ましい回復を遂げた。その後は石油ショックの影響や韓国・台湾繊維産業の発展により停滞していたが、現在は非衣料分野への転換やエコロジー配慮の素材開発など新しい可能性を探求し続けている。

図6-6 福井市戦災状況
出典：『福井市史』（資料編）より

(1) 戦災と地震、水害、台風被害からの復興

　戦災による被災面積は約180万坪で市街地の95％に及ぶ（**図6-6**）。罹災人口率では全国で2番目の93.2％であった。福井市の死者は1555名、傷者1567名、罹災戸数2万2797戸、罹災者数9万4560名となっている（報告書により記載がまちまちで今なお確定できていない）。1945（昭和20）年12月、戦災地復興計画の基本方針が閣議決定され、翌1946年各戦災地は復興都市計画を樹立するよう指示された。新たに特別都市計画法が制定、公布され、福井市も同法の適用を受けることとなった。福井市は繊維工業を中心とする総合産業を発展させ、かつ北陸西部における政治・経済・産業・文化・交通などの中心都市にふさわしい、近代的な文化の薫り高い防災都市の構築を目指した。

　また、1948年福井大地震により、福井市内では死者869名、全戸数の95

写真6-4 福井市大地震の被害（米軍機が撮影）
出典：『福井市史』（資料編）より

％の1万6903戸が被害を受けた（うち全壊1万1024戸、焼失1728戸）（**写真6-4**）。地震国である日本では昔から大小多くの地震に見舞われてきた。戦時中には東南海地震、三河地震があり、福井大地震の前年には南海大地震が起こったばかりであった。6月に福井平野を中心に起こったこの福井大地震は、福井石川両県にわたり死者は5000人以上、全壊家屋3万5000戸という大被害をもたらしたのであった。北陸の大動脈である国鉄の線路も分断され、レールの40cmの隆起、80cmの沈下の箇所や大きな屈曲などの記録もある。更に震災から1カ月後、豪雨により足羽川が氾濫し市街地が水没、浸水家屋は4000戸を超えた。さらに1950年のジェーン台風による家屋の損害も大きかった（全半壊663戸）。

(2) **福井復興博覧会の概要**

1952年に、曹洞宗大本山永平寺の開祖道元禅師700回大遠忌法要の機会

を捉えて、復興博覧会が開催された。この博覧会は、戦災から烈震・水禍と相次ぐ壊滅的打撃にも屈せずに、雄々しく成し遂げた福井の復興ぶりを全国に紹介することとなった。この復興博覧会は通称「繊維博」と称され、福井県の基幹産業である織物工業を全国にアピールすることに主眼が置かれていたが、会場には日本庭園風の観光ガーデンが設置され、福井県および近隣各県の著名観光地を紹介するため園内にシンボルマップ、パノラマセットを配置するという新しいPR方法が試みられた。

　市制週報（No.119、1952.2.5）には、博覧会が開かれる趣旨として次のように記されている。「一陽来福（復）の国土にくりひろげる復興大絵巻・全日本の産業と文化を世界に発揚」「昭和二十年七月戦災によって福井市はその九割を灰燼に帰し、復旧漸く緒に就かんとする昭和二十三年六月、又もやかの未曾有の大震災並びに之に引続く水害によって、福井市は勿論、同市を中心とする福井県の枢要地域一帯は一瞬にして再び惨憺たる廃墟と化しましたが、盛り上がる福井県、市民の復興意欲に加うるに、政府をはじめ全国各地よりの温情あふるゝ激励と援助を賜り、私共は再度不退転の意気を以て、郷土の再建に着手致しました。爾来三年都市復興の基幹たる都市計画は福井市をはじめ被災六ケ町何れも劃期的な進歩を示し、之に伴って産業、交通、文化、教育、保健等各方面の復興も一応軌道に乗り、一切に渉って今やその面目を全く一新しつゝあるのであります。時恰も国民待望の講和条約が締結せられ、国土に一陽来復の欣びが訪れて参りましたこの機会に、復興の現状を全国に紹介し、当時の御懇情に対する感謝の念を新に致しますと共に、之を契機として一層その促進を図り、郷土の復興を通じて祖国再建への決意を固めますことは、時局下まことに意義深いものがあると存じまして、こゝに福井復興博覧会の開催を計画した次第であります」。

会期：1952（昭和27）年4月10日〜6月10日
　　　※15日間延長（6月25日閉幕）
会場：福井大学（第1会場）、足羽山公園（第2会場）（**図6-7・8**）
主催：福井県、福井市
予算総額：2億5000万円

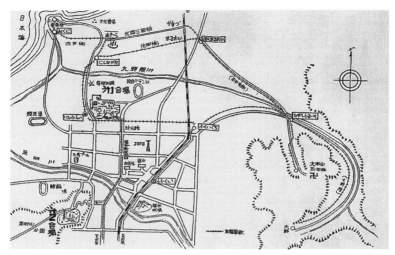

図6-7　福井市街図(会場位置)
出典:『商工福井』1号(福井博特集号)1952年より

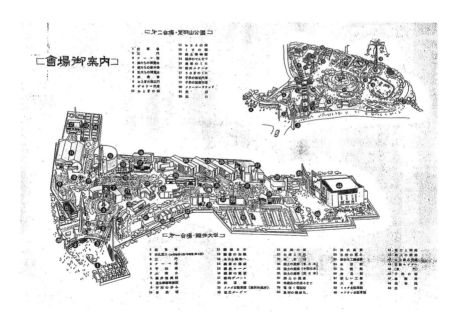

図6-8　会場案内図
出典:「福井復興博覧会御案内」(福井県立図書館蔵)より

写真6-5 第1会場風景
出典:『福井復興博覧会』1952年より

写真6-6 現在の福井大学(第1会場跡地)
出典:筆者撮影

入場料:大人150円、小人80円

総入場者数:88万6801人

- 施設:第1会場(福井大学)(**写真6-5・6**)
- ・福井復興館:戦災・烈震・水禍と相次ぐ壊滅的試練にも屈せず、不撓の努力を続けつつある福井市の復興状況をパノラマ・写真・図表等により力強く表現し、併せて市の史的回顧と将来の展望を素描した。
- ・道元禅師奉讃館:大本山永平寺開祖道元禅師七百回忌大遠忌を奉讃するため、寺宝・古文献の数々を陳列し、新様式によるジオラマ等を配して

禅師の事蹟をしのび、郷土が誇る名刹の全貌を紹介し、近代精神文化の昂揚に資した。

- 繊維日本：生糸・紡績・化繊の三部門に大別し、繊維日本を代表する優良メーカーの権威ある出品は、新手法により最高度に発揮された展示技術と相まって、全館を真に豪華絢爛たる繊維の桃源郷たらしめ、以て繊維産業躍進の現況を紹介した。
- 繊維の知識：豊富なる図表・写真・模型・実物見本等により日本繊維業の概況、福井県繊維工業発達史その他繊維に関する一般常識を平易簡明に解説し、日常衣生活の立体辞典と中・小学生社会科教材を兼ねていた。
- 糸から織物へ：糸から織物への生産過程を実演して、興味深く観覧に供する近代繊維工業のモデル工場であった。
- 繊の機械：改良に次ぐ改良を重ね、技術の優秀を競い能率の増進を図り、日々に繊維産業の水位向上に寄与している機械器具の概況を紹介するもので、関係者の必見に値した。
- 繊維ホール：全国知名商社の出品による優秀繊維製品を世界の衣生活に直結する、さながら世界風俗の縮図ともいうべき絢爛たる大殿堂で、繊維に因む種々の行事もこの中で行われた。
- 繊維の展望：繊維お国めぐりともいうべき全国各地の繊維製産品を網羅陳列し、いながらにして斯界の全貌を展望することができた。
- 織物デパート：繊維ブロック各館を一巡して躍進繊維日本の現状を力強く印象づけられた観客に、権威ある出品者の優良製品を選択即売して、本博覧会のおみやげを兼ね一般需要に応えるために特設された。
- 鉄道館
- **観光ガーデン**（図6-9）：福井県内の著名観光地を紹介するため、日本趣味庭園にシンボルマップとパノラマセットを配置して、新感覚を盛る新しい試みであった。
- 楽焼の家：本博覧会の記念に楽焼の妙味を愉しませ、和風茶寮を併設して一刻の憩いの場所とした。
- 生活と文化：衣・食・住の科学に、教育・芸術・厚生などの文化を織り込み、本県民の日常生活にとくに切実な諸問題を取り上げ、平易におも

[第Ⅵ章] 戦災と自然災害からの復興――地方都市における復興博覧会　　151

図6-9　観光ガーデン
出典:『商工福井』1号(福井博特集号)1952年より

しろく解説した。
・郵政館
・国土の産業(東日本)・国土の産業(中部日本)・国土の産業(西日本):全国の優良生産品と観光地を3館にそれぞれ新感覚を競って出品、展示表現した。
・郷土の産業:繊維関係以外の県内生産品を陳列して産業復興の実情を紹介し、その品質改善、生産拡充に資した。
・特産品のできるまで:代表的県内特産品を取り上げ、その製造過程を実演して興趣を添え内外に紹介した。
・芸能センター(シアター)(**写真6-7・8**):一流芸能人を招致し、豪華な催しを展開する殿堂で、スマートな施設とバラエティに富んだプログラムにより本博の呼び物の一つとした。
・電信・電話館
・農村の機械化:農村にとって欠くことの出来ない各種優良農機具を陳列紹介し、農村の機械化・能率向上の指針とした。

写真6-7 芸能センター(シアター)
出典:『福井復興博覧会』1952年より

写真6-8 歌謡ショー
出典:『福井復興博覧会』1952年より

・自然の恵み：農林・水産等の山の幸・海の幸をはじめ、その加工製品・関係器具・資材等を紹介し、それら資源開発の生きたテキストとした。
・製材木工機械館
・水道館
・仏教館：郷土の信仰の中心をなす仏教の中でも、とくに主要な各宗派の教義の紹介と、宝物・文献その他の資料により大先覚の事蹟をしのぶ仏

教王国の縮図を紹介した。
- 放送館（ラジオ1952年）：NHKの協賛出品を中心とする放送文化の知識の泉とした。
- 新しい工業：繊維関係を除く、日本近代工業の粋ともいうべき代表メーカーの製品を陳列して、躍進日本工業の力強さを紹介した。
- トヨタ自動車館
- ニッサン自動車館
- 電力と開発
- 郷土の開発：奥越の電源、鉱産資源の開発、交通整備、越前平野の乾田化、食糧増産、嶺南観光施設整備、水産の開発等、福井県の夢を立体的に表現する大オープンパノラマで、本博の結言とも見なされた。
● 施設：第2会場（足羽山公園）
- 僕たちの博覧会：市内小・中学校男生徒の夢を描く殿堂で、政治・科学・文化など諸般にわたる、微笑ましい空想の国とした。
- 私たちの博覧会：僕たちの博覧会とは対照的に女生徒の夢、すなわち家庭の日常生活・衣食住問題を主題とする楽しい夢をくりひろげた。
- おとぎの国：われわれが揺らん時代から親しんできた名作童話の代表的な場面をパノラマ・ジオラマで描き出し、明るく愉しく構成された。
- 郷土博物館（**写真6-9・10**）：本博を機会に蓋開けする市民待望の文化施設である。郷土の考古学的資料・人文・自然科学に関するあらゆる資料を陳列して充実させた。屋上には8吋屈折望遠鏡を有する天文台および復興福井市を一望に収め得る唯一の展望台も併設された。
- 子供の国：豆汽車・ジープ・飛行塔（**写真6-11**）など、時のたつのも忘れさせる微笑ましい施設の数々が整備された。

　この復興博覧会の主旨は、福井の繊維産業の復興にあり、繊維七館（繊維日本・繊維の知識・糸から織物へ・繊維の機械・繊維ホール・繊維の展望・織物デパート）の充実ぶりはまさに繊維博と呼ぶにふさわしい内容であった。しかしながら、他の都市の復興博覧会に比べ、観光の位置づけは低く、福井のその後の観光振興施策の弱さを暗示するものであった。

写真6-9 当時の郷土博物館
出典:『福井復興博覧会』1952年より

写真6-10 現在の福井市自然史博物館(左側の建物が博覧会当時のもの)
出典:筆者撮影

[第Ⅵ章] 戦災と自然災害からの復興—地方都市における復興博覧会　　155

写真6-11　飛行塔
出典：福井市立郷土歴史博物館編『足羽山の今昔』1987年より

　第2会場は、狭い会場敷地に家族連れを対象にした構成を行っている。中でも「僕たちの博覧会」「私たちの博覧会」として男子は政治・科学・文化への夢を、女子は家庭と衣食住に夢を、という現在の感覚では差別ともとられかねない展示内容になっている。当時としては「夫は外で働き、妻は家庭を守るべきである」という考え方が当たり前の感覚であり、それが子ども向けの展示にも反映されている。

(3) 福井復興博覧会前後の観光振興の状況

　福井復興博覧会は約4300万円の欠損となり、不足分は県、市が負担している。

　福井復興博覧会の開催に合わせて、福井県経済部商工課は「商工福井」を発刊した。第1号は福井復興博覧会特集号として、博覧会の見どころをイラスト入りで紹介。加えて、福井県の永平寺や東尋坊、若狭などの観光地、芦原温泉などを会場からの交通機関、所要時間、料金入りで紹介している。その他、越前漆器、眼鏡、竹細工などの工芸品、かにの缶詰などの特産品の記載もある。

　小浜市も、博覧会見物と合わせて若狭路への誘客を図るために、若狭国宝めぐりのコースを設定し、70点の秘宝・秘仏公開を行っている。

市内の復興とともに、地域に根差した自然と歴史を見直すための文化施設が開設された。

まず博覧会を機に「福井市郷土博物館（開館40周年に福井市自然史博物館に改称）」を、また博覧会の翌年には「郷土歴史館」を開設。また1954（昭和29）年に建物を再建した「養浩館」はその後長い年月をかけて庭園などの復元整備を行い、1993（平成5）年、開園の運びとなった。

3. 小 括

「観光高松大博覧会」は、産業振興と観光振興を柱として開催し、その後の観光の発展に大きく寄与した。2010（平成22）年には「観光圏整備法」に基づく観光圏として「香川せとうちアート観光圏」が認定された。中世から現代に連なるアート・建築群を「せとうちアート」としてブランド化し、世界から誘客できるわが国のアートツーリズムの拠点を目指すこととしており、その中心となるのが高松市である。高松市においては「讃岐うどん」以外の観光資源の認知度が低く、イメージや発信力も弱い。城下町として栄えてきたことから文化芸術が盛んであり、「アートシティ・高松」としてのイメージを高めていきながら、栗林公園、屋島などの歴史ある観光資源を活かしていくことができる。また1934（昭和9）年に日本初の国立公園に指定された瀬戸内海国立公園は2014（平成26）年に80周年を迎えた。高松市は瀬戸内海観光のゲートウェイとした瀬戸内芸術祭の拠点として従来の観光客に加えて現代アートを楽しむ人々を取り込むことができるようになったのである。

「福井復興博覧会」は、地場の繊維産業中心で、「観光」は従の扱いであったが、本論では、復興の過程における当時の熊谷福井市長の施政方針[4]に注目したい。「建てるばかりが復興ではない。精神的内面的復興が伴わなければならぬ」と、戦災・震災で破壊された郷土が生んだ先人の宅地、墓地を史跡顕彰で石碑の設置や修復保存を行った（福井のシンボル・継体天皇石像など；**写真 6-12**）。このような考え方が根底にあり、それが地域の遺伝子として引き継がれ、県民全体にも浸透していることが、日本総研による2014年度幸福度ランキング[5]で福井県が総合1位（60指標）になった要因の一つではと、

[第Ⅵ章] 戦災と自然災害からの復興―地方都市における復興博覧会　　157

写真6-12　継体天皇石像
出典：筆者撮影

筆者は推察する。福井県の評価をみると、分野ごとでは仕事分野、生活分野、教育分野が高く、個人（家庭）の暮らしが充実していることがうかがえる。1951（昭和26）年3月30日付『市政週報』によると「文化都市福井を目指す復興の促進と民生の速やかなる安定」が努力目標に掲げられており、その文化都市を目指すための最初の手段が福井復興博覧会であった。民生・福祉の分野では戦災による生活困窮者の保護、老幼孤独者の収容施設、母子寮・保育寮・厚生寮の開設などの事業を推進し、厚生省から全国随一のモデル社会事業総合施設と折り紙をつけられるほどの施設も完備した。保育施設をいち早く充実させ、安心して仕事に従事することができるようにしたことも現在の幸福度につながっているのである。

　しかし、文化分野（余暇・娯楽）においては、政策の重心は、他府県と比べかなり低く、今後は文化、スポーツ、芸術などの振興を図る必要があろう。福井市も地域の観光資源を活かすことで大きな文化効果を生むことができる。また近隣の鯖江市の眼鏡産業、越前市の越前和紙などを組み入れた産業観光などの可能性も、今後の観光振興にとっての期待は大きいといえよう。

補注

1）高松市役所（1951）『観光高松大博覧会誌』9頁。
2）福井復興博覧会事務局（1952）『福井復興博覧会』。
3）福井市立郷土歴史博物館（2002）『展示解説シート・それは復興博覧会から始まった』より抜粋。
4）福井市（2004）『福井市史』（通史編3）654頁。
5）日本総合研究所編（2014）『全47都道府県幸福度ランキング 2014年版』東洋経済新報社。分野別では仕事、教育分野とも1位、生活分野3位、健康分野17位、文化分野38位となっている。

第Ⅶ章

80年代の「地方自治博覧会」―地方自治と市制100周年記念事業としての博覧会

1. 地方博覧会の機能と特性

　間仁田（1991）は、もともと地方博覧会には三つの機能があると述べている。
　1．インフラや都市施設や文化を含めた地域社会の創造装置という機能
　2．地域からのメッセージの発信装置という機能
　この二つの機能は密接に結びついている。博覧会は地域社会をある方向づけと価値付けで変えていくアクションであり、そのための人材やアイデアやノウハウなどのソフトインフラづくりである。
　そして、
　3．アミューズメント機能
である。観覧車やジェットコースターなどの遊戯施設が集客の大きな目玉となることが多く見られる。
　同様に博覧会の基本特性としてもさまざまな波及効果がもたらされている。

　(1) 博覧会は、関係者の間に共通の理解と認識を生む。限られた期間の中で業務を遂行するには、多くの人々の協力関係なしにはできない。成功という共通目的のために関係者間に交流が生まれ、結束力を高めることとなる。
　(2) ソフトな組織関係の形成を促す。博覧会は、関係する組織や団体の数が多く、その体質や体力は千差万別であるゆえに相互に補完し合いながら共

同作業を進めていかねばならない。そのような場面では、ソフトで緩やかな組織関係が必要であり、従来の枠組みを超えた新たなネットワークなどが必要とされることとなる。

(3) 経営的な判断とマーケティング的な視点が要求される。つまり博覧会の目指す方向やプロジェクト全体を冷静に俯瞰した上で、プライオリティを明確に位置づけ、全体としての効果とバランスを崩さぬように留意することが求められる。多岐にわたる解決すべき課題に対して総合的な判断を下すこと、経営的な判断が要求されるのである。そこには社会的な環境条件や参加者のニーズなどに対しての理解と認識が求められることはいうまでもない。

(4) 人と人とのダイレクトな交流を可能にする。コミュニケーションメディアとしての博覧会の機能は重要である。とくに、地方博覧会の場合は、地域アイデンティティの確立が大事であり、同じ体験を共有することである種の連帯感や帰属意識が醸成されることとなる。

(5) 強い情報発信力を備えている。これは先述の間仁田のいうメッセージ発信機能と同様である。情報発信力は、これからの地域創造には不可欠の要素といえる。もちろんこの特性を発揮するには入念な計画と戦略が必要である。

(6) 短期であるがゆえに新たな試みや実験が許される。博覧会は短期で特殊な環境であり、新しい地場産品やサービス、新たな販売方法や販路などのテストケースとして活用する。また伝統工芸や地場技術と先端技術を融合させるための具体的なプロジェクトを立ち上げるなど、普段の事業活動の中では難しい試みが可能となる。また入場者に反応をダイレクトに確かめることもできるのである。

これらの博覧会がもつ特性を通じて、地域の連携・協働の機運が醸成され、地域の人材育成に寄与し、地域のCI（シティ・アイデンティティ）戦略の有効な手段となり、情報の受発信機能の強化と交流人口の拡大を実現し、産業間の交流と複合化を促進することになるのである。

2. 第3次・第4次地方博覧会ブームそして第5次ブームへ

　既述したが、博覧会の開催件数をみると、大正から昭和への転換期に皇室関連のタイトルを冠した博覧会が多く開催されているのがわかる。
　次に、太平洋戦争を挟んで前には国防、総動員、聖戦などと冠した博覧会、後には平和、復興などの博覧会が開催された。
　図序-2を見ると開催数は戦後に大きなピークとなっている。
　1980年代の地方博覧会ブームであるが、ブームの中身をよく見るとさらに二つの山（第3次ブームと第4次ブーム）に分けられる。

(1) 第3次ブーム（80年代）：地方博・科学技術博

　80年代の最初の山（第3次ブーム）は、1981（昭和56）年の神戸ポートアイランド博覧会（ポートピア '81）の成功であり、これから始まる第3次ブームの到来である。1610万人もの入場者を記録したこの博覧会を契機に日本各地で産業振興を中心とした博覧会（科学技術博）も開催されたのである。神戸ポートアイランドは海を埋め立てた人口の島であり、未来都市の開発というイメージを博覧会という手法で社会に訴えるものであった。この埋立地の知名度アップ、港湾施設の整備などが主目的ではあったが、遊園施設の人気などもあって約65億円の黒字を残している。2兆円もの経済波及効果があったとされ、その後、各都市が競って博覧会の開催を計画する動機となっている。
　「みなとみらい21」計画のもと開催された「横浜博覧会」（1989年開催）にもこの手法は受け継がれた。多くの地方博覧会が開催される中で1985（昭和60）年には筑波で「国際科学技術博覧会」が開催されている。その後もブームは衰えることなく、ふるさと創生事業が開始された1988（昭和63）年には「瀬戸大橋架橋記念博覧会」が香川県（坂出市）、岡山県（倉敷市児島）両県で開催され、それぞれ350万人、296万人の入場者で賑わった（**図7-1・2**）。

(2) 第4次ブーム（80年代後半）：自治体博

　80年代のもう一つの山（第4次ブーム）が1988（昭和63）年から1989（平

図7-1 瀬戸大橋博'88・四国
出典：香川県瀬戸大橋架橋記念博覧会協会パンフレット

成元）年にかけて市制100周年記念事業の一環で開催された市制100周年記念博覧会である。そもそもわが国の市制は1888（明治21）年に制定され、翌年1889（明治22）年2月に36の都市、3月に佐賀が市制施行地に指定された。そして東京、京都、大阪、堺、横浜、神戸、姫路、長崎、新潟、水戸、津、名古屋、静岡、仙台、盛岡、弘前、山形、米沢、秋田、福井、金沢、富山、高岡、松江、岡山、広島、赤間関（下関）、和歌山、徳島、高松、松山、高知、福岡、久留米、熊本、鹿児島、佐賀の37都市に同年4月1日より翌年2月にかけて順次市制を施行した。また1889年7月には岐阜、甲府に、10月には鳥取に市制を施行している。それから100周年にあたる1989年の前後に自治体主催の博覧会が多くの都市で開催されたのである。

　もちろん、記念事業として博覧会以外の手法をとった都市もあったが、「未来」「進歩」「発展」「夢」というイメージを具体的な形にして見せる博覧会

図7-2　瀬戸大橋博'88・岡山
出典：岡山県瀬戸大橋架橋記念博覧会協会パンフレット

の手法はインフラ整備の起爆剤としても有効であり、また大型映像やロボットで先端技術してわかりやすく未来を表現することで、自治体の将来への期待を膨らませることができたのである。

「アジア太平洋博覧会」（福岡）、「世界デザイン博覧会」（名古屋）、「海と島の博覧会」（広島）、「姫路シロトピア博覧会」（姫路）などは地域のオリジナリティの創出の工夫が、計画から運営に至るまで感じられる博覧会となっていた。開催までのプロセス、情報発信、開催後の跡地利用などを通して、地域を変革する装置として博覧会はあるともいえるのである。なぜなら地方博覧会の入場者の居住地域をみると地元が圧倒的に多いからである。第Ⅷ章で論述する「世界リゾート博」（和歌山）のそれを見ると、和歌山県内54.4％（和歌山市内28％）、近畿圏（大阪府、奈良県、京都府、三重県、滋賀県、兵庫県）42.1％、それ以外の地域3.4％の構成となっている[1]。博覧会の開催は、地域

の歴史や文化の掘り起し、産業振興、行政の成果や方向性のアピールが地域の活性化を促すことになり、ひいては自らの地域に誇りをもつことになり、観光客を引きつける魅力となるのである。

(3) 市制100周年記念博覧会の事例―ぎふ中部未来博

　1988年から1989年にかけて数多く開催された市制100周年記念博覧会の中で、最も成功したとされるのが、「ぎふ中部未来博」である。筆者も開催期間中に見学に訪れたが、テーマに掲げた「人がいる、人が語る、人がつくる」のとおり、県民あげての思いが伝わる印象深い博覧会であった。会期は1988（昭和63）年7月8日〜9月18日で、長良川畔および岐阜市県営総合運動公園で開催された。基本構想から6年をかけて実現に至ったこの博覧会は、パビリオン数21館、出展企業88、団体66となる大きな博覧会となった。1億年前の恐竜展示から、未来の宇宙・エネルギー・レジャーなどをテーマとしたさまざまなパビリオンと、シンセサイザー奏者・富田勲が企画した、長良川畔でのイベント「トミタ・サウンド・クラウド・イン・長良川」が人気を博した。入場者数も目標の250万人を大きく超え、407万人となり、約16億円の黒字となった。同博覧会がもたらした県内生産誘発効果は1452億円、雇用機会は2万260人となっている[2]。

- ●主なパビリオン
- ・スカイマックス未来館：超大型スクリーンによる岐阜のPR映像の上映があった。
- ・山東竜館：中国山東省で発見された、1億年前の世界最大の恐竜（カモノハシ竜）の全身骨格標本が目玉展示であった。
- ・JR東海リニア館：リニアモーターカーの実物大模型が展示された。
- ・エレクトロンシアター「電力館」：中部電力によるパビリオンで人気があった。
- ・その他、未来のメディア館、パノラマ中部館、農業バイオ回廊、冒険シアター、健康地球館などが建ち並び、世界の占い館まであるバラエティに富むパビリオン群であった。

図7-3 世界・食の祭典 公式ポスター
出典：乃村工藝社蔵

　この事例にみることができるように、地方博覧会の開催効果は、地域産業の振興、雇用の促進、地域アイデンティティの確立など、成功すれば大きな効果を得る半面、多くの地方博覧会が乱立する結果として、さまざまな問題点が表れてきた。

(4) 地方博ブームへの警鐘

　ここで、1988（昭和63）年に北海道で開催された「世界・食の祭典」について触れておかなければならない。1988年から1989年にかけての地方博ブームの中で、最も失敗した博覧会として取り上げられ、安易な自治体の博覧会開催の取り組みに対して警鐘を鳴らすことになったからである（**図7-3**）。

　当時は、「どこのテーマにも『未来』『交流』『文化』などの似た言葉が並び、会場は常連企業のパビリオンが連なり、大画面や立体映像などの大同小異の

映像展示が目立った」[3]のである。その中で、「世界・食の祭典」は、地方博として史上最高の86億円という巨額の赤字を計上した。この赤字の大半は当然のことながら、地域住民の税金で負担することになるわけで、地域社会に大きな悪影響を及ぼす結果となった。

この博覧会以外にも、各地で乱立気味の地方博で赤字が相次いだ。そのために、他の県・市で計画中であった博覧会も再検討を迫られることになり、中止の決定をする自治体も出た。大阪府も1993（平成5）年春に関西新空港から一番機が飛び立つのを記念して、りんくうタウンを会場に「空港博」を4年にわたって検討していたが、取りやめている[4]。

◎「世界・食の祭典」の概要[5]
名称：世界・食の祭典 JUNO'S JAPAN'88
テーマ：「食べることは　いいことだ」joy of eating
　　　　「こころが　ひとつになることだ」joy of sharing
　　　　「地球が　平和になることだ」peace and harmony
会期：1988（昭和63）年6月3日～10月30日（基本部分は10月10日）
会場：札幌市、函館市（青函博）を中心に、全道での連動イベント展開（道内212市町村会場、味おこし会場など）
主催：財団法人　食の祭典委員会
予算総額：140億円（実施計画時は96億円）
入場料：会場、それぞれの館、催しにて入場料は異なる
総入場者数：175万人（目標400万人）

● 楽しみの広場・月寒会場
・舌町ライブ：「食」を軸に、明治・大正・昭和の時間をさかのぼる、懐かしく、楽しく、おいしい空間。大道芸、アメ売り、紙芝居なども登場した。
・食生活文化館（RICE-ROAD）：2000年の歴史をもち、世界に誇る"日本食の文化"と"その歴史"をわかりやすく展示し、日本人の食の源流・ルーツを探る。「古式四条流包丁式」の実演や「全国の駅弁顔見世大興行」

などがあった。
- みえる・みらいハウス：通信、コンピュータ、バイオテクノロジー、住宅・都市関連など現代の先端産業の視点から「食と近未来生活」へアプローチする企業集合館である。
- ホクレンガーデンレストラン・アルカディア：北海道の新鮮な農畜産物を、北欧のスモーガスボード（バイキング方式）で提供するレストランである。
- ワールド・ミート館：牛肉、羊肉、豚肉、鳥肉などの食べ方や歴史を展示し、暮らしと肉との関わりを考える。牛肉や肉製品などの販売もあった。
- ふしぎ海洋館：希望の海ゾーン、冒険ゾーン、学びの海ゾーンそしてシーフードレストランがあり、海・資源を楽しみながら理解する。
- 未来宇宙館（Space Center 21）：人類の宇宙生活をテーマとして、将来人間がなすであろう宇宙生活を現実のものとして再現した（ルナ・ベース）。
- ジュノス・ステージ・レストラン：大型スクリーンには北海道の雄大な風景が映し出され、多彩なショーとともに、世界各国のエスニック料理が味わえるレストランだった。
- アイヌ民族生活文化館（アイヌ モシリ館）：北海道の自然とともに生きてきたアイヌ民族の文化、食生活を紹介し、サケ、コクワなどを材料にしたアイヌ料理が味わえた。
- アミューズメント・パーク：北海道初上陸のウルトラツイスターをはじめ、過去最大の大型遊具が勢揃いした遊園地である。
- アイマックス・シアター：1984年、アメリカの宇宙船「チャレンジャー号」フライトの際に、宇宙飛行士によって撮影された「The Dream is Alive」を上映した。
- ヴェルデ・スクウェア（茶の湯―もてなしの広場）：日本一の菖蒲園に囲まれた3000坪の美しい特別会場で点心弁当、庭園を眺めながらの一服が楽しめた。
- 世界の広場・大谷地会場
- 国際活動館（国連館）：食・人類・地球というテーマに沿って、地球規

模の問題を考えるブースが国連諸機関によって展開された。また、館内にはセンターモニュメントが設置され、「時」というテーマで、人類の近い将来に対して「予測」と「警告」をした。
- 開発協力館：非政府民間組織による公益活動を紹介し、「公益」という言葉の意味をあらためて考え、私たちが社会・地球に対してどのような役割をもっているか再認識した。
- 北方圏友好館：北海道のオリジナルな国際交流である北方圏諸国との文化、経済、観光交流が紹介された。
- 中国館：中国故宮博物院展や敦煌コーナーが置かれ、東アジア史の原点といえる中国文化の歴史を見ることができた（有料）。
- 世界地域・国別パビリオン：「アジア・太平洋館」「南米・アフリカ館」「フランス館」「韓国館」「スペイン・ヨーロッパ館」があった。
- サッポロビール・レストラン ジュノス・ライオン：家族で楽しめるメニューと工場直送の新鮮なビールが楽しめる会場内最大のレストランだった。
- 恐竜館：人類誕生以前の地球の歴史・恐竜の時代を再現し、大恐竜ランド、恐竜はなぜ絶滅したかコーナーなどが設けられた（有料）。
- その他、「ミュージアム・ショップ」「チルドレンレストラン」「スノー・ブランドショップ」「イベント広場」「セントラル・パーク（ジョン・レノンメモリアル）」「大谷地アミューズメント・パーク」「アメリカ映画村」などがあった。

● 交流の広場・大通り公園会場
- ジュノス・センター：「世界・食の祭典」のすべての情報が集められている。パビリオンの内容、料金、各種イベントの紹介、会場や駐車場・道路の混雑状況などの情報、会場レストランのメニュー案内、ジュノス・カードやガイドブック、記念乗車券などの取り扱いなどを行っていた。
- カフェ・ド・ジュノス：インターナショナルなカフェテラスで休憩所として利用された。
- ジュノス・中華街：中国の飲食店街を模した街並に、上海料理を中心に、四川、広東、台湾料理の名店が集まった。

● 市内会場
・ジュノス・フェスト会場：エアドームによる巨大イベント・ビアホール「サッポロ・ビア・ドーム」「食楽市場」などが設けられた。
● 連動イベント会場
・第1回国際料理芸術祭'88サッポロ
・料理芸術北海道ジュニアフェスティバル
・鍋料理ワールドプラザ
・料理アートフェスティバル
・ウォルト・ディズニー「ワールド・オン・アイス・ショー」
・マイルス・ディビス　グループ　コンサート
・ホール＆オーツ　コンサート
・ヘレン・メリル　コンサート
・スターズ　オン　バービーボーイズ
・ストラスブール打楽器合奏団
・ジュノス杯全道ゲートボール大会
・萬葉の衣食住展
・ラーメンまつり
・世界のお菓子ものがたり
・その他：「札幌薪能'88」「マサチューセッツ州立大学コンサート」「国立パリ・オペラ座管弦楽団」「パリ・オペラ座現代バレエ団」「ヴェルサイユ宮廷舞踏団リ・エ・ダンスリ」「世界の大道芸オンパレード」「マジックショー」「日本の祭り」「世界エアロビックチャンピオン大会」「JUNO'S BOWL（アメリカンフットボール）」「キッコーマン食のミュージアム」「北海道ブルーカップ'88（スカイダイビング）」「第4回世界テレビ映像祭」など多数

◎青函トンネル開通記念博覧会・青函博
会期：1988（昭和63）年7月9日〜9月18日
会場：函館市弁天町地区

青函博会場内に、世界・食の祭典コーナー「ワールド・キャンディ・マジック」を設置し、「お菓子が伝える外国文化」をテーマに、函館の開港時に我が国と関係が深かった外国の名勝をモチーフとして、ゲームで各国のお菓子を紹介した。

　「世界・食の祭典」公式ガイドブック（1988）には、「北海道の各地で、それぞれのもつ味の感性、技、食材をもちより、食を楽しみ、食を語らい、多くの人々と交流し、共感しあえる機会をもちたいと思います。同時に全国、全世界からの参加を求めて、食文化の交流を進め、21世紀の新しい世界に向けて、明るい希望を共有したいと思います。」と書かれている。また、「地球的規模の諸問題――飽食や飢餓、食料汚染を考えようとする願いもこめられています」ともある。食料基地北海道にふさわしい「食」をテーマとした、この祭典は、青函トンネルの開通を記念して函館で開催された「青函博・函館 EXPO '88」との相乗効果をねらったものであった。
　しかし、先述のように、イベントの内容は多彩過ぎて、本来のテーマから逸脱した内容のものも多く、博覧会のコンセプトに合わせたイベントプランを展開するための、統括プロデューサー不在の状態がよく表れている。収支についても、採算無視で行われたために、ほとんどのイベントが赤字であった。
　「世界・食の祭典」は10月10日をもって事実上閉幕したが、翌日の朝日新聞朝刊の社説[6]には、「地方博を魅力あるものに」という見出しで、次のような内容の記事が掲載された。
　「札幌市などで開かれていた『世界・食の祭典』が十日で事実上終わったが、赤字額が八十億円以上になることは確実だという。四百万人を目標にしていた入場者は、ついに半分にも達しなかった。参加した飲食・物販業者のほとんどが赤字で、途中で閉鎖するパビリオンが出た。出展企業の倒産、関係者の自殺、北海道庁派遣職員の辞表提出騒ぎもあった。主催者の財団法人・食の祭典委員会は、宣伝用熱気球の製作費の未払いで訴えられており、閉幕と同時に一連の重苦しい事後処理が始まる。」
　この社説にあるように、400万人の入場者の目標を掲げて開幕した「世界・

食の祭典」であるが、総入場者は約175万人と主催者から公式発表された。ところが、この数字が、不人気を隠すために会期中、毎日操作され、実際の入場者は約88万人であったことが、主催者の財団の内部集計で明らかになった[7]。さらに、このうち有料入場者は約46万であった。

　この失敗については多くの要因があげられている。先述のような、運営（組織形態含めて）や計画（催事計画、資金計画など）の不備、準備不足、企業からの協賛金不足等々、様々な面から指摘された。とくに、責任体制が曖昧であり、最後まで誰が責任を取るかがわからずじまいであった。

　もう一つの大きな要因となったのが、画期的なシステムと主催者が自画自賛したプリペイド方式の「ジュノス・カード」である。このカードは、発行時に点数を記録し、使用に応じて減点され、その減点がパンチ孔で表示される。このカードは、①月寒会場の入場券として、②大谷地会場の入場券として、③両会場における有料館への入館・鑑賞・観覧券として、④両会場内にある遊具利用券の購入、⑤会場内で開かれる有料イベント入場券の購入、⑥一部市内会場（ジュノス・フェスト）への入場券として、利用される。ジュノス・カードの当日券は、1000円で10点、2000円で21点、3000円で32点となっている。ちなみに、月寒会場の入場料は15点、その会場内のアイマックス・シアターの入館料は3点、未来宇宙館の入館料は3点、大谷地会場の入場料は9点、会場内の恐竜館は3点、アメリカ映画村は3点、などとなっている。この他にも有料の施設は多くあった。このカードシステムは、入場者にとっては面倒であり、主催者にとっても多額の経費がかかることになり、未使用カードの大量発生などの問題が続出し、閉幕後も大きく紛糾する結果となった。

　「世界・食の祭典」と同年に開催された多くの地方博の中には、集客数こそ目標を上回ったが、収支において「世界・食の祭典」に次ぐ8億1600万円の赤字となった「なら・シルクロード博」の例もある。「なら・シルクロード博」は、奈良県・奈良市・NHK主催で、1988（昭和63）年4月24日～10月23日の会期で、奈良公園及び平城京跡にて開催された。入場者数は681万8833人となった（目標660万人）。従来の地方博のテーマであった未来志向から離れ、シルクロードの文物展示を中心とした「文化博」であった

のが大きな特徴である。

(5) 反省と第5次ブーム（90年代）：ジャパンエキスポ

このように、乱立気味の地方博覧会は、企業パビリオンへの依存度が非常に高く、大手広告代理店に企画運営を全面的に任せてしまうことから横並びの同質的なイベントとなってしまい、地域の主体性が乏しくマンネリ化を招く結果となった。また、先述の「世界・食の祭典」に象徴される地域社会に及ぼす悪影響も批判の的となった。このような背景がある中で、従来型地方博覧会の再生をねらって「ジャパンエキスポ（特定博覧会）制度」が誕生した（第5次ブーム）。この制度は地方博覧会の本来の目的と意義を明確に認識し、地域の自主性と主体性に基づく"個性的"かつ"独創的"な博覧会の開催を推進するために創設されたものである。その内容は、各地の博覧会の開催計画を審議し、この制度に基づくジャパンエキスポとしてふさわしいと判断されたものを、通商産業省（現・経済産業省）が「ジャパンエキスポ」として認定し、その開催を支援するというものである。

(6) 第6次ブーム（21世紀型博）の兆候

また同時に、従来型の反省から、囲い込みの会場での開催というものから脱却し、街全体を会場に、既存施設を活用しイベント展開を図るという「アーバンリゾートフェア神戸'93」が開催された。この博覧会は、「新しい都市魅力の創造」をテーマに神戸市が21世紀に向けて目指す「アーバンリゾート都市」の実験としての位置づけを行い、問題提起型の企画、参加型のイベントなどを市内各地で数多く展開した。1993年4月1日〜9月30日までの会期で、その数は513、総参加者数は延べ1635万人にものぼった。この方式は、ジャパンエキスポの次の、第6次地方博覧会ブームを予感させる脱インフラ型の先駆けとなるものであった。2004（平成16）年開催の「えひめ町並博2004」（愛媛県南予地域；**図7-4**）はまちづくり型観光博覧会として、アーバンリゾートフェア方式を継承しつつ、21世紀型により進化させたものといえる。「町並」を中心にした南予地域全体を会場として、そこでの「暮らし」、そこに培われた「物語」、それらを包み込む「景観」を素材に、地元

[第Ⅶ章] 80年代の「地方自治博覧会」―地方自治と市制100周年記念事業としての博覧会　173

図7-4　えひめ町並博2004
出典：愛媛県町並博2004実行委員会パンフレット

住民と一緒にそれぞれの地域で「遊ぶ」「観る」「探す」ことを楽しめる博覧会が展開された。

3. 小　括

　内国勧業博覧会にみられる国家主導の産業振興中心の博覧会のあり方から、戦後の復興博覧会を契機にして芽生えた地域が主体となって、地域再生のために、観光を柱とした地方博覧会の開催が盛んとなるのは時代の必須ともいえよう。

　また、1980年代に地方都市で開催された博覧会は、娯楽が乏しい中で、大型スクリーンを使用しての未来志向の映像や最新技術を駆使した仕掛けなどで観客を楽しませることができた。1983年に東京ディズニーランド、

2001年にはユニバーサル・スタジオ・ジャパンが開園しているが、博覧会はテーマパークの要素を取り込んだ娯楽施設の役割も果たしていた。

しかし、先述のように100周年記念事業での博覧会の開催が相次ぐと、どの博覧会に行っても同じような映像やパビリオンが並ぶ結果となり、徐々に地域再生の意義が失われていくこととなった。

地方博覧会のマンネリ化や、「世界・食の祭典」で露呈した、構想段階から組織体制、そして運営に至るプロセスの詰めの甘さ、無責任さなどを打破するために、国が再度イニシアティブをとって、地域振興のためにジャパンエキスポ制度により地方博覧会が開催されるようになった。次章ではこの制度の概要と、事例として筆者が関わった「世界リゾート博」（和歌山県）と、それが和歌山県の観光にどのように寄与したかを述べる。

しかし、この制度も、ほぼ10年で一定の成果を残しながら博覧会疲れとでもいうべき地域の負担増となり、あらたな博覧会の形式を模索しつつその役割を終えることとなった。現在ではジャパンエキスポの名称は、クールジャパンを代表するコスプレなどを中心に海外（とくに欧米）で開催される日本文化の紹介イベントに冠されている。

本章では、乱立する地方博ブームへの警鐘となった「世界・食の祭典」について詳しく述べたが、失敗したもう一つの原因として、「食テーマ」が当時としては先見的なもので、早すぎて市民に受け入れられなかったことも考えられる。

実際、つい最近では、イタリア・ミラノにおいて、2015（平成27）年5月1日〜10月31日に、万博史上初となる「食」をテーマに、国際博覧会が開催されたが、成功といえる。世界の「食」の紹介、気候変動で変わる自然環境や伝統を知り、食料廃棄問題や持続食料調達など、未来の地球のための各国の活動が伝えられた[8]。日本は、「Harmonious Diversity ―共存する多様性」をテーマに、日本の農林水産業や食、食文化の多様性を紹介した。「国際博覧会」については、第Ⅰ章で述べたが、ここでは「ミラノ国際博覧会」について、「世界・食の祭典」との関連で概要を記述しておく。

写真7-1 ミラノ万博・日本館
出典：筆者撮影

◎「ミラノ国際博覧会（EXPO Milano 2015）」の概要（写真7-1）[9]

名称：ミラノ国際博覧会（EXPO Milano 2015） ※登録博

テーマ：「地球に食料を、生命にエネルギーを」Feeding the Planet, Energy for Life

サブテーマ：
① 「食料の安全、保全、品質のための科学技術」Science and technology for food safety, security and quality
② 「農業と生物多様性のための科学技術」Science and technology for agriculture and bio diversity
③ 「農業食物サプライチェーンの革新」Innovation in the agro-food supply chain
④ 「食育」Dietary education
⑤ 「より良い生活様式のための食」Food for better lifestyles
⑥ 「食と文化」Food and Culture
⑦ 「食の協力と開発」Cooperation and development on food

会期：2015（平成27）年5月1日〜10月31日

会場：イタリア・ミラノ

総入場者数：2150万人（目標2000万人）　※日本館来館者数228万人

参加国等：148カ国・地域・国際機関

補注

1）和歌山県知事公室世界リゾート博推進局（1995）『世界リゾート博・経済波及効果等測定調査報告書』63頁。
2）鷲田小彌太（1988）『ある地方博の死』亜璃西社、42頁。
3）『日経イベント』1993年11月号、23頁。
4）『朝日新聞』1989年1月6日付夕刊、10面。
5）『北海道イベントガイド・「世界・食の祭典」公式ガイドブックⅡ』より。
6）『朝日新聞』1988年10月11日付朝刊、5面。
7）『朝日新聞』1988年10月18日付夕刊、13面。
8）イタリア政府観光局HP「ミラノ国際博覧会」http://visitaly.jp/expo-milano-2015（2015.11.22アクセス）。
9）ミラノ国際博覧会・日本館HP https://www.expo2015.jp/expo/（2015.11.10アクセス）およびミラノ国際博覧会・日本館プレスリリース（2015年11月2日付）。

第Ⅷ章
90年代の博覧会──国による地域再生への取り組みとしてのジャパンエキスポの試み

1.「ジャパンエキスポ（特定博覧会）制度」制定の背景

　ジャパンエキスポ制度は、日本国内で開催される博覧会の中から「活力に富んだ個性豊かな地域経済社会の構築を実現させるため、産業の振興・国際交流の推進、住民意識の向上等に大きな効果を発揮する博覧会」を、国（通商産業省・当時）が「ジャパンエキスポ」として認定し、地域の自主性・主体性に基づく創造的で独創的な博覧会の開催を推進することを目的に1989（平成元）年に制定された制度の愛称で、正式には「特定博覧会制度」という。

　第Ⅶ章で述べたように、1980年代後半から、地域活性化の手段とした地域が抱えるさまざまな課題の解決の手段として地方博覧会が多く開催されるようになった。しかし、各地で開催される博覧会は、ややマンネリ化しており、創造的で独創的な内容を競って開催されることが少なく、開催効果や収支の面などにおいていろいろな問題が発生するケースが相次いだ。このような背景があって、質と量の確保のため、一定の条件を満たした博覧会を国が認定し支援するというジャパンエキスポ制度が制定されたのである。この制度の背景を考察するに際し、通商産業省がジャパンエキスポ制度を告知した時の通産省公報とパンフレットの一般概要説明の記述に微妙な差異があるのに筆者は注目したい。

　通産省公報（1989年11月17日）では、「近年、各地において博覧会が開催

されているが、博覧会の開催は地域産業の振興、地域の国際交流の推進、地域の住民意識の向上等に多大な効果を発揮するものである。本制度は、地域の自主性、主体性に基づく適切な企画の裏付けのある博覧会が今後とも開催されるよう、全国において持回り方式で博覧会の開催を推進し、もって、活力に富んだ個性豊かな地域経済社会の構築を実現することをその目的とするものである」とあり、産業政策局商務室のパンフレットでは「ジャパンエキスポ制度は、活力に富んだ個性豊かな地域経済社会の構築を実現させるため、産業の振興、国際交流の推進、住民の意識の向上等に多大な効果を発揮する博覧会を通商産業省が『ジャパンエキスポ』として認定し、地域の自主性・主体性に基づき個性的かつ独創的な博覧会の開催を推進することを目的とする」とある。これは、平野（2001）が述べているように、1988～1989年に各地で頻繁に開催された市制100周年を記念する地方博覧会等の成果に対する社会の厳しい評価や、北海道で1988年開催の「世界・食の祭典」に象徴される博覧会失敗による地域社会に及ぼす悪影響を、国として放置できない状況となっていたということが大きな制定の要因になったと推察する。

2. ジャパンエキスポ制度の概要

目的は先述のとおりであるが、本制度の対象となる博覧会について下記にあげる。

(1) 主催者

都道府県および経済団体連合会、商工会、商工会議所等当該地域の経済団体等が参加し、団体（公益法人であると任意団体であるを問わない）を設立し、これにより開催する。

(2) ジャパンエキスポのテーマおよびコンセプト

ジャパンエキスポの対象となる博覧会のテーマおよびコンセプトは、主催者が独自に決めるものであるが、開催地域の振興や将来のあり方等についての問題意識をもったテーマ設定が望ましい。

また、開催コンセプトも他の博覧会の模倣ではない個性的かつ独創的な企画を考えることが重要である。

(3) 開催規模

ジャパンエキスポの対象となる博覧会の開催規模は、開催地域、場所、開催期間等によって異なるが、地域の振興等に効果を及ぼす程度の規模が必要である。

具体的な目安として、以下のような規模が考えられるが、必ずしもこれらの目安を満たす必要はない。

　１．予想入場者数：100万人以上又は開催都道府県の総人口以上
　２．会場の広さ：概ね10ヘクタール以上
　３．開催期間：概ね60日以上

ジャパンエキスポの認定は、全国を8ブロックに分割し、毎年度各ブロックの中から認定する。認定にあたっては、各ブロックの持ち回りにより選定する。認定件数は毎年度2件とする。

ジャパンエキスポ制度を有効に運用していくため、ジャパンエキスポ推進委員会を通商産業省内に設置する。また、ジャパンエキスポを選定する場として、ジャパンエキスポ選定委員会を設置する。

認定されたジャパンエキスポ毎に当該ジャパンエキスポの効果的な開催を促進するため、各通商産業局に、ジャパンエキスポの実施団体、ジャパンエキスポ推進委員会委員等をメンバーとするジャパンエキスポ連絡協議会を設置する。

(4) ジャパンエキスポ認定の手順およびジャパンエキスポ旗の制定について

ジャパンエキスポ認定の手順は（**図 8-1**）参照。

ジャパンエキスポ旗（**図 8-2**）は、本制度の象徴として制作され、ジャパンエキスポに認定された博覧会において国旗、大会旗とともに掲揚される公式旗である。この旗は、ジャパンエキスポ制度の持ち回り開催の象徴として、次に開催されるジャパンエキスポに引き継がれる。

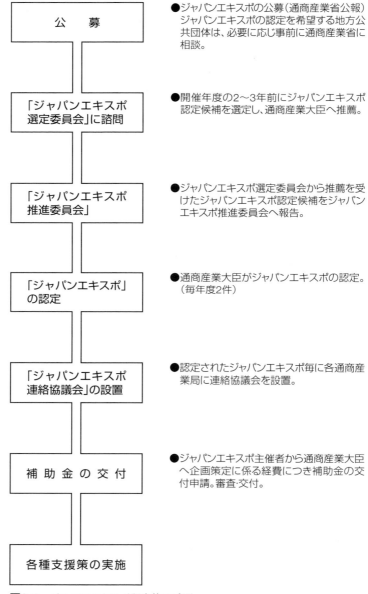

図8-1 ジャパンエキスポ認定等の手順
出典：通商産業省産業政策局商務室「JAPAN EXPO」

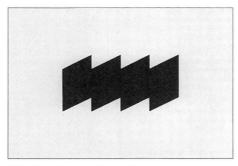

図8-2 ジャパンエキスポ旗
デザイン：高橋　暁
出典：通商産業省産業政策局商務室「JAPAN EXPO」

- ジャパンエキスポ旗のデザインコンセプト
・ジャパンエキスポ制度の四つの目的
  1．地域産業の振興
  2．地域文化の向上
  3．地域アイデンティティの確立
  4．地域の国際化
・日本列島（北海道、本州、四国、九州）を表す四つの長方形をイメージ
・博覧会の躍動感を表現

3. ジャパンエキスポによる観光振興─和歌山県を事例として

　「ジャパンエキスポ制度」によるジャパンエキスポは、第1回が富山県で開催され、地方博覧会の第3のブームを起こした後、一定の役割を果たしたとして、第10回北九州博覧祭2001、第11回うつくしま未来博、第12回未来博覧会が開催された2001年をもって終了した（**表8-1**）。

　1992年の第1回ジャパンエキスポ富山から17年を経て、地域にその理念がどのように継承され、観光振興に具体的に寄与しているかを、12回中で2度の開催県（1994年の第4回「世界リゾート博」、1999年の第9回「南紀熊野体験博」）となった和歌山県を事例として検証する。またその効果が2004年

表8-1 ジャパンエキスポ開催一覧

第1回	名称	ジャパンエキスポ富山	第7回	名称	山陰・夢みなと博覧会
	テーマ	人間―その内と外 富山から世界へ・未来へ		テーマ	翔け、交流新時代へ
	開催期間	1992年7月10日～9月27日		開催期間	1997年7月12日～9月28日
	開催地	富山県小杉町		開催地	鳥取県境港市
	入場者数	237万人		入場者数	193万人
第2回	名称	三陸・海の博覧会	第8回	名称	国際ゆめ交流博覧会
	テーマ	光る海、輝く未来		テーマ	世界をむすぶ 人と心
	開催期間	1992年7月4日～9月15日		開催期間	1997年7月19日～9月29日
	開催地	岩手県釜石市・宮古市・山田町		開催地	宮城県仙台市
	入場者数	201万人		入場者数	106万人
第3回	名称	信州博覧会	第9回	名称	JAPAN EXPO 南紀熊野体験博
	テーマ	豊かな心の交遊と創造		テーマ	こころにリゾート実感
	開催期間	1993年7月17日～9月26日		開催期間	1999年4月29日～9月19日
	開催地	長野県松本市		開催地	和歌山県田辺市・那智勝浦町
	入場者数	240万人		入場者数	310万人
第4回	名称	JAPAN EXPO 世界リゾート博	第10回	名称	北九州博覧祭
	テーマ	21世紀のリゾート体験		テーマ	響きあう 人・まち・技術
	開催期間	1994年7月16日～9月25日		開催期間	2001年7月4日～11月4日
	開催地	和歌山県和歌山市		開催地	福岡県北九州市
	入場者数	294万人		入場者数	216万人
第5回	名称	世界祝祭博覧会	第11回	名称	うつくしま未来博
	テーマ	新たな"であい"を求めて		テーマ	美しい空間 美しい時間
	開催期間	1994年7月22日～11月6日		開催期間	2001年7月7日～9月30日
	開催地	三重県伊勢市		開催地	福島県須賀川市
	入場者数	351万人		入場者数	166万人
第6回	名称	世界・焱の博覧会	第12回	名称	21世紀未来博覧会
	テーマ	燃えて未来		テーマ	いのち燦(きら)めく未来へ
	開催期間	1996年7月19日～10月13日		開催期間	2001年7月14日～9月30日
	開催地	佐賀県有田町		開催地	山口県阿知須町
	入場者数	255万人		入場者数	251万人

出典：筆者作成

世界遺産登録（紀伊山地の霊場と参詣道）へとつながる活動の源または推進する力となった経緯をたどる。

(1) 世界リゾート博（1994年）と南紀熊野体験博（1999年）

　古代から、紀の国（和歌山）は癒しの国であった。有馬、道後、白浜の3カ所が8世紀初頭に編纂された日本書紀に記載された温泉地であり、白浜は

[第Ⅷ章] 90年代の博覧会——国による地域再生への取り組みとしてのジャパンエキスポの試み　　183

写真8-1　白浜・崎の湯
出典：和歌山県観光パンフレット

　有間皇子の条（657年）に「牟婁の温湯」あるいは「紀の温湯」として登場する（現在の「崎の湯」；**写真8-1**）。崎の湯は、磯の岩肌に湯壺があり、打ち寄せる波、新鮮な空気、白浜湾の風景、緑豊かな背景をパノラマとして眺めることができる。「眺めだけで精神の不調が快癒した」とされる有間皇子の薦めもあり、斉明天皇は638年約2カ月半にわたり滞在し癒しを得ている。行幸は大和から陸路3日、海路1日で白浜に至っており、随行した柿本人麻呂の歌には海から「由良崎及び白崎」や「南部の浦」を詠んだ歌があり、海路を船で進む様子がわかる。また、天智天皇、持統天皇や多くの宮廷貴族が浴しているが、中でも文武天皇行幸は大宝律令の制定直後に行われており、律令国家完成記念イベントの性格があったともいわれている。

　また、『万葉集』には4500余首の歌があるが、和歌山県内で詠まれた歌は107首あり、「紀伊万葉」と特別に称され、その歌碑などを見学するものは後を絶たない。とくに、「世界リゾート博」会場に近い和歌の浦で山部赤人が詠んだ歌は名高い。

　　　若の浦に　潮満ち来れば　潟をなみ　葦辺をさして　鶴鳴き渡る（山部赤人）[1]

図8-3 世界リゾート博シンボルマーク
出典： 世界リゾート博協会『世界リゾート博公式記録』1995年より

［和歌の浦に潮が満ちてくると、干潟がなくなるので、葦のほとりを目指して、鶴が鳴き渡ることよ］

　和歌山県新宮市出身の作家、中上健次は、「紀伊半島、紀州とはいまひとつの国である気がする。まさに神武以来の敗れ続けてきた闇に沈んだ国である」（『紀州　木の国・根の国物語』）と書いている。反面、同じ新宮に生まれた佐藤春夫は「空青し山青し海青し　日はかがやかに　南国の五月晴こそゆたかなれ」（望郷五月歌）と歌っている。和歌山県域が「南紀」と呼ばれるのは、黒潮や暖かい気候の南の国という印象があるためであろう。また「木の国」と呼ばれていたのも、紀伊半島が、地域的に、南北に長く、和泉・長峰・白馬・果無・大塔山脈が連なる山地がほとんどであることによる。

◎第4回ジャパンエキスポ《世界リゾート博》（図8-3）
テーマ：21世紀のリゾート体験
サブテーマ：世界に開かれたリゾート……INTERNATIONAL
　　　　　　自然との対話に満ちたリゾート……NATURAL
　　　　　　こころのふれあうリゾート……HUMAN
開催期間：1994年7月16日〜9月25日
開催地：和歌山県和歌山市（**写真8-2**）

写真8-2 現在のマリーナシティ（世界リゾート博開催場所）・ヨットハーバー
出典：筆者撮影

入場者数：294万人

- 世界リゾート博の成果
- ・博覧会の計画・運営にともなうノウハウが地元に集積された効果
- ・県内人口の約3倍の入場者、県外客は約46％
- ・県内客の約90％が地域活性化につながったと評価した
- ・和歌山に対するイメージアップ（県内の豊かな観光資源や交通アクセスの便利さなど国際リゾート地としての和歌山の位置づけに貢献）
- ・定住促進効果（住宅の確保、楽しめる自然の充実、就業機会の確保）
- 世界リゾート博の課題
- ・博覧会後のリゾートづくりをはじめとした産業振興、地域づくりの可能性の検証
- ・和歌山県の観光・リゾートのあり方を多様化していくことが必要
- ・和歌山県の一部の地域に対しての効果であり、県全体に及ぼすまでには至っていない
- ・世界リゾート博のみを目的とした入場者は全体の約84％、仕事や買い物などを除く観光を兼ねた入場者は全体の約10％

図8-4 南紀熊野体験博シンボルマーク
出典:南紀熊野体験博公式パンフレット

◎第9回ジャパンエキスポ《南紀熊野体験博》(図8-4)

テーマ：こころにリゾート実感
サブテーマ：いやす……こころを癒す
　　　　　　みたす……こころを充たす
　　　　　　よみがえる……こころが蘇る
開催期間：1999年4月29日〜9月19日
開催地：(直接) 南紀熊野地域、
　　　　(関連広域) 紀中・紀北・奈良県関連地域・三重県関連地域
入場者数：310万人

- 南紀熊野体験博の成果
・ジャパンエキスポ初の非囲い込み型オープンエリア方式の採用
・広域エリアでのイベント情報のみならず観光情報(地域観光資源、宿泊、天候、道路状況など多岐にわたる)問い合わせへの対応⇒南紀くまの情報

センターの設置
- 「いやす・みたす・よみがえる」というテーマを広報表現、展示表現、イベントテーマなどで忠実にフォローした結果、「熊野」という地名（会場名）が日本中に意識された
- 対象地域すべての市町村が「パビリオン」となることで、地域に主役感覚が芽生えた。また地域に強い自立意識が生まれ、地域の知的資源が掘り起こされた
- 「癒し」が'99日本新語・流行語大賞トップ10に（表彰式に西口知事・当時が出席）

● 南紀熊野体験博の課題
- わかりにくい博覧会との批判が出た
- 博覧会の開催効果をどう地域に定着させ、継続し、地域の振興に資するか

(2) 和歌山県の観光客数の推移にみるジャパンエキスポの影響

　和歌山県全体としては、宿泊客は伸び悩み状況であるが、ジャパンエキスポ開催、世界遺産登録を機に「日帰り客」は増加している状況が、図から読み取れる（**図8-5・6**）。高速道路の整備なども増加に寄与しているが、反面、2008年の落ち込みはガソリン価格の高騰の影響が大きい。各地域別の入込客数を見ると、高野山などは世界遺産登録後の外国人観光客の増加傾向が続いている。観光客総数のピークは2007年の3208万2544人であり、20年間で約600万人の増加である。

　次に、和歌山県下の主要観光地の観光客の推移を見てみよう[2]。1994年、世界リゾート博の会場となった和歌山市では前年の406万5000人から大幅に伸びて601万3000人となった。さらに翌1995年には過去最高の619万3000人に達した。これは博覧会の余波もあるが、NHK大河ドラマ『八代将軍吉宗』（1995年1月8日〜12月10日放送）の効果が大きい。放送に合わせて博覧会跡地で開催された「八代将軍吉宗展」は約54万人の入場者を記録している。なおこの吉宗ブームによる経済波及効果は105億2000万円（直接消費65億4000万円、関連消費39億8000万円）と推定される。

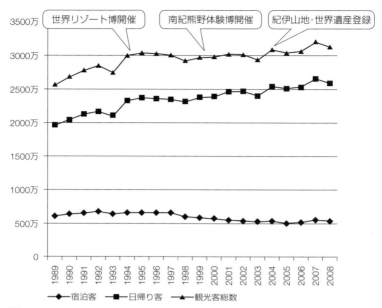

図8-5 和歌山県全体の観光客の推移
出典:『和歌山県観光客動態調査報告書』より筆者作成

　また、1999年、南紀熊野体験博のシンボルパークが設置された田辺は前年の180万9000人から269万3000人と5割増となった。その後、200万人台を維持しつつも集客においては低迷気味であったが、2004年の「紀伊山地の霊場と参詣道」が世界遺産登録となったのを機に244万4000人と増え、翌2005年には269万1000人、2007年には過去最高となる275万5000人を記録した。以後順調に230〜240万人と推移している。
　白浜が1996年、1997年と伸びているが、この要因は南紀白浜空港のジェット化開港にともなう東京便・福岡便の就航、JRの新型車両「オーシャンアロー号」の導入、さらには湯浅御坊道路の開通等、交通基盤の整備充実が大きく影響していると思われる。
　朝倉（2008）は、「世界遺産の登録が観光客の入込の増加をもたらす要因としては、登録によってマスコミ等に頻繁に取り上げられることによる『認知度の向上効果（広告効果）』と、ユネスコという国際的な機関が観光資源

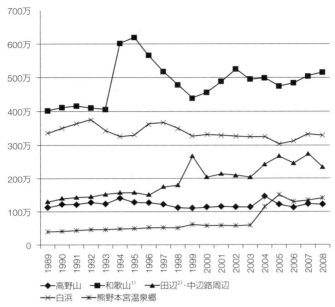

図8-6 和歌山県主要観光地の観光客総数の推移
注1）和歌山：和歌浦、紀三井寺、和歌山城他
　2）田辺：田辺、大塔（中辺路）、百間山、南部
出典：『和歌山県観光動態調査報告書』より筆者作成

の質を認定したという『ブランドイメージの付与効果（価値保証効果）』という2つの効果が考えられる」「世界遺産登録は、登録による『広告効果』と『価値保証効果』を通じて、認知度が低く、観光入込が少ない地域に対してより強い効果が働いている」としている。2004年、「紀伊山地の霊場と参詣道」の世界遺産登録前後の観光客数の推移を見てみると、もともと110万～120万人と多かった高野山は、2004年に145万7000人と増えたが、その後は同じ状態に戻っている。ところが、これに対し、もともと年間の観光客数が50万～60万人で推移していた熊野本宮温泉郷は、登録年には115万1000人と倍増、翌年に至っては149万9000人とほぼ3倍の増加となり、その数字を現在まで保っている。

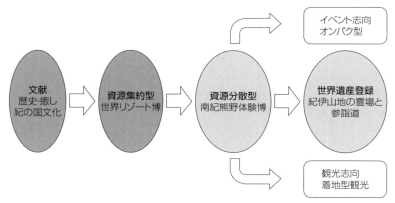

図8-7 和歌山県下におけるジャパンエキスポ開催の変遷
出典：筆者作成

(3) ジャパンエキスポの遺伝子の継承と世界リゾート博記念財団の活動

　本研究で注目したいのが、世界リゾート博の剰余金で設立された「世界リゾート博記念財団」の活動である。観光資源を博覧会会場に集約して展示する形式から非囲い込み型の「オープンエリア方式」への転換を軟着陸的に地域に行わせるためには、訓練なり基本的な考え方の浸透を図らねばならない。いうならば世界リゾート博：集合型（資源供出型）⇒南紀熊野体験博：分散型（地域連携型）⇒世界遺産登録：共創型（価値創造型）へという形式の変遷（**図8-7**）に、戸惑うことなく、地域主体のイベント開催に移行する素地ができていなければならない。このジャパンエキスポの遺伝子を継承するのに大きな役割を果たしたのが世界リゾート博記念財団の活動であったといえよう。

　以下に、同財団の事業方針や活動内容について述べるが、他にも世界リゾート博や吉宗ブームのフォローアップとして、21世紀に向けた新しい観光のあり方を探りつつ、国内外に観光和歌山をアピールするために「観光フェスタ'96和歌山」を開催し、世界観光フォーラム、熊野古道ウォークなどを実施したりもしている。

　和歌山県下の地域は、財団の補助事業を取り入れながら、従来型（囲い込み型）の限界を見通し、地域主体のさまざまなイベント事業を実施することで、先進的ともいえるオープンエリア方式に取り組むことができる基盤づくりを

行ってきたことになる。むしろ客の方がこのような博覧会の形式に慣れておらず、わかりにくいという評価につながったともいえるのではないか。ここで財団概要と事業方針・内容を整理しておく。

1) 世界リゾート博記念財団概要
・1995年4月1日設立（2001年解散）
・目的：世界リゾート博の成果を有効に活用し、地域の発展に寄与する
・理事長：和歌山県知事
・設立時財産総額　36億3520万609円
　（博覧会剰余金31億3520万609円、県出捐金5億円）

2) 世界リゾート博記念財団事業方針
● 記念イベント

世界リゾート博の成果を有効に活用し県内のリゾート資源を活かした魅力的なイベントを行って、和歌山の更なるイメージアップを図ることにより"和歌山県"を国内外に発信し、地域の活性化に寄与する。

● 人材育成・国際化

21世紀の和歌山を担う国際的な人材の育成を目指して、県内の中学生を対象に海外での研修事業を行う。また、地域の国際化を促進することを目的として、県内の外国の方々と県民との交流事業を行う。

● イベントの振興

地域の活性化に寄与し、県内外に広く情報発信力を有するイベントやリゾート振興などのソフト事業を、自らの企画で積極的に行う市町村や民間団体等に対して補助を行う。また、イベント企画立案や運営ノウハウ等に関するセミナー等の研修事業を行う。

● リゾート推進

心のふれあうリゾートを目指し、個性にあふれたふるさとを形成していくうえで、魅力ある我がふるさと和歌山県のイメージを向上させ、他府県や海外に向けてのPRや観光客の誘致等による地域活力の高揚を目指す。

3） 世界リゾート博記念財団・地域活性化補助事業等
- 1999年南紀熊野体験博を応援するため、さまざまなイベントを開催
・田辺新庄シンボルパーク
 「くまのの森音楽祭 Healing Forest'99」
 「体験・チャレンジ！　ワールドアクションカーニバル」
 「くまのの森夢花火'99」
 「Kiroro コンサート」
・那智勝浦シンボルパーク
 「ハリウッドスタントアドベンチャー」
 「海の音楽祭シーサイドスペシャルライブ'99」
 「花火イルージョン IN 那智勝浦」
・その他　様々な応援イベントを実施
- 民間団体や市町村に対して事業方針に合うイベント、事業に100万〜1000万円程度の地域活性化補助事業を行う。
- 地域活性化につながるイベント研修事業「イベントアカデミー」を白浜町、那智勝浦町、田辺市、和歌山市の各地で実施、地域活性化のためのイベントを事業化するために参考となるノウハウ、実施事例、各種補助制度等の概要説明を網羅した「地域おこしイベントガイドブック」の発刊なども行っている。
- 和歌山県中学生研修事業として毎年ヨーロッパに8〜9日間の研修を実施。英語研修や友好を深める交流プログラムなど次代を担う若者の育成に効果を発揮した。またアジアこども交流事業や海外中学生研修派遣団の受け入れなど国際交流を深めた。

(4) 和歌山県観光振興モデルの基本的考え方としての「リビングヘリテージ」
世界遺産リストに登録して保護されるものには、以下のものがある。
1．文化遺産：顕著な普遍的価値をもつ建築物や遺跡など
2．自然遺産：顕著な普遍的価値をもつ地形や生物、景観などをもつ地域
3．複合遺産：文化と自然の両方について、顕著な普遍的価値を備えるもの

当初のモニュメント（記念的建造物）偏重から、近年は「有形」の対象だけを遺産としてとらえるのではなく、過去から現在に継続する「無形」の文化を含む人間生活の総括的活動を「文化的景観」としてとらえようとする考え方が提唱された（イコモス国際文化観光憲章2002[3]）。各地で生活を行う人々が、いかにして自らが築いてきた文化を維持し、またこれを利用することで自律的な観光開発を導きだすことができるのかが重要な課題となる。

観光の視点も、ハード（建造物）⇒ソフト（歴史、文化学習）⇒異日常体験（生活）と変化してきた。「リビングヘリテージ」は「今に伝わる有形・無形を問わない人間の諸活動に関わる総括的な文化遺産」を指し示した言葉として使用されるようになってきた。「紀伊山地の霊場と参詣道」も、そこに暮らす人々の生活を維持することを念頭に、生活を重視した世界遺産保護と観光開発のあり方が問われることとなる。

和歌山県は、2010年8月1日現在の人口が99万9834人となり、近畿2府4県では初めて100万人を割った（『朝日新聞』2010年8月30日付夕刊）。県内に大学・短大が5カ所と少なく、高校卒業後、多くの若者が県外に進学・就職していくのが大きな原因とみられる。また少子高齢化も進み、出生率から死亡数を引いた自然減も増加傾向にある。またこの傾向が続けば2017年には92万8000人になると推計されている。

県は、企業誘致や産業振興、U、Iターン等の移住促進等に取り組んでいるが著しい効果をあげるまでには至っていないのが現状である。そうした中で、「定住人口」の減少をカバーし、「交流人口」の方で拡大を図るために観光振興に力を入れることが重要な課題となってきた。この基盤づくりに前述の2度にわたるジャパンエキスポの開催の経験が有効に作用していると考える。このイベントが地域にもたらした効果は顕在化されたもののみならず、地域の遺伝子として脈々と継承されているはずである。

(5) 世界遺産と「スローステイ構想」

「紀伊山地の霊場と参詣道」は、2004年に文化遺産として登録された。世界遺産条約発効当初のモニュメント（記念的建造物）偏重から、考え方の変化がおこり、近年は「有形」の対象だけを遺産としてとらえるのではなく、

過去から現在に継続する「無形」の文化を含む人間生活の総括的活動を「文化的景観」としてとらえようとする考え方が提唱されてきた（前出、イコモス国際文化観光憲章 2002）。自然と人間の営みが長い時間をかけて形成した風景であり、各地で生活を行う人々がいかにして自らが築いてきた文化を維持し、またこれを利用することで自律的な観光開発を導きだすことができるかが重要な課題となる。

　現在、和歌山県では、古より「癒し・蘇りの聖地」として人々を魅了してきた神秘の地・熊野の古道、山並み、森林、温泉、人情など心とからだを癒す地域資源を健康づくりに活用する「心身再生の旅・SLOW STAY」の取り組みが始まっている（2004 年～）。ひいては交流人口の拡大、地域サービスの創造につながる県と民間主体との協働による地域活性化の先駆的な取り組みである。

4. 2011（平成 23）年の台風 12 号による風水害からの復興

　2011（平成 23）年、台風 12 号により 9 月 3 日深夜から 4 日未明にかけて紀伊半島各地では豪雨に見舞われた。雨は 8 月 30 日から降り続け、9 月 4 日までの降水量は各地で 2000mm を超える記録的な大雨となった。長時間降り続く雨に加え、短時間の猛烈な雨も観測され、和歌山県、奈良県、三重県で大きな被害が出た。和歌山県那智勝浦町では、河川の氾濫により家族が犠牲となる中で災害対応の指揮を執る町長の姿が報道され、世界遺産の熊野本宮大社の旧社地・大斎原の鳥居が冠水するなどの様子も合わせて被害の大きさを物語っていた。この 5 日間の雨量は、県の年間降水量とほぼ同等の量に匹敵するほどのものであった。これにより和歌山県の人的被害は死者 56 人、行方不明者 5 人、重傷者 5 人、軽傷者 3 人であった。また物的被害は、住家の全壊 240 棟、半壊 1753 棟、一部破損 85 棟、床上浸水 2706 棟、床下浸水 3149 棟の計 7933 棟であった[4]。とくに、世界遺産に登録されている熊野那智大社では、裏山が崩れて重要文化財の社殿に土砂が流入、那智大滝周辺では杉の大木が多数倒れ景観を損失、一部の史跡が流失するなどの被害が出た。

　和歌山県では、発災後すぐに災害対策本部を設置し復旧にあたるとともに、

知事を本部長とする「和歌山県復旧・復興本部」を設置し、応急復旧後の本格的な復旧・復興のための「和歌山県復旧・復興アクションプログラム」を決定した。「災害から立ち上がる和歌山！」をスローガンとして短期対策を、「復興に向け走り続ける和歌山！」をスローガンに中期対策を、「災害に強い新しい和歌山！」をスローガンに長期対策を講じ活動を継続している[5]。観光面においてはいち早く「災害復興のための観光振興アクションプログラム」を策定し、知事からのメッセージの発信、復興PRポスターの掲出、世界遺産の「10万人の参詣道・環境保全活動」の実施などを行った。

5. 小 括

　着地型観光現象と呼ばれるほど、いまや観光は地元主導型となり、各地で観光資源の発掘、プログラム化、旅行商品開発、インターネットでの発信ということが行われ、観光客は一種の戸惑いすら感じるようになってきた。つまり、地域の観光資源の過大評価によるプログラムのマンネリ化である。各地が競うことは需要創造にもつながり評価すべきことであるが、正味の価値はあるのかが問われる時代になっている。何をもって地域をアピールし自律的観光地を目指すかが問われているのである。

　1980年代、和歌山県は、紀州の海を生かした海洋王国を目指していた。本格的な海洋牧場や海洋リゾートゾーンづくりに取り組み、海洋リゾート整備がたんに漁業、観光の振興ということだけではなく、農業、鉱工業やエネルギー、研究活動なども含めて、たがいに有機的に結びつき、共存発展するための総合的な整備を図ることを目指してのものであった。その一端を「世界リゾート博」が担うことになるが、もともと、1993年関西国際空港開港に合わせて開催を予定していたのが、開港延期を受けて翌年に開催となった経緯がある。ハード依存の世界リゾート博からソフト志向（歴史、文化学習）の「南紀熊野体験博」への変容は国民のレジャー意識の変化をとらえたものである。「紀伊山地の霊場と参詣道」の世界遺産登録によって先人たちが築いてきた文化を地域の人々がいかに維持し、自律的観光地として発展させていくかが重要な課題となっている。そのためには、情報網の整備や、交通網

の整備、地域内流通の整備、地場産業や地域文化の振興など、さまざまな分野で観光関係者、地域住民と行政が一体となった活動を行っていくことが必要である。

今後は、iPad、コロプラ[6]、ツィッターなど革命的ICTイノベーションが地域観光にもたらす影響はどうか、着地型観光は地域にとって持続可能か、また従来どおりに旅行会社との共存関係を保つことができるか、ニューツーリズム（医療観光、産業観光、グリーンツーリズム、フードツーリズム、アートツーリズム、ヘルスツーリズムなど）の可能性はあるのか、とくに県が進める世界遺産を活用した心身再生の旅・SLOW STAY「熊野健康村構想」はどうか、等々の課題が残るが今後の分析などをふまえて検討していく必要があるだろう。

また近年においては、もう一つのジャパンエキスポの方の知名度が高い。そのジャパンエキスポとは、漫画・アニメ・ゲーム・音楽・モードなどのポップカルチャーと書道・武道・茶道・折り紙などの伝統文化を含む日本の文化をテーマとして2000年からフランス・パリ郊外で開催されている博覧会である[7]。

補注

1) 東大寺を建立した聖武天皇が、724年即位したその年に宮廷歌人の山部赤人らを伴って行幸に訪れ10日余滞在している。
2) 和歌山県観光振興課『観光客動態調査報告書』平成元年～平成20年版の各年度版より筆者抜粋。
3) 観光客側、受入側の双方の視点から、文化遺産観光に対するそれぞれの役割と立場等を記述。
4) 和歌山県総合防災課（2013）『平成23年紀伊半島大水害記録誌』40頁。
5) 和歌山県総合防災課（2013）『平成23年紀伊半島大水害記録誌』130頁。
6) 「コロニーな生活☆PLUS」略して「コロプラ」。携帯の位置情報を活用した位置連動型の携帯ゲーム。
7) 主催者はJTSグループ（フランス）。第16回 Japan Expo（2015年7月2日～7月5日）の入場者は24万7000人となり、ヨーロッパ最大の日本カルチャーの祭典である。日本文化紹介の貢献により、2009年、外務大臣賞、2013年、文化庁長官賞を受賞している（出典：JTSグループホームページ http://nihongo.japan-expo.com）。

第Ⅸ章

阪神・淡路大震災と90年代末の復興イベント
―神戸ルミナリエと淡路花博の定量的分析
【脱インフラ・アート活用の21世紀型博覧会手法による
地域・都市観光再生①】

| 1. 1990年代以降のアートイベントの出現

　この章と次章では、1980年代からブームとなった地方博覧会が、芸術祭などのアートを利用したソフト・イベントへと変わっていった背景にはどのような要因があったのか、またその効果が地域の観光にどのように寄与したのかを考察する。

　地方博覧会が開催された大都市や中規模の都市ではインフラ整備が進み、博覧会終了後はソフト面でのまちづくりの試みもなされるようとなった。しかし、小都市や過疎地域は、若年人口の減少による産業の停滞に悩み、存続すら危ぶまれる状況となった。そこで、従来の博覧会の考え方から脱皮した芸術祭という手法が2000年以降注目されるようになってきた。「大地の芸術祭」（第1回2000年）が新潟県・越後妻有で、「瀬戸内国際芸術祭」（第1回2010年）が瀬戸内海の七つの島と高松で開催された。双方の芸術祭のアートディレクターを務める北川フラムは、「1990年代の『まちづくり』は、中心市街地の開発や企業誘致などへの期待と幻想があった。（中略）経済効率至上主義によって起こった日本の農業政策の後退と都市への人口集中、その結果としての集落の高齢化と切り捨てである。このまま経済効率優先で行けば年を追うごとに人はいなくなり、集落が一つずつ崩壊する状況が続いていく

ことになる」(北川 2014) と、政策課題を示し、博覧会をとりまく内外の非常に厳しい現実に対し、アートの力が人を動かし、人を呼び込む力になることを証明して見せた。第1回瀬戸内国際芸術祭は105日間に延べ約100万人の集客があったが、アートに関心のない人も呼び込む祝祭ムードが生まれたことも成功要因の一つであろう。地域活性化、観光振興の重要な手段に芸術祭がなりうることに触発され、各地で開催が計画され実施されるようになってきた。このことは、次に、他の地域とどう差別化するか、開催の必然性はあるのか、また持続する仕組みはできているのかという課題を突き付けることになり、乱立気味の芸術祭の今後の存続が懸念される。

しかし、先述のような世間の注目を集める大規模な芸術祭が始まる以前にアートと地域の再生・創造を結びつける動きは、すでに、1990年代後半から顕著になってきていた。読売新聞のヨミダス歴史館でキーワードによる見出し検索を行った結果が図9-1である。これは、キーワードとして「アートイベント」を用いて検索を行った結果である。1987年から1996年の10年間は毎年0～4件であった。ところが1997年に5件に増えると、そこから毎年急激に増えていき、1998年16件、1999年32件、2006年には100件を超え、最近では130件を超える見出しの記事が掲載されていることがわかった。当初東京本社発行紙面のみであったものが大阪、西部、中部と加わったことも増える要因となってはいるが、2002年からは同じ条件下での増加が続いている。

2. 阪神・淡路大震災と「神戸ルミナリエ」および「淡路花博」の概要

阪神・淡路大震災が起こったのは1995年1月17日5時46分のことであった。淡路島北部を震源地とするマグニチュード7.3の未曾有の都市直下型の大地震であり、甚大な人的被害、家屋の倒壊・焼失、都市基盤の損壊、商業・業務機能の停滞といったさまざまな被害を引き起こした。

(1) 兵庫県の被害状況等（2006年5月19日確定）
　①災害救助法の適用：旧10市10町（神戸・尼崎・明石・西宮・洲本・芦屋・

[第Ⅸ章] 阪神・淡路大震災と90年代末の復興イベント―神戸ルミナリエと淡路花博の定量的分析　199

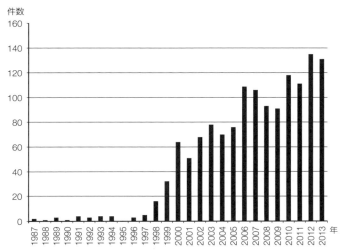

図9-1 ヨミダス歴史館（読売新聞）によるキーワード検索結果・キーワード：「アート　イベント」
出典：筆者作成

伊丹・宝塚・三木・川西の10市、津名・淡路・北淡・一宮・五色・東浦・緑・西淡・三原・南淡の10町）

②死者数：6402人［6434人］

③行方不明：3人［3人］

④負傷者数：4万92人［4万3792人］

⑤住家被害：53万8767棟［63万9686棟］

⑥焼損棟数：7534棟［7574棟］

⑦避難者数（ピーク時：平成7.1.23）：31万6678人

※②～⑥最後尾の［　］内の数値は他府県を含む阪神・淡路大震災全体の数値を表す。

　上記のような甚大な被害を被った神戸市や淡路島の観光の復興に大きな役割を果たしたのが、神戸市における「神戸ルミナリエ」と淡路島における国際園芸・造園博「ジャパンフローラ2000（淡路花博）」である。

　「神戸ルミナリエ」は、大震災に見舞われた1995年12月15日から25日までの11日間、犠牲者への鎮魂の意を込めるとともに神戸の街の復興・再

生への夢と希望を託して開催された。

「淡路花博」は、大震災から5年を経て21世紀を迎え、創造的復興を目指して取り組みが着実に進展し、魅力ある島へと再生を遂げつつある淡路島を舞台に2000年3月18日から9月17日までの184日間開催された。

(2)「神戸ルミナリエ」(写真9-1)

神戸ルミナリエは、アートディレクターのヴァレリオ・フェスティ氏と作品プロデューサーの今岡寛和氏(ルミナリエ日本総代理人)が手がける「光の彫刻」と呼ばれるイベントである。今岡氏は、1990年に、英字新聞を読んでいて偶然に1枚の美しい写真に出会った。これが何であるかを知りたくて方々に問い合わせたという。そして、それが1987年にイタリアのヴァレリオ・フェスティ氏により制作され、テキサス州ヒューストンに設置された「イタリー・イン・ヒューストン」であることがわかった。フェスティ氏はイタリア・ボローニャ大学で総合視覚芸術学を専攻し、ルミナリエだけではなく、パラトゥーラをはじめとするバロック時代の祝祭の流れをくむ民衆の祭りを研究しているアーティストである。今岡氏は、イタリアを訪れた際にフェスティ氏を訪問し、写真で見たルミナリエの感動を伝え、ルネッサンスなどについて語り合った。それがきっかけとなり、神戸での開催に至ったのである。大震災により壊滅的な打撃を被った神戸の街と喪失感を抱く人々を元気づけるために、震災の犠牲者への鎮魂の想いと復興を託した第1回の神戸ルミナリエは「夢と光」をテーマに始まった。光の彫刻によって大きな感動と勇気を与えた第1回神戸ルミナリエには約15万個の電球が使用され、12人のイタリア人スタッフが来日した。

第2回以降のテーマは**表9-1**のとおりであるが、鎮魂から復興へ、そして祝祭へとルミナリエに託す想いの変化を読み取ることができる。鑑賞者の側においても震災を体験した市民の減少などもあり、震災犠牲者の鎮魂の行事としての意義が薄れ、だんだんと観光の要素が強くなってきた。そのような中で開催の原点に立ち返り、大震災の記憶を次世代に語り継ぐ行事として再確認しようとする動きも出てきている。2011年の第17回については、同年3月11日に発生した東日本大震災の被災地と犠牲者への鎮魂の祈りと復興

[第Ⅸ章] 阪神・淡路大震災と90年代末の復興イベント―神戸ルミナリエと淡路花博の定量的分析　201

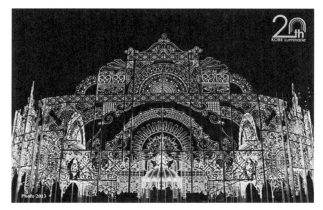

写真9-1　神戸ルミナリエ
出典：神戸ルミナリエ20回記念絵葉書

表9-1　神戸ルミナリエの作品テーマ

回	年度	作品テーマ
1	1995	愛と光（Dei Sognie della Luce）
2	1996	讃歌－輝けるときを求めて（Ode per il tempo di luce）
3	1997	大地の星たちに捧げる（LE STELLE DELLA TERRA）
4	1998	光の星空（FIRMAMENT DI LUCE）
5	1999	"Pure"な光の下で（Nel cielo di pura lice）
6	2000	光の永遠（インフィニティ）（L'INFINITO）
7	2001	光の願い（デジデリオ）（Desiderio di Luce）
8	2002	光のぬくもり（La Luce ē Vita）
9	2003	光の地平線（オリゾンテ）（La luce dell' Orizzonte）
10	2004	神戸、光の都（La citta della Luce）
11	2005	光の第二章（Inizia il secondo capitolo della Luce）
12	2006	光の魅惑（L'Incanto del Cielo）
13	2007	光の紀元（L'era della Luce）
14	2008	光のインフィニート（Luce d'infinito）
15	2009	光の抱擁（L'abbraccio della luce）
16	2010	光の心情〜輝きの記憶を留めるために〜（Il cuore nella luce）
17	2011	希望の光（Luci di speranza）
18	2012	光の絆（La Luce di KIZUNA, la solidarietā, la fratellanza e il legame）
19	2013	光の記憶（Memoria della Luce）
20	2014	神戸　夢と光（Kobe citta dei Sogni e della Luce）
21	2015	心の中の神戸（NEL CUORE KOBE）

出典：神戸ルミナリエ組織委員会資料より筆者作成

支援のエールを送る行事と位置づけて、テーマを「希望の光」として開催された。その会場内には東日本復興支援ゾーンを設置し、東日本大震災被災地支援募金活動などが行われた。

　阪神淡路大震災の犠牲者の鎮魂と復興を願う光の祭典である神戸ルミナリエも、2015年には震災から20年を過ぎたことから、開催主旨から「復興」の文字が消え、あらたに「街の魅力発信」「神戸への集客」が加わることとなった。

(3) 国際園芸・造園博「ジャパンフローラ2000」

　淡路花博は通称である。正式には、国際園芸家協会（AIPH）が承認する園芸と造園の国際博覧会である、「国際園芸・造園博『ジャパンフローラ2000』」である（**図9-2**）。

● 開催概要

名称：国際園芸・造園博「ジャパンフローラ2000」
テーマ：人と自然のコミュニケーション
会期：2000年3月18日～9月17日（184日間）
主会場：国営明石海峡公園（淡路地区）と淡路夢舞台ほか96ヘクタール
　　　（**写真9-2**）
主催：国際園芸・造園博「ジャパンフローラ2000日本委員会」財団法人
　　　夢の懸け橋記念事業協会
入場者数：694万5336人（当初予想500万人）

　見どころの国際庭園には、世界23カ国、国内22府・県・市がそれぞれ地域性を活かした庭園を出展した。この他にも、「緑と都市の館」は、太古からの人と緑の関わり方を紹介するパビリオンで、吊り橋のような上から熱帯雨林のパノラマを映像で見る仕組みとなっている。夢舞台ゾーンには夢舞台温室や百花苑があり、回廊で結ばれた会場は多くの人々に自然の恵みに共感する気持ちを与えた。

　阪神・淡路大震災の震源地に近い淡路島での開催は二つの大きな意義があ

図9-2 『淡路花博ジャパンフローラ2000公式ガイドブック』
出典：国際園芸・造園博「ジャパンフローラ日本委員会」

写真9-2 会場風景
出典：筆者撮影

表9-2 淡路地区、神戸地区の観光客数の推移

	1993	1994	1995	1996	1997	1998	1999	2000	2001	2002
淡路地区	8,890	7,886	6,009	7,029	7,233	22,975	15,027	17,310	10,347	10,800
神戸地区	27,500	22,150	12,280	21,130	22,710	25,130	26,310	25,250	27,670	27,128
	2003	2004	2005	2006	2007	2008	2009	2010	2011	2012
	10,653	10,615	10,694	11,971	11,545	11,252	12,128	9,779	9,141	9,880
	28,226	29,566	28,808	30,653	30,024	30,860	31,930	31,790	30,956	32,820

出典:神戸市観光統計より筆者作成

ると考える。一つは大震災からの復興が着実に進んでいることの国内外へのアピールである。もう一つは関西国際空港をはじめ大阪湾の埋め立てのための土砂採取により失われた自然の回復である。国営公園化し整備することで豊かな緑が戻りつつあった。1990年に大阪・鶴見緑地で開催された国際花と緑の博覧会の理念を受け継ぎ、自然との共生を図り地球環境の保全への貢献が期待されていた。

3. 阪神・淡路大震災と復興イベントとしての神戸ルミナリエと淡路花博の定量的分析

　1993年から2012年の20年間の淡路島および神戸地区の観光客の推移を見る。淡路島、神戸地区それぞれが1995年の大震災の影響を受けて大きく減少しているのがわかる（**表9-2・3、図9-3**）。

　個別に見てみると、淡路島では対前年23.8％減（日帰り21.5％減、宿泊31.7％減）となっている。そこから回復基調に入るのだが、観光の大きな転機となったのは突出して数値が上昇している1998年である。

　要因は二つあるが、最も淡路島の観光に貢献したのは明石海峡大橋の開通である。4月5日から供用開始となると車、バスでの観光客が大勢押し寄せた。全長3911m、中央支柱間1991mの世界最長の吊り橋である明石海峡大橋自体の魅力と、フェリー利用なしで行けることの利便性は淡路島への観光を大きく変えることとなった。しかし一方で、本州と淡路島、本州と四国が陸続きとなったことでフェリーを運航する会社の撤退や減便などの影響をもたらした。次に、大震災で出現した野島断層が保存された「北淡震災記念公園・

[第IX章] 阪神・淡路大震災と90年代末の復興イベント—神戸ルミナリエと淡路花博の定量的分析   205

表9-3 淡路地区、神戸地区の観光客数の推移(日帰り・宿泊の内訳)

1995.1.17阪神・淡路大震災　　2000.3.18〜9.17淡路花博（ジャパンフローラ2000）

	1993	1994	1995	1996	1997	1998	1999	2000	2001	2002
淡路地区	8,890	7,886	6,009	7,029	7,233	22,975	15,027	17,310	10,347	10,800
内訳・日帰り	6,740	6,099	4,788	5,607	5,822	20,506	13,172	15,756	8,956	9,368
内訳・宿泊	2,150	1,787	1,221	1,422	1,411	2,469	1,855	1,554	1,391	1,432
神戸地区	27,500	22,150	12,280	21,130	22,710	25,130	26,310	25,250	27,670	27,128
内訳・日帰り	19,085	15,505	8,596	14,791	15,897	17,842	19,206	18,559	19,922	21,405
内訳・宿泊	8,415	6,645	3,684	6,339	6,813	7,288	7,104	6,691	7,748	5,723
神戸ルミナリエ			2,543	3,855	4,732	5,163	5,157	4,737	5,190	4,640

	2003	2004	2005	2006	2007	2008	2009	2010	2011	2012
淡路地区	10,653	10,615	10,694	11,971	11,545	11,252	12,128	9,779	9,141	9,880
内訳・日帰り	9,198	9,184	9,257	10,408	10,000	9,945	10,759	8,416	7,771	8,458
内訳・宿泊	1,455	1,431	1,437	1,563	1,545	1,307	1,369	1,363	1,370	1,422
神戸地区	28,226	29,566	28,808	30,653	30,024	30,860	31,930	31,790	30,956	32,820
内訳・日帰り	21,339	22,618	20,885	21,426	18,945	20,584	22,606	27,500	26,546	28,370
内訳・宿泊	6,887	6,948	7,923	9,227	11,079	10,276	9,324	4,290	4,410	4,450
神戸ルミナリエ	5,066	5,383	4,358	4,650	4,043	3,755	3,650	3,434	3,421	3,401

出典：神戸市観光統計より筆者作成

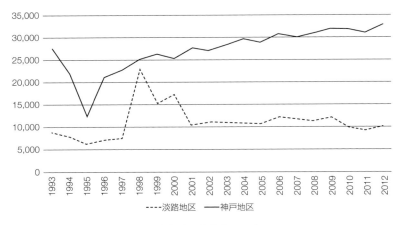

図9-3 神戸市と淡路地区の観光客数の推移（グラフ）
出典：神戸市観光統計より筆者作成

野島断層保存館」の開館である。開館後3カ月で約100万人が訪れた。野島断層は総延長約10kmに及ぶとされ、同年7月に国の天然記念物に指定されている。

　この年の宿泊者数も前年対比75％増の247万人となったが、翌年は185万人に落ち込んだ。その翌年（2000年）の淡路花博の影響は宿泊者数の伸びにはつながらず155万人となっている。以降徐々に減り、ほぼ140万～150万人台で推移している。しかし日帰り客の増加には寄与しており、1998年2000万人を超えた。その日帰り客が翌年には1317万人に減少したが淡路花博のお蔭で1575万人にまで回復している。だがその反動により2001年の日帰り客数は895万人と前年の約43％減となってしまった。その後1000万人を超えたのは2006、2007、2009年のみで、最近では900万人弱で安定している状況が続いている。

　神戸地区に関しては、神戸ルミナリエの観客が300万～500万人あり毎年の観光客数を押し上げているのがわかる。とくに、大震災の年から始まったこのイベントの成功により翌年にはすでに震災前年を超え、以後順調に観光客数を伸ばしてきている。推移を見ると2007年に日帰り客が大きく落ち込み、逆に宿泊客数が増えている。また2010年にはそれと逆の現象が起こり、日帰り客数が伸び宿泊客数が減少している。この原因には次の点が考えられる。2007年は神戸ルミナリエの開催日数がそれまでの14日間が12日間に減ったことで前年より約60万人の減、加えて前年、神戸空港開港で賑わった見物客が大幅に減ったことがあげられる（2006年168万人→2007年52万人[1]）。

　また動員数においては14万人と少ないが「神戸ビエンナーレ2007（総合芸術祭）」の開催は、芸術文化が復興への勇気を与えるという大きな役割を果たした。

- 神戸ビエンナーレ2007

　開催趣旨：神戸の街の歴史・経験を踏まえ、震災後10年を機とした2004（平成16）年12月4日、文化を活かしたいきいきとした進化するまちづくりの基本理念として内外に発信する機会を設け、神戸の芸術文化の更なる振興を図るとともに、まちの賑わいや活性化につなげる試みとして、

2年に1度の芸術文化の祭典を開催する。
会期：2007年10月6日〜11月25日
会場：神戸メリケンパーク（神戸市中央区波止場町）
テーマ：出合い〜人・まち・芸術
内容：現代アートの「アート・イン・コンテナ展」や海外招待作家展を始めとした常設展示と、いけばな、陶芸、日本画・洋画、写真、書、工芸などの各種展示を柱として、そのほかチャペルコンサートやアート・ワークショップ、大道芸、音楽ステージなどの多彩なイベントを実施。

2010年の日帰り客数の伸びに関しては、「鉄人28号（長田区）モニュメント」効果の通年化や「市立博物館」の入場者が前年比219％になるなど美術館・博物館の入場者の増加、六甲山の「六甲枝垂れ」の完成など着実に観光施策を実施してきたことが実を結んだといえよう。

また2012年には、NHKの大河ドラマ『平清盛』（1月8日〜12月23日・50回放送）が、日帰り客数の伸びに貢献したが、宿泊者増には至らなかった。このドラマについては、放送が始まったばかりの段階で兵庫県知事が「画面が汚い」と文句をつけたことが話題となった。きらびやかな福原京のイメージとテレビ画面でのあばら家や行き交う人々の衣服の汚さのギャップに対しての苦情であったのであろう。そのせいとはいえないが、過去の大河ドラマの観光への貢献度と比較をすると神戸への観光客誘致については低い数値を示している。

4. 小 括

この章では、脱・インフラの21世紀型博覧会手法による地域・都市観光再生について、1995年の阪神・淡路大震災の復興イベントとして開催され現在まで継続されている二つのイベントについて、その経緯、意義の検証と地域・都市観光再生の効果分析を行った。一つは「ジャパンフローラ2000（淡路花博）」である。大震災の教訓に学び、花・緑・水を基調にした安全で快適なまちづくりの提案が開催意義にあった。その後、「淡路花博2010」に引

き続き「淡路花博2015」が開催された。また大震災で多くの犠牲者を出したが、その年12月に鎮魂と追悼、街の復興を祈念して開催されたのが「神戸ルミナリエ」である。

　淡路島の日帰り客の増加には淡路花博は一時的ではあるが寄与している。1998年2000万人を超えた日帰り客が翌年には1317万人に減少したが、淡路花博のお蔭で1575万人にまで回復したのである。しかしその反動により2001年の日帰り客数は895万人と前年の約43％減となってしまった。最近では900万人弱で推移する状況が続いている。最近の地震の頻発や火山の噴火の状況などをみると、そのうち大きな自然災害が日本を襲うかもしれないという危機感が増している。防災意識の醸成という観点からも野島断層保存館の存在は大きいといえる。また神戸地区に関しては、神戸ルミナリエの観客が300万〜500万人あり毎年の観光客数を押し上げているのがわかる。

　『読売新聞』の「ヨミダス歴史館」での見出しキーワード検索において、「アート　イベント」と検索したところ、2000年前後から急速に増えているのがわかった。

　そこで、次章では、その代表的なアートイベントである「大地の芸術祭」と典型的な地方都市での「信楽まちなか芸術祭」を分析対象とする。「大地の芸術祭」においては地元地域への経済効果の測定を行い、「信楽まちなか芸術祭」においては人災による事故からの復興と、地域ブランドとしての観光再生を遂げようとする経緯を論述する。

補注
1）神戸市国際文化観光局観光交流課（2008）『平成19年の神戸観光（観光入込客数）』。

第 X 章

アートイベントを活用した地域活性化の経済効果モデル
【脱インフラ・アート活用の 21 世紀型博覧会手法による地域・都市観光再生②】

1. 大地の芸術祭

　1955 年前後の昭和の大合併と市制・町制施行により、新潟県越後妻有地域は、25 の市町村から十日町市、津南町、川西町、中里村、松代町、松之山町の 6 市町村となった。さらに 2005 年の平成の大合併で十日町市、津南町の 2 市町となっている。

　新潟県では、1994 年、「ニューにいがた里創プラン」を策定した。これは、市町村を 14 の広域行政圏に分けて、それぞれの市町村が連携して独自の価値を発信するという事業で、その総事業費の 6 割を補助するというものであった。この第 1 号の指定を受けたのが十日町市を中心とした 6 市町村からなる十日町広域行政圏の「越後妻有アートネックレス構想」であった。そもそもこのプランは、広域行政圏独自のコンセプトに基づく地域の魅力を再構築し、住民主体で参画するというものであり、新たに建物を建設するのではなく、サービスによるソフト事業を重視した取り組みである。しかし、越後妻有では、ソフト事業としての「大地の芸術祭」と合わせて、ステージ整備事業として、十日町市の越後妻有交流館「キナーレ」、松代町の「まつだい農舞台」、松之山町の森の学校「キロロ」などや国・県事業として道路改良整備、森林空間総合整備、公園などの観光施設整備などのハード事業も同時に継続

して行われている。

越後妻有アートネックレス構想の主な事業内容は下記のとおりである。「大地の芸術祭」は、この事業の中の一つのプロジェクトとして始まったものである。

「大地の芸術祭」は、アートを媒介とする地域の魅力の再発見、交流人口の増加や世界に向けた情報発信を狙いとしている。「人間は自然に内包される」をテーマに、アーティスト、住民、サポーターらが地域・ジャンル・世代を超えて協働し、その成果である芸術作品、施設、人々のネットワークを基盤として、失われつつある自然環境や棚田、風習、集落などを再生、再構築することで地域に活性化を目指した3年に1度の国際芸術展である（第1回2000年、第2回2003年、第3回2006年、第4回2009年、第5回2012年、第6回2015年開催）。

(1) **大地の芸術祭にかかる主な四つの事業の概要（図 10-1）**

1）大地の芸術祭

公共工事など恒久的な事業と地域住民と協働者の活動の両面におけるアートネックレス整備事業の成果を、アーティストの助力を得ながら3年に1度公開し、広く周知するための国際芸術展である。

2）花の道事業

花を使って広域を繋ぐ美しい交流ネットワークづくり。ポケットパークやサインなどを含め、総合的な景観形成と地域らしいインフラ整備を推進する。

3）越後妻有 8 万人のステキ発見事業

地域の魅力を再発見するために行われた写真と言葉のコンテスト（1998～1999年度実施）。総数3114点の応募を得る。

4）ステージ整備事業

地域の特性を活かしたコミュニティの核であり、交流拠点ともなる自然体感型空間を整備する。地域外の人々との協働と住民参加の場として位置づけ

[第Ⅹ章] アートイベントを活用した地域活性化の経済効果モデル　211

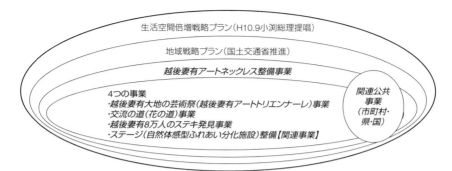

図10-1 大地の芸術祭にかかる主な事業の概要
出典：新潟県総務管理部統計課『大地の芸術祭 越後妻有アートトリエンナーレ2003の開催にかかる経済波及効果』2003年より

られる施設群である。2003年夏には、地域の展望を拓く交流施設（通称：ステージ）が三つ開館。それぞれのステージでは建築家とアーティストのコラボレーションがふんだんに計画されていて、作品を巡る里山の旅の周遊拠点となる。

● 十日町ステージ

「越後妻有交流館」は、かつて盛んに催された「節季市」をイメージし、人・モノ・情報が交差する広域全体の拠点となる。原広司＋アトリエ・ファイ建築研究所による建築計画は、1辺72mの回廊部と温泉棟からなる。回廊部の中央には池が配され、イベント開催時はこの水を排水してオープンエアの会場に転用。回廊は基本的に半屋外空間となっており、ここでさまざまな交流を目的とした「楽市楽座」が運営され、回廊部の2階は地場産業である絹織物の体験施設が組み込まれ、地域の産業を紹介。ネオンを使った作品など、アーティストたちが夜の十日町を彩る。

● 松代ステージ

「雪国農耕文化村センター」は、農業と雪国の文化をテーマとし、自然に包まれた暮らしへと向かう社会的な価値観の変化と、情報技術に発達による個人のライフスタイルの変化に対応し、都市と農村の交流による地域づくりをリードする。設計は、今、世界で最も注目を集めるオランダの建築家グル

ープ MVRDV が担当。建築プログラムと構造が一体化され、構造がシンボリックな意匠的な表現にもなっている。またカフェレストラン、屋上庭園、グッズショップなどそれぞれの施設は、アーティストとのコラボレーションにより特徴ある空間演出がなされる。

● 松之山ステージ

「森の学校」は、自然科学から生活・文化にいたる町内のあらゆる情報が集められ、そこで得た情報をもとに、来館者が森や里山という地域の生きた教科書の中へと入っていくための扉となる。里山の維持と活用といった森づくりを通じて、「里山と都市の交換」の核となり、最先端の自然科学の成果やグローバルな環境問題にまで広がるプログラムづくりを目指したものである。建築は、応募資格不問のコンペティションにより選ばれた手塚貴晴＋由比氏の設計で、冬には雪の断面を観察できる大きな 1 枚のアクリル窓をもち、宇宙線や水、音等の自然を感覚で体験することをテーマとした五つの作品とコラボレーションする。全体のアドバイザーは宇宙物理学者の池内了氏である。

(2) **大地の芸術祭ネットワークと来訪者**

大地の芸術祭の総合ディレクターを務める北川フラム（2014）は、「海外の作家に越後妻有を説明し案内するときは、きれいな風景や山菜のおいしさではなく、効率化で捨てられる棚田、増える空き家、織物産業の崩壊など衰退の経緯を話します。そこを作品の出発点にしてほしいからです」「農業などができなくなることで誇りを失うことが人々にとって最大の問題だと感じました。美術を通じ、地域の人に誇りを取り戻してもらうことはできないか、美術というものに意味があるならきっとできる」と語っている。地域活性化の手段として多くの地域がアートを利用した芸術祭、トリエンナーレなどのイベントを開催しているが、はたして、北川のいうような考えに基づいた実行委員会の覚悟があるのかが問われている。地域の課題である交流人口の増加、商業・観光業の活性化、情報発信による知名度アップなどの解決策としての有効性はあるものの、取り組む地域には継続に対する意志やアートへの理解が求められる。

現在、国の制度に、「地域おこし協力隊」という、主に三大都市圏の住民を過疎に悩む自治体が受け入れ、任期後の定住につなげる制度がある。1人当たり年間400万円（最長3年）を上限に国が自治体に交付する。自治体の負担は原則ゼロで、ハコモノに比べれば低コストで済む。スタートから5年目の2013年度の隊員は978人となり、前年度の1.6倍に増えている。『朝日新聞』（2014年9月29日付）によると、この制度による定住促進は一定の成果が出始めており、総務省の2013年度の調査では、地元企業に勤めたり起業したりして任期後も同じ市町村に定住している隊員は48％、周辺市町村への定住を含めれば56％となっている。中でも十日町市は、同年度の「地域おこし協力隊」隊員が19人と受け入れ市町村で最多であった。この理由としては、受け入れを希望する各地区に、隊員に求める役割の明示のほか、世話役や住宅の手配を求めるなど事前準備に力を入れたことなどが挙げられているが、大地の芸術祭の知名度が大きく貢献していると考えられる。十日町市では隊員の任期を終えた21人のうち14人が市内に定住し、家族を含めれば30人近い住民が加わることになり、一定の成果があったといえるであろう。また大地の芸術祭の開催を通じて、住民に「よそ者」に対する受け入れ意識の変化があったと思われる。

　この芸術祭では「こへび隊」（図10-2）というボランティアスタッフの貢献が大きい。都市部から来たスタッフが地域の人々とともに運営にあたることで、よそ者に対して閉鎖的であった意識が仲間意識に変化していったのである。地域おこし協力隊員が定住を決めたのも、そのような住民の意識を感じ取ったからであり、また芸術祭をきっかけに地域の主婦、農家などに起業する気運が醸成され、農家レストランやジャム作りなどの新しいビジネスが生まれている。このような環境の変化もＩターンを決めるに際して影響していると考えられる。

　2000年の第1回大地の芸術祭は、アートを地域振興の手法とする斬新さへの注目と、その効果への疑問が相半ばした状況のもと開催された。地域住民の理解・協力の面で課題を残しながらも、交流人口の増加、地域の情報発信、地域の活性化の点などで一定の成果は収めたと実行委員会として評価している[1]。

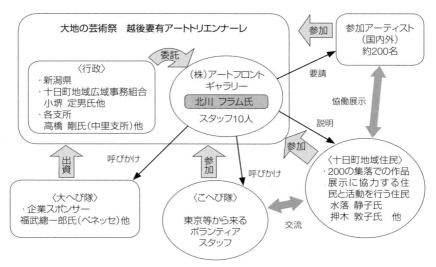

図10-2 大地の芸術祭ネットワーク
出典:財団法人関西情報・産業活性化センター『地域の人材形成と地域再生に関する研究・報告書』2007年より

　また、2003年の第2回大地の芸術祭では、第1回の反省をふまえ住民に対し準備段階から意見を求めながら進めた。参加アーティストの地域の文化・歴史・習慣等を尊重した対応や各エリアの独自の展開もあり順調に推移した。

(3) 中越地震の影響

　2006年の第3回大地の芸術祭の開催においては、過去の芸術祭とは異なる障害が生じていた。第2回の翌年、2004（平成16）年に起こった中越大地震と、その後2年続いた豪雪による自然災害である。

　中越地震（M6.8）は、2004年10月23日の17時56分に発生し、川口町役場で震度7を記録。その後、余震が18時11分に小千谷市で震度6強、18時34分に川口町・十日町市・小国町で震度6強、22時40分に魚沼市で震度6弱と頻発した。被災地は、広域にわたり、わが国有数の豪雪地帯である中山間農村地帯を直撃した。越後妻有の地域においても建物、道路が損壊、田畑や水路などの農業基盤施設や既設作品も大きな損害を被り、住民が受けた精神的・肉体的ダメージも深刻であった。このような状況の中での開催は

表10-1 第1回から第5回までの観客数の推移表

	2000 7.20～9.10	2003 7.20～9.7	2006 7.23～9.10	2009 7.26～9.13	2012 7.29～9.17
アート作品鑑賞者	132,400	193,400	334,505	360,420	471,758
関連イベント参加者	30,400	11,700	14,492	14,891	17,090
合計	162,800	205,100	348,997	375,311	488,848

出典：越後妻有大地の芸術祭実行委員会『大地の芸術祭・総括報告書』（第1～5回）2000～2013年より筆者作成

越後妻有が復興を遂げつつあることを発信する機会となるとともに、住民の誇りを取り戻す機会ともなった。また準備が半年も遅れるなどの困難もあったが、結果として新たな作品205点、既設作品129点と合わせて334点が鑑賞可能となり、来訪者数も過去最高の約35万人（**表10-1**）となった。

2.「大地の芸術祭 越後妻有アートトリエンナーレ2006」の経済効果（消費）の精密分析結果

ここでは、21世紀のアート型新博覧会というべき、新潟県の「大地の芸術祭 越後妻有アートトリエンナーレ2006」の経済効果（消費分）を独自に詳細に分析した結果を明らかにする。

これについては、新潟県が県全体への効果を大きく推定しているものがある（**図10-3**）。しかしながら、本研究の主目的である地域振興の観点からは、博覧会地元の「十日町市」と「津南町」への効果があったのか、なかったのかを推定することが非常に重要である。

そこで本研究では、これまではやられてこなかったが、さらに県内の各市区長村（**図10-4**）への効果を精密評価することを行う。

(1) 分析内容

1. 小地域への分解については、地域経済活動の大きさを示す指標で按分するが、①小地域のGDP的指標、とくに市町村所得、ないし②従業者数を目安にすることが多い。ここでは、事業所統計（2006年版）により、②から「産業×市町村」の従業者数を推定し、全地域（ここでは県）を100％とした「地域シェア行列」を作成した。

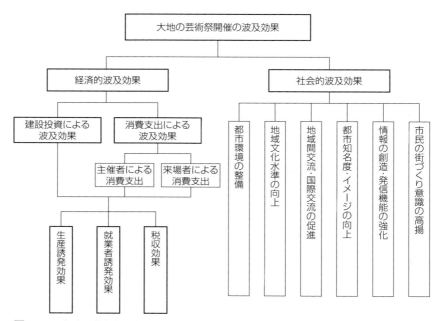

図10-3 大地の芸術祭開催の波及効果概念図
出典:新潟県総務管理部統計課『大地の芸術祭 越後妻有アートトリエンナーレ2003の開催にかかる経済波及効果』2003年より

2. 地域外への漏れ比率は、便宜上、県と同レベルのものとした。
3. 以上の仮定から、以下のステップで経済効果を算出した。

● 初期直接効果（E0とする）

まず、初期直接効果は、資料『大地の芸術祭 越後妻有アートトリエンナーレ2006の開催にかかる経済波及効果』173頁の表18「大地の芸術祭開催にかかる消費支出額（産業部門別分類）」(**表10-2**)から、県外への支出額の漏れを勘案した「県内産業に対する需要額」(A)を引用する。

次に、この(A)が100％地元の「十日町市」と「津南町」に按分されると仮定した。これを「十日町市」と「津南町」に按分するにあたっては、両者の観光入り込み数（大地の芸術祭開催期間中）を用いた。

[第Ⅹ章] アートイベントを活用した地域活性化の経済効果モデル　217

図10-4　新潟県市町村図
出典：新潟県市町村課(2006年4月現在)

● 間接1次波及効果（E1とする）

　資料『大地の芸術祭　越後妻有アートトリエンナーレ2006の開催にかかる経済波及効果』176頁の表19（**表10-3**）で「1次波及効果（県内生産誘発額）」(B)と記載されている数値は「初期直接効果」プラス「間接1次波及効果」になっている。

　そのため、ここでいう「間接1次波及効果」を明確にするため、(C)＝(A)－(B)を産業部門別に計算し、間接1次波及効果(C)とする。

　この間接1次波及効果(C)を「地域シェア行列」を用いて各市区町村に按分した。

表10-2 大地の芸術祭開催にかかる消費支出額（産業部門別分類）と県内産業に対する需要額

(単位:百万円)

番号	産業部門別分類	消費支出額合計		県外流出分	県内産業（生産品）に対する需要額
		購入者価格	生産者価格		
1	農林水産業	47	34	13	21
2	鉱業	0	0	0	0
3	食料品	181	119	85	34
4	繊維製品	73	41	32	9
5	パルプ・紙・木製品	7	6	4	2
6	化学製品	16	13	11	2
7	石油・石炭製品	171	129	116	13
8	窯業・土石製品	23	17	7	10
9	鉄鋼	0	0	0	0
10	非鉄金属	0	0	0	0
11	金属製品	0	0	0	0
12	一般機械	0	0	0	0
13	電気機械	1	1	1	0
14	輸送機械	0	0	0	0
15	精密機械	1	1	1	0
16	その他の製造工業	71	53	40	13
17	建設	0	0	0	0
18	電力・ガス・熱供給	0	0	0	0
19	水道・廃棄物処理	0	0	0	0
20	商業	0	162	32	130
21	金融・保険	0	0	0	0
22	不動産	1	1	0	1
23	運輸	565	581	3	578
24	通信・放送	9	9	0	9
25	公務	0	0	0	0
26	教育・研究	0	0	0	0
27	医療・保健・社会保障・介護	2	2	0	2
28	その他の公共サービス	0	0	0	0
29	対事業所サービス	242	241	0	241
30	対個人サービス	1,671	1,671	0	1,671
31	事務用品	1	1	0	1
32	分類不明	0	0	0	0
	合計	3,082	3,082	345	2,737

資料:十日町地域広域事務組合資料より作成。
注:四捨五入の関係で合計と内訳の計が一致しない場合がある。
出典:新潟県総務管理部統計課「大地の芸術祭・越後妻有アートトリエンナーレ2006の開催にかかる経済波及効果」http://www.pref.niigata.lg.jp/HTML_Simple/230/51/7,0.pdf

表10-3 大地の芸術祭開催にかかる消費支出による経済波及効果のまとめ

(単位:百万円)

	※消費支出額	1次波及効果			2次波及効果			総合効果(1次+2次)			誘発就業者数(人)
		県内生産誘発額	粗付加価値	雇用者所得	県内生産誘発額	粗付加価値	雇用者所得	県内生産誘発額	粗付加価値	雇用者所得	
1 農林水産業	34	56	34	4	9	6	1	65	39	5	30
2 鉱業	0	6	3	1	1	1	0	7	4	1	0
3 食料品	119	88	32	14	21	8	3	109	40	18	6
4 繊維製品	41	12	5	3	2	1	1	14	6	4	2
5 パルプ・紙・木製品	6	16	5	2	2	1	0	18	6	3	1
6 化学製品	13	7	3	1	2	1	0	10	3	1	0
7 石油・石炭製品	129	23	7	1	2	1	0	25	7	1	0
8 窯業・土石製品	17	15	6	3	1	1	0	16	7	3	1
9 鉄鋼	0	1	0	0	0	0	0	1	0	0	0
10 非鉄金属	0	0	0	0	0	0	0	0	0	0	0
11 金属製品	0	4	2	1	1	0	0	5	2	1	0
12 一般機械	0	3	1	1	0	0	0	4	2	1	0
13 電気機械	1	3	1	1	4	1	1	7	3	1	0
14 輸送機械	0	4	1	1	2	1	0	5	2	1	0
15 精密機械	1	0	0	0	0	0	0	1	0	0	0
16 その他の製造工業	53	29	13	8	5	2	1	34	15	9	2
17 建設	0	29	14	10	9	4	3	37	18	14	3
18 電力・ガス・熱供給	0	69	42	3	20	12	1	89	54	4	0
19 水道・廃棄物処理	0	44	31	15	7	5	2	51	36	18	3
20 商業	162	268	190	114	88	62	38	356	252	152	51
21 金融・保険	0	111	75	32	38	26	11	148	101	43	8
22 不動産	1	52	46	1	142	125	2	194	171	3	1
23 運輸	581	705	316	194	35	16	10	740	332	204	49
24 通信・放送	9	61	40	15	21	14	5	82	54	21	3
25 公務	0	2	2	1	2	2	1	5	4	2	0
26 教育・研究	0	9	7	6	11	9	7	20	16	13	2
27 医療・保健・社会保障・介護	2	2	1	1	23	14	12	26	16	13	3
28 その他の公共サービス	0	13	7	5	9	5	4	22	12	9	3
29 対事業所サービス	241	431	262	138	33	20	10	463	282	149	42
30 対個人サービス	1,671	1,701	968	482	73	41	21	1,774	1,009	502	263
31 事務用品	1	9	0	0	1	0	0	10	0	0	0
32 分類不明	0	13	4	1	3	1	0	16	5	1	0
合計	3,082	3,786	2,119	1,060	568	378	136	4,354	2,497	1,197	475

※初期需要
注:四捨五入の関係で合計と内訳の計が一致しない場合がある。
出典:新潟県総務管理部統計課「大地の芸術祭・越後妻有アートトリエンナーレ2006の開催にかかる経済波及効果」http://www.pref.niigata.lg.jp/HTML_Simple/230/51/7,0.pdf

- 間接2次波及効果（E2とする）

間接2次波及効果は、資料『大地の芸術祭　越後妻有アートトリエンナーレ2006の開催にかかる経済波及効果』176頁の表19で「2次波及効果（県内生産誘発額）」（D）の数値を引用するが、そのままの数値を小地域へ分解すると、2次波及効果の実態を正確に反映したものにならない。そのため、この（D）を以下の二つの部分に分ける。

- 直接効果からの派生分（E2-1）

2次波及効果というのは、1次波及までの生産の増加によって生じる従業者の所得の増加がもたらす経済波及効果である。

よって、初期直接効果が100％地元に落ちると仮定している以上、「初期直接効果からの2次波及効果」も100％地元に帰着するとみるのが妥当であろう。

「十日町市」と「津南町」の按分比率は、上と同様に観光入り込み数（大地の芸術祭開催期間中）を用いた。

- 間接1次波及効果からの派生分（E2-2）

「間接1次波及効果からの2次波及効果」は、「地域シェア行列」で各市町村に按分するのが妥当である。よって、「間接1次波及効果からの派生分」を計算し、それを上の「地域シェア行列」を用いて各市町村に按分する。

それぞれの市町村に配分した金額の一覧は（**表10-4**）にまとめた。

(2) 分析結果

1. 初期直接効果（E0）：「十日町市」+「津南町」で約27億3700万円である。
2. 1次波及効果（E1）：各市町村合わせて、約10億4900万円である。
3. 2次波及効果（E2）：各市町村合わせて、約5億6800万円である。
4. 総効果（Eall）は、上記E0+E1+E2であり、各市町村合わせて、約43億5400万円である。
5. 地域ごとの特徴

1）以下の図において、会場である「十日町市」+「津南町」に隣接している市町村は、「長岡市」「柏崎市」「小千谷市」「上越市」「魚沼市」「南魚

表10-4　経済効果市町村別一覧表　(単位:百万円)

	E0	E1	E2	Eall
201 新潟市	0.00	407.28	144.35	551.63
202 長岡市	0.00	137.82	44.26	182.07
204 三条市	0.00	39.43	13.62	53.04
205 柏崎市	0.00	50.36	17.15	67.51
206 新発田市	0.00	38.18	13.25	51.43
208 小千谷市	0.00	16.47	5.75	22.23
209 加茂市	0.00	8.11	3.08	11.19
210 十日町市	2655.55	21.17	209.68	2886.40
211 見附市	0.00	13.26	3.83	17.08
212 村上市	0.00	12.95	4.87	17.82
213 燕市	0.00	30.81	10.51	41.32
216 糸魚川市	0.00	18.30	5.76	24.06
217 妙高市	0.00	10.88	4.39	15.28
218 五泉市	0.00	15.18	4.87	20.05
222 上越市	0.00	85.10	28.50	113.60
223 阿賀野市	0.00	13.62	3.85	17.47
224 佐渡市	0.00	26.92	9.55	36.47
225 魚沼市	0.00	13.48	3.89	17.36
226 南魚沼市	0.00	26.36	10.66	37.02
227 胎内市	0.00	11.29	3.50	14.78
307 聖籠町	0.00	13.81	2.84	16.65
342 弥彦村	0.00	2.11	0.56	2.67
361 田上町	0.00	1.95	0.58	2.53
385 阿賀町	0.00	3.60	0.94	4.53
405 出雲崎町	0.00	1.44	0.42	1.86
441 川口町	0.00	1.68	0.38	2.06
461 湯沢町	0.00	6.72	4.77	11.49
482 津南町	81.45	4.61	7.50	93.57
504 刈羽村	0.00	2.08	1.10	3.18
581 関川村	0.00	2.59	0.59	3.17
582 荒川町	0.00	4.54	1.25	5.79
583 神林村	0.00	2.36	0.63	2.99
584 朝日村	0.00	2.29	0.47	2.76
585 山北町	0.00	2.01	0.62	2.63
586 粟島浦村	0.00	0.26	0.04	0.30
合計	2737.00	1049.00	568.00	4354.00
20%水準	547.40	209.80	113.60	870.80
5%水準	136.85	52.45	28.40	217.70
2%水準	54.74	20.98	11.36	87.08
1%水準	27.37	10.49	5.68	43.54

出典:筆者作成

222

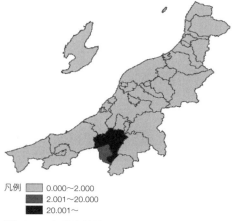

凡例　　0.000〜2.000
　　　　2.001〜20.000
　　　　20.001〜

図10-5　初期直接効果水準区分図（E0）
出典：筆者作成

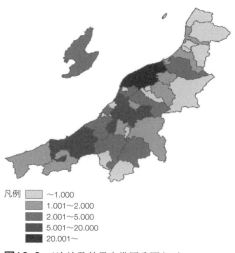

凡例　　〜1.000
　　　　1.001〜2.000
　　　　2.001〜5.000
　　　　5.001〜20.000
　　　　20.001〜

図10-6　1次波及効果水準区分図（E1）
出典：筆者作成

[第X章] アートイベントを活用した地域活性化の経済効果モデル　223

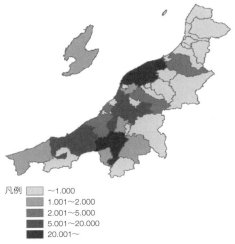

凡例　〜1,000
　　　1,001〜2,000
　　　2,001〜5,000
　　　5,001〜20,000
　　　20,001〜

図10-7　2次波及効果水準区分図（E2）
出典：筆者作成

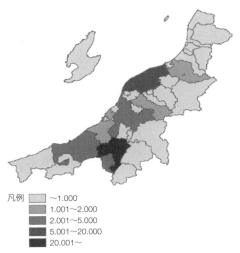

凡例　〜1,000
　　　1,001〜2,000
　　　2,001〜5,000
　　　5,001〜20,000
　　　20,001〜

図10-8　総効果水準区分図（Eall）
出典：筆者作成

沼市」「湯沢町」である（図10-4）。
2）初期直接効果（E0）が大きいところは、「十日町市」+「津南町」である（図10-5）。
3）1次波及効果（E1）が大きいところは、5％水準では「新潟市」「長岡市」「柏崎市」「上越市」、2％水準では「三条市」「新発田市」「十日町市」「燕市」「佐渡市」「魚沼市」「南魚沼市」であり、地元の「十日町市」以外では、大きな都市か隣接市町村である（図10-6）。
4）2次波及効果（E2）が大きいところは、5％水準では「新潟市」「長岡市」「上越市」および地元の「十日町市」自身、2％水準では「三条市」「柏崎市」「新発田市」であり、地元の「十日町市」か大きな都市である（図10-7）。
5）総効果（Eall）が大きいところは、5％水準では「新潟市」および地元の「十日町市」自身のみ、2％水準では「長岡市」「上越市」のみであり、地元の「十日町市」以外は、大きな都市である（図10-8）。
6）このように、「大地の芸術祭　越後妻有アートトリエンナーレ2006」の経済効果分析をすることから、①大きな都市への流出もあるが、②意外に地元の「十日町市」自身へも大きな効果があることがわかった。

3. 滋賀県甲賀市信楽におけるアートイベントの取り組み

(1) 甲賀市と信楽

甲賀の歴史は古く、『日本書紀』の中に「鹿深臣」に関する記述があり、「こうか」の由来は「かふか」に求められるという説がある。また、信楽は、742（天平14）年聖武天皇が紫香楽宮を離宮と定め造営に着手したことから始まった。数年で遷都されたために幻の都とされてきたが、2000（平成12）年に宮殿跡が発見され脚光を浴びるようになった。天平15年には聖武天皇がこの地より全国に向けて大仏造立の詔を発し、寺域を開き、大仏の骨組みとなる体骨柱を建てるあたりまで工事が進んだとされている。大仏はここでは完成されることなく、後に東大寺に実現されることになるのである。

現在の行政体としての甲賀市は、2004（平成16）年10月1日に甲賀郡の「水

口町」「土山町」「甲賀町」「甲南町」「信楽町」が合併して誕生した。

　甲賀市は中京圏と京阪神の中間に位置する都市であり、名神高速道路、新名神高速道路などの幹線道路網が利用でき、物流に関しては、立地は恵まれているところから内陸工業地として着実に発展を遂げてきた。工業出荷額は2012（平成24）年度6891億円で、7年連続滋賀県内第1位を達成している。

　観光面では、①信楽焼、②東海道五十三次の「土山」「水口」の二つの宿場町、③甲賀流忍者の三つのコンテンツが有名である。

　また、意外に知られていないが、甲賀市は、薬の町として国内有数の研究開発生産拠点としても発展してきた。忍者の携行する各種の薬の調合、薬草の栽培が基となっているのではと推定される産業である。資料[2]によると甲賀の薬業は江戸時代に始まり、明治時代には販売員が家庭に薬を売り歩く配置売薬が興り、「甲賀の置き薬」として知られるようになったとある。置き薬は富山が有名であるが、甲賀も同様の商いの方法で発展してきたのである。戦後、多くの売薬業者は製造業に転換し、現在では市内には10社を超す医薬・薬品会社がある。

　信楽焼は日本六古窯の一つに数えられ、紫香楽宮造営にあたり瓦を焼いたのが発祥といわれている。史実では鎌倉時代に主に水瓶や壺がつくられていたという、約1300年の伝統を誇る日本最古の産地である。この地に滋賀県が提唱した「知的な休養と交流の舞台づくり─新・国民休養県構想」の一環として「陶芸の森」が1990（平成2）年竣工、開設された。この「陶芸の森」の開設を記念して、「語り、創り、燃える。陶芸ルネサンスを目指して。」をテーマに「世界陶芸祭セラミックワールドしがらき'91」が開催された。

(2) 世界陶芸祭と信楽高原鉄道列車事故

1) 世界陶芸祭の概要

　この「世界陶芸祭」とは、市制100周年記念博覧会ブームが落ち着き、次のブームとなるジャパンエキスポの狭間に開催されたテーマ型地方博覧会である。

　観光的にはアクセスが不便、広報が不充分、陶芸というかなりマニアックなテーマという、従来型の博覧会から見れば不利な条件と思われた。実際、

当初は、会期37日間で目標入場者35万人の達成も困難視されていたが、開幕後は連休の1991年4月28日（日）には1日で信楽町の人口1万4000人の5倍となる7万1000人の入場者で賑わった。会期途中の5月14日の信楽高原鉄道列車事故により、翌15日不幸にも閉幕を余儀なくされたが、それまでの入場者は60万人を超すほどの人気となっていた。地方博ブームがマンネリ化の相を呈していた反動もあったかもしれないが、時代のニーズを的確にとらえ、コンセプトを絞り込んで対応する21世紀型地方博覧会のあり方を予感させる博覧会でもあった。

●開催概要
名称：世界陶芸祭 セラミックワールドしがらき'91（**図10-9**）
会期：1991（平成3）年4月20日～5月26日（信楽高原鉄道事故により5月15日閉幕）
会場：信楽町一帯（主会場：県立陶芸の森）（**図10-10**）
主催：世界陶芸祭実行委員会（滋賀県、信楽町）
入場料：大人1500円、小人900円
総入場者数：60万325人（4月20日～5月14日） ※目標は37日間で35万人であった。

●エキジビジョン
・国際現代陶芸展（現代の陶芸のすがたを世界的な視点から）
・世界の形象土器展（民族の心と暮らしに触れる）
・ヨーロッパの名窯展（華麗なるテーブルウェアの世界）
・世界やきもの紀行（ハイビジョンで見るやきものの旅）
・土をうたう（ちえおくれの人たちの世界展）
・陶と花のふれあい展（花の文化にかかわる陶の役割を探る）
・信楽焼産業総合展（明日の信楽焼の"形"を創造する）
・コンペ企画展（やきものによる公共空間への提言）
・近江の名陶展（近江の歴史の中で育まれたやきものの名品）
・信楽：歴代の名工展（信楽の先人が遺していった名品の数々）
・信楽現代作家展（地元信楽在住の陶芸作家による陶の美の競演）

[第Ⅹ章] アートイベントを活用した地域活性化の経済効果モデル　227

図10-9　シンボルマークとマスコットキャラクター「ポンキー」
出典:世界陶芸祭・公式ガイドブック

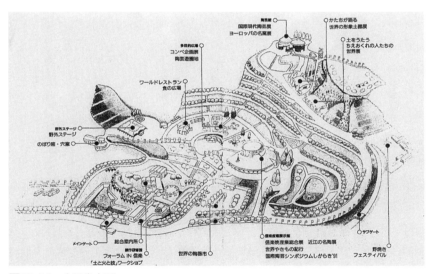

図10-10　会場案内図
出典:世界陶芸祭実行委員会『世界陶芸祭報告書』1992年より

- シンポジウム
- ・国際陶芸シンポジウム しがらき '91（陶芸の多種多様な可能性を展望する）
- ・フォーラム in 信楽「土と火と技」（土と火の芸術の生まれる感動を）
- ・野焼きフェスティバル（〈火〉〈土〉〈人〉がつくるやきものの原点）

写真10-1 陶芸遊園地
出典：世界陶芸祭実行委員会『世界陶芸祭報告書』1992年より

- イベント
  - 野外ステージ：会場内に特設されたステージで、民族舞踊・音楽・郷土芸能・人気ミュージシャンのコンサートなどをテーマに基づいて開催。
  - 陶芸遊園地（遊びながら陶のやさしさに触れる：**写真10-1**）
  - 世界の陶器市（世界の24カ国からの特色あるやきものの大バザール）
  - 茶会（陶器の味わいをこの手で）

2）信楽高原鉄道列車事故

　信楽高原鉄道列車事故は、1991（平成3）年5月14日（火）午前10時35分頃、信楽高原鉄道（単線区間）貴生川駅・紫香楽宮跡駅間において、信楽発貴生川行き上り534D列車（4両編成）と開催中の世界陶芸祭観光客輸送のための直通乗り入れをしていた、京都発貴生川経由信楽行き下りJR西日本「世界陶芸祭号」501D列車（3両編成）とが正面衝突し、乗務員を含め死者42名、負傷者614名を出す大惨事となった。被害の状況[3]は、JR車両は1両目前頭部が上方に約60度折れ曲がり大破（脱線）し、信楽高原鉄道列車は1・2両目が大破（脱線）、JRの車両が信楽高原鉄道車両の上に覆い被さるような状態となった。

　・JR車両の被害者：乗車率240％の混雑状態であり、乗員・乗客のうち

30名が死亡、611名が負傷した。
・信楽高原鉄道車両の被害者：乗員・乗客のうち12名が死亡、3名が負傷した。

　事故の原因は、信楽駅の信号が赤だったにもかかわらず上り列車を発車させた人災ともいえるものとされたが、滋賀県警、運輸省の事故調査は個人の過失にとどまらず、組織の問題など、事故の構造的・抜本的な原因に踏み込むことが期待された。しかし調査体制の不備等により公表された報告書は遺族にとっては納得できるものではなかった。そこで遺族会を結成し、JR西日本と信楽高原鉄道の責任追及と謝罪を求める闘いを、大津地裁に起こすこととなったのである。事故原因の解明と、このような悲惨な事故の再発防止のための安全対策を要請している。事故から12年後の2003年3月にJR西日本南谷社長（当時）は遺族らに謝罪した[4]。2005年4月25日、JR福知山線塚口・尼崎駅間で列車脱線事故が発生し、乗客・運転士合わせて107名が死亡するという大惨事となったのは記憶に新しい。1991年の信楽の教訓が生かされたといえるのだろうか。

4. 信楽・陶芸の地域ブランドづくり

(1)「信楽まちなか芸術祭」

　地場産業信楽焼が低迷する中で信楽は、2006（平成18）年に滋賀県経済振興特区に認定され、信楽の産地振興・まちづくりを推進する特区の目玉事業として「信楽陶芸トリエンナーレ事業」が計画され、その特区最終年度の2010年に「信楽まちなか芸術祭」は開催された。「やきもの文化を多くの人に知ってもらい、信楽焼の素晴らしさを世界に発信」する目的で実施されたものである。

　トリエンナーレ事業なので、2013（平成25）年にも「第2回信楽まちなか芸術祭」が開催された。概要は次のとおりである。

1）第1回開催概要
名称：信楽陶芸トリエンナーレ2010

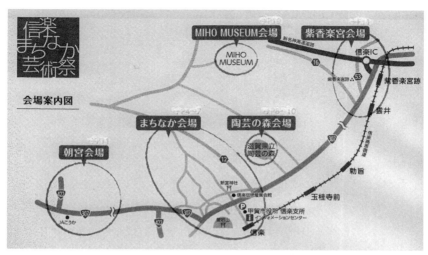

図10-11 ロゴ（スクエアタイプ）と会場案内図
出典：信楽まちなか芸術祭・公式周遊ガイド

愛称：信楽まちなか芸術祭（公募により決定）
英語タイトル：SHIGARAKI ART FESTIVAL 2010
会場：滋賀県甲賀市信楽地域一円（**図10-11**）
　まちなか会場、陶芸の森会場、MIHO MUSEUM会場、紫香楽宮会場、朝宮会場
会期：2010（平成22）年10月1日〜11月23日（54日間）
主催：信楽陶芸トリエンナーレ実行委員会
コンセプト：
　「ほんもの＝信楽」の再発見
　　〜陶芸の故郷から「生活の心地よさ」を提案する〜
　　・信楽焼の心地よさ：手触り・使い勝手・見た目・ぬくもり等々
　　・信楽焼のある生活の心地よさ：花を愛でる・料理を食べる・涼を取る等々
　　・信楽のまちの心地よさ：登り窯の風景・自然の恵み・人のもてなし等々
　⇒世界に通じるブランドの創出

催事内容：
　信楽まちなか陶芸展／まちなか会場
　まちなか散策／まちなか会場
　信楽ライフ・セラミック展／陶芸の森会場
　日本六古窯サミット
　陶器市／陶芸の森会場
　まちなか周遊／信楽地域全域
　紫香楽宮関連事業／紫香楽宮会場
　朝宮茶関連事業／朝宮会場
　滋賀県立陶芸の森・陶芸館特別展／陶芸の森会場　※協賛事業
　MIHO MUSEUM 特別展／MIHO MUSEUM 会場　※協賛事業

2）第2回開催概要
名称：第2回信楽まちなか芸術祭
会場：まちなか会場、陶芸の森会場、MIHO MUSEUM 会場
会期：2013（平成25）年10月1日〜10月20日（20日間）
主催：信楽まちなか芸術祭実行委員会
テーマ：「陶とまち」─発見と創生─
催事内容：
　THE TANUKI 事業／まちなか会場
　信楽からつたえたいコト展／陶芸の森会場（産業展示館）
　登り窯焼成事業／陶芸の森会場（金山窯）
　信楽大物陶器展示／陶芸の森会場（産業展示館）
　お茶漬け企画事業／陶芸の森会場（産業展示館）
　まちなか芸術祭記念作品展／伝統産業会館
　信楽Q＆A／信楽高原鉄道
　住民まちなかプロジェクト各種／まちなか会場

3）来場者数と経済波及効果の推計
第1回開催「信楽まちなか芸術祭」の来場者数は、核となる3会場（まち

表10-11 経済波及効果の推計

第1回信楽まちなか芸術祭

来場者数	日帰り・宿泊推計	旅行消費額	経済波及効果(A)×(B)
236,933(人)	日帰り来場者推計(A) 229,825(人)	日帰り旅行消費額(B) 4,742(円)	1,089,830,150(円)
	宿泊来場者推計(A) 7,108	宿泊旅行消費額(B) 15,683	111,474,764
		合計	1,201,304,914

第2回信楽まちなか芸術祭

来場者数	日帰り・宿泊推計	旅行消費額	経済波及効果(A)×(B)
91,125(人)	日帰り来場者推計(A) 88,391(人)	日帰り旅行消費額(B) 5,078(円)	448,849,498(円)
	宿泊来場者推計(A) 2,734	宿泊旅行消費額(B) 16,059	43,905,306
		合計	492,754,804

注1) 経済波及効果の推計については、国土交通省の調査による旅行消費額の数値を採用し、来場者数を基に算出。
 2) 新聞、雑誌、テレビなど、さまざまなメディアでの記事掲載、報道などを広告換算したパブリシティ効果等は含まない。
 3) 日帰り来場者、宿泊来場者の推計については、信楽への観光入込調査をもとに、日帰り97%、宿泊3%で算出。
出典:『信楽まちなか芸術祭事業報告書』(第1回および第2回)

なか会場の入場者数、陶芸の森会場の入場者数、MIHO MUSEUMの来館者数)の来場者数をカウントし、23万6933人となった。「第2回信楽まちなか芸術祭」は、第1回と同様の3会場の来場者数をカウントし、会期が短かったため9万1125人となった(**表10-11**)。

(2) 甲賀ブランドと信楽焼

　甲賀市は、先述のとおり、2004(平成16)年に甲賀郡の「水口町」「土山町」「甲賀町」「甲南町」「信楽町」が合併して誕生した市である。それぞれの町が多くの観光資源を持ち、観光振興に力を入れてきた。しかし、合併後の甲賀市全体でみた時に、その資源の強みが発揮できているかというと必ずしもそうとはいえない状況であることが認識された。それぞれの町の観光資源をテーマごとに列挙すると次のようなものがある。

- 東海道の宿場(街道資源)
  ・東海道(斎王群行、垂水頓宮)
  ・水口宿・土山宿
  ・文化(曳山祭、水口干瓢)

- 名産品（鮎河菜、土山茶）
- 東海道ウォーキングなど
● 甲賀流忍者
- 甲賀流忍者の故郷（忍術屋敷、忍者の里、中惣遺跡群、薬など）
- 食材（杉谷伝統野菜、いちご、ブルーベリー、近江米、鹿深味噌、甲南味噌など）
● 信楽
- 紫香楽宮跡
- お茶壺道中で宇治茶を詰めた信楽焼の茶壺
- 信楽焼から広がるライフスタイル（窯元散策路、祭り、方言など）
- 多羅尾代官屋敷跡、朝宮茶（茶園）、松茸、枝垂れ桜など

　上記のように個々の魅力は優れたものであるが、甲賀市を代表するブランドになりえていないのが現状であった。そこで"甲賀にしかない"統一したブランドの必要性が求められ、市内のさまざまな団体の代表者が集まり、新たな観光資源（物産・自然・施設・技術・風景・体験など）の発見、資源の磨き方、事業化するための課題の抽出などワークショップ形式で議論を積み重ねてきた。

　その中で「かくれ里」というキーワードが浮かび上がってきた。「かくれ里」とは、美しい自然や歴史、信仰に守られた神秘の世界と定義することができる。かつて白洲正子（1971）が記した「かくれ里」には、京都から伊勢への取材旅行の途中に甲賀の油日神社、櫟野寺などを巡った様子が窺える。坂上田村麻呂が木工頭に任ぜられ、平安京の建設のために材木を集めて甲賀地方に出張し長期間滞在したとのことや、鈴鹿山の盗賊を征討した伝説などの記述もある。

　このキーワードをふまえて、甲賀市内の観光にかかわる地域産品等を甲賀ブランドとして認定し（**図10-12**）、付加価値を向上させ、広く国内外に認知してもらい、甲賀市の知名度を総合的に高め地域の活性化を目指すというものである。甲賀ブランドは、地域資源を活用した物産だけではなく、施設、歳時記、観光ルートなども対象としている。また、下記のごとく「甲賀ブラ

図10-12 甲賀ブランドのロゴマーク
出典：甲賀観光未来会議

ンドの価値規定」として、認定対象となるものの規定づけをしている。第1回の甲賀ブランドの認定事業は2012（平成24）年から始まった。

● 甲賀ブランドの価値規定
①郷土の美しさと対峙する祈りの空間
　〜住民によって育まれてきた「郷土の美しさ」が残っていること〜
②心を清める恵み、心を鎮める癒し
　〜心が清らかになったり、心が鎮められるなど、癒しを感じること〜
③雅な振る舞いと夢・浪漫の出入り口
　〜かつての雅の振る舞いや賑やかさに出会え、夢や浪漫が広がること〜
④心も身体も元気になるパワースポット
　〜精神性に向き合うことで、心や身体からエネルギーがみなぎること〜
⑤厚い信仰が育むライフスタイル
　〜美しさを守り育ててきた住民の生活文化を感じること〜

　甲賀ブランドに認定されたものは、平成24年度に2件（商品「忍者もち」、観光ルート「窯元散策路」）、平成25年度に18件（商品4件、施設9件、観光ルート1件、歳時記4件）の合計20件となっている。また甲賀市は認定が叶わなかった案件について、デザイン・ブラッシュアップセミナーや個別指導などきめ細やかな対応をし、ブランド価値の向上に積極的に取り組んでいる。

写真10-2 橋脚が流失した信楽高原鉄道の杣川橋梁
出典：甲賀市

　信楽焼は、経済産業省特許庁の地域団体商標登録制度[5]に、信楽陶器工業協同組合、信楽陶器卸商業協同組合により登録されている。登録商品の指定内容は、信楽町産の粘土を主要な原材料として信楽町で生産された陶磁製の照明用器具・庭園燈・たぬき型・ふくろう型その他の鳥型・腰掛けいすなどである。しかし、マスツーリズムに対応した旧来型の店舗とサービスから脱皮できておらず、近年の観光スタイルにおいての訴求力は弱い。

　甲賀ブランドとして信楽焼の窯元を巡りながら、信楽の町並、風景、自然などを楽しむ「窯元散策路」が認定されることによって、線そして面として信楽焼の窯元群がまち歩きの対象となり、その魅力を一層アピールすることができるようになった。

(3) 豪雨被害の信楽高原鉄道と信楽

　2013（平成25）年9月、台風18号が近畿に大きな被害をもたらした。甲

賀市においても豪雨となり、市内の杣川(そま)で、第三セクター鉄道である信楽高原鉄道の杣川橋梁の橋脚5基のうち中央の1基と橋桁の一部32mが流失するという事態となった（**写真10-2**）。同鉄道は他にも線路ののり面が崩壊するなどの被害があり、貴生川と信楽間の全面運休を余儀なくされた。その後、代替バスの運行となったが、信楽の観光には大きな影響を及ぼしている。豪雨のあった年は先述の第2回しがらき芸術祭の開催で、前年と同様の入込客を確保したが、翌2014（平成26）年には前年より約13万人の減となっている（**表10-12**）。従来から高速道路利用による車での観光客が多い地域ではあるが、鉄道の運休によるダメージは相当に大きいことが窺える。

　運行再開を望む声が多く寄せられたが、復旧の総事業費が約5億9000万円と多額にのぼり、財政難のためにすぐには復旧工事にとりかかることができなった。地元の甲賀市長は廃線の可能性を示唆するような発言もしたりしたが、幸いに国の復旧事業の補助対象となり復旧工事の目途がついた。2014（平成26）年11月29日、1年2カ月ぶりに運行を再開した。

5．小　括

　地域活性化の柱として観光振興を掲げるイベントは数多く開催されている。地方博覧会もその流れの中で開催されてきたのは先に述べたとおりである。パビリオン、コンパニオン、ハコモノ、インフラ整備、外木戸型（囲い込んで入場料を払って見物する）など、20世紀型博覧会として括られるものが、その時代の地方にあって一定の成果を上げてきたのは事実である。

　しかし、そのような20世紀的手法がそのままでは通用しなくなった。それは、21世紀の情報革新、ハードからソフトへ、環境重視、少子高齢社会等々のキーワードのトレンドから見えるように、21世紀には、そのままではそぐわない形式であるといえるからである。ただし、形式は違えども博覧会のもつ意味、また多くの人が集まり交流することが可能なイベントは、バーチャルでは得られないリアルなライブとして益々重要になってくるであろう。

　この章では、芸術（アート）と地域の関係を、一過性の強い博覧会と地域という従来型の関係から、新たな芸術祭が地域に果たす役割を観光振興の面

[第X章] アートイベントを活用した地域活性化の経済効果モデル

表10-12　甲賀市観光入込客数の推移（平成〔H〕19～26年）

(単位：人)

			H19	H20	H21	H22	H23	H24	H25	H26	H24→H26	H25→H26
甲賀市	入込客	日帰り	2,713,300	2,793,000	2,847,400	2,736,500	2,650,500	2,757,500	2,847,700	2,755,600	▲1,900	▲92,100
		宿泊	91,900	125,900	130,900	119,600	106,100	108,900	129,600	116,300	7,400	▲13,300
		計	2,805,200	2,918,900	2,978,300	2,856,100	2,756,600	2,866,400	2,977,300	2,871,900	5,500	▲105,400
	外国人	日帰り	17,092	19,693	20,249	25,341	12,832	26,294	25,746	35,416	9,122	9,670
		宿泊	36	131	73	124	124	168	260	239	71	▲21
		計	17,128	19,824	20,322	25,465	12,832	26,462	26,006	35,655	9,193	9,649
	前年比		—	104.05%	102.04%	95.90%	96.52%	103.98%	103.87%	96.46%	100.19%	96.46%

※数値は滋賀県観光施設統計調査による（調査は毎年1～12月の入れ込み客）

(単位：人)

旧町別			H19	H20	H21	H22	H23	H24	H25	H26	H24→H26	H25→H26
旧水口町	入込客	日帰り	334,000	345,000	337,900	296,000	323,000	394,400	375,100	404,600	10,200	29,500
		宿泊	1,100	20,900	15,600	21,600	14,000	21,900	39,600	29,900	8,000	▲9,700
		計	335,100	366,400	353,500	317,600	337,000	416,300	414,700	434,500	18,200	19,800
	外国人	日帰り	22	352	2,517	1,810	2,430	2,437	988	1,458	▲979	470
		宿泊	0	3	20	22	22	82	209	203	121	▲6
		計	22	355	2,537	1,832	2,452	2,519	1,197	1,661	▲858	464
	前年比		—	109%	96%	90%	106%	124%	100%	105%	104%	105%
旧土山町	入込客	日帰り	540,000	558,400	573,700	530,500	523,500	481,800	543,800	554,700	72,900	10,900
		宿泊	55,600	63,700	62,000	56,200	54,100	47,000	48,800	51,100	4,100	2,300
		計	595,600	622,100	635,700	586,700	577,600	528,800	592,600	605,800	77,000	13,200
	外国人	日帰り	0	11	36	331	14	85	67	52	▲33	▲15
		宿泊	0	6	0	0	0	84	4	4	▲80	0
		計	0	17	36	331	14	169	71	56	▲113	▲15
	前年比		—	104%	102%	92%	98%	92%	112%	102%	115%	102%
旧甲賀町	入込客	日帰り	353,700	351,100	255,500	228,400	201,800	176,500	208,700	212,500	36,000	3,800
		宿泊	1,500	5,700	3,600	3,500	3,100	3,600	3,100	3,000	▲600	▲100
		計	355,200	356,800	259,100	231,900	204,900	180,100	211,800	215,500	35,400	3,700
	外国人	日帰り	61	84	5	5	33	39	4	21	▲18	17
		宿泊	0	0	9	102	102	0	0	0	0	0
		計	61	84	14	107	135	39	4	21	▲18	17
	前年比		—	100%	73%	90%	88%	88%	118%	102%	120%	102%
旧甲南町	入込客	日帰り	113,500	156,400	186,500	167,400	149,000	144,900	153,300	153,300	8,400	0
		宿泊	2,600	2,100	2,700	1,900	2,000	2,000	1,600	1,700	▲300	100
		計	116,100	158,500	189,200	169,300	151,000	146,900	154,900	155,000	8,100	100
	外国人	日帰り	329	577	428	364	88	241	232	345	104	113
		宿泊	0	47	10	0	0	0	2	6	6	4
		計	329	624	438	364	88	241	234	351	110	117
	前年比		—	137%	119%	89%	89%	97%	105%	100%	106%	100%
旧信楽町	入込客	日帰り	1,372,100	1,381,600	1,493,800	1,514,200	1,453,200	1,559,900	1,566,800	1,430,500	▲129,400	136,300
		宿泊	31,100	33,500	47,000	36,400	32,900	34,400	36,500	30,600	▲3,800	▲5,900
		計	1,403,200	1,415,100	1,540,800	1,550,600	1,486,100	1,594,300	1,603,300	1,461,100	▲133,200	▲142,200
	外国人	日帰り	16,680	18,669	17,263	22,831	10,267	23,492	24,455	33,540	10,048	9,085
		宿泊	36	75	34	0	0	2	45	26	24	▲19
		計	16,716	18,744	17,297	22,831	10,267	23,494	24,500	33,566	10,072	9,066
	前年比		—	101%	109%	101%	96%	107%	101%	91%	92%	91%

出典：甲賀市観光企画推進室

写真10-3 大地の芸術祭インフォメーションセンター（キナーレ内）
出典：筆者撮影

写真10-4 棚田（イリヤ・エミリア・カバコフ）
出典：筆者撮影

から検証した。経済効果のみならず、地域の住民が誇りをもてるように、地域ブランドとして持続的に発展する仕組みをつくることにつながることに大きな意味があると考える。「住みたいまちが訪れたいまち」となるのである。

[第X章] アートイベントを活用した地域活性化の経済効果モデル 239

しかし、課題がないわけではない。事例に取り上げた大地の芸術祭においても、2000年の第1回から2015年開催の第6回（**写真10-3・4**）まで15年が経過している。アートが地域に根づき、ボランティアで訪れた若者が定住するケースも先述のように増えてきているが、芸術祭の開催には相当の地域住民の負担がともなう。開催期間中のアーティストの作品の説明や管理はボランティアが担っているのが現状である。主に大都市圏からの学生が多いのであるが、2015年のケースでは就活や大学の事情等で減少している。そうなると負担は地域住民、しかも高齢者にかかってくることとなる。筆者が訪問した津南地区の場合では、70歳前後の女性が急にかり出され、作品の解説や制作のエピソード等を慣れない口調で語ってくれた（それに対して訪問客は好感をもって聞いていたのだが）。また、作品自体も第1回、第2回の開催時に制作したものが引き続き展示されているものがある（**写真10-5・6**）。これらの作品の老朽化は安全面や作品の価値に影響をもたらすことになり、修理・保全が必要であるとともに解体・撤去の作業や費用負担の問題も生じてくることになるかもしれない。

　2015年開催の第6回大地に芸術祭に関しては、北川（2015）の記述によれば「すでにある作品200。継承したプロジェクト7。新作120。パフォーマンス約40。シンポジウム・学会4。映画上映数本。という内容の他、廃校リニューアル、香港からの農業プロジェクト、アジア・アート・プラットフォームなど、50日間に関わるものだけで380を数え、予算規模も約6億円（うち地元市町村1億、国庫補助金2億、寄付・助成・協賛1億2000万円、パスポート1億6000万円）」という大規模なイベントとなっている。これらの将来的な負担などは、信楽まちなか芸術祭や他の都市・地域で開催されるアートイベントに共通する課題として、一過性ではなく継続イベントとして地域に根付かせるための持続可能な支援施策が国・自治体や主催団体に課せられることになる。

補注
1）大地の芸術祭・花の道実行委員会（2003）「はじめに」『第2回大地の芸術祭・総括報告書』1頁より。

写真10-5 ドラゴン現代美術館(蔡國強)
出典:筆者撮影

写真10-6 かささぎたちの家(金九漢)
出典:筆者撮影

2）甲賀市編（2014）『倖せ輝く理想郷・甲賀市市勢要覧 2014』17 頁より。
3）滋賀災害看護研究会編（2001）『信楽高原鉄道列車事故救護活動報告書』記載の「信楽高原鉄道株式会社の信楽高原鉄道列車事故関係資料（平成 13 年 3 月 13 日現在）」による。
4）事故の詳細および裁判の経緯は、信楽列車事故遺族会・弁護団編（2005）『信楽列車事故― JR 西日本と闘った 4400 日』現代人文社、京都新聞社編（2004）『検証 信楽列車事故―鉄路安全への教訓』京都新聞社出版センターに詳しく記されている。
5）特許庁の制度であり、地名と商品名とを組み合わせた商標がより早い段階で登録を受けられるようにすることにより、地域ブランドの育成に資することを目的として、平成 18 年 4 月 1 日より導入した制度。

終 章

　本研究は、観光経済・経営学および都市史的な観点から、日本の博覧会の全体構造をテキストマイニング、経済効果分析等を用いて分析し、これまでほとんど指摘されてこなかったが、その博覧会の概念の変革において日本独特の「復興博覧会（観光館）」、数的には多数を占める「地方博（自治体博、ジャパンエキスポ）」、21世紀的概念としての「アート博」等が重要性をもっていること、博覧会がそのような変遷を経て地域再生の主要な手法としての座を確立したこと、また地域再生への意義について論じた。

　そもそも博覧会とは、東京、京都等の「勧業博」から始まったように、製品・技術を公開する場として始まったものである。しかし今日はむしろ地域再生、観光等の役割が主流となっている。その間にどのような概念の変革があったのかについて、筆者は、各種資料から作成したデータベースにあらわれる主要博覧会186件について時系列的な分析を行った結果、以下を得た。

（1）まず時期的には、第Ⅰ期：戦前・戦中（1877〜1945年、前期の第Ⅰ期a：1877〜1929年、後期の第Ⅰ期b：1830〜1945年）、第Ⅱ期：大阪万博まで（1945〜1970年）、第Ⅲ期：大阪万博から20世紀末（1970〜2000年）、第Ⅳ期：21世紀（2001年〜）の4期に大別された。

（2）その上で、博覧会のコンセプトを分類してみたところ、次の11のカテゴリーに分類されることがわかった（**図序-1**）。戦前Ⅰ期が、①産業（「勧業〔殖

産興業〕」→「産業振興」)、②皇室、③国防、④拓殖、戦前から戦後にかけてが⑦復興、戦後Ⅱ・Ⅲ期が、⑤平和、⑥科学、⑧観光、⑨自治体博(市制100周年記念博)、⑩ジャパンエキスポ、第Ⅳ期が、⑪21世紀型(脱インフラ、アート/エコ等新テーマ)である。

(3) 国家の威信や新製品や技術の公開を目的とするという意味で、戦後においては、⑥の科学博系等はすべて戦前のテーマの「国家、勧業」の継承者といってもよい。⑤の平和も国家的課題であったといえる。国際博覧会(BIE承認)の登録博である「大阪万博1970」「愛知万博2005」、認定博である「沖縄海洋博1975」「筑波科学博1985」「大阪花博1990」は、すべて国家の威信をかけた博覧会ということになる。

(4) しかしながら、これらはいわば例外的な、特別な国際博であり、博覧会開催数を分析したところ、数的には他のカテゴリーの博覧会が主力となっている。

それらの数のピークは五つあり、五つの博覧会ブームといえる(**図序-2**)。

第1次ブームは1925～1935年頃で②皇室博ブーム、第2次ブームは1950～1960年頃の⑦復興と⑤平和博ブームである。

第3次ブームは1980～1985年頃の神戸ポートピア博前後の地方博ブームの端緒であり、第4次ブームは1986～1990年頃の⑨自治体博(市制100周年記念博)中心のブーム、第5次ブームは1995～2010年頃の⑩ジャパンエキスポを中心としたブームである。

この結果、第3～5次の山を総合すれば、数的には、国際博よりも、80・90年代において⑨⑩がつくる地方博全盛時代が重要ということがわかる。

(5) そこで、テキストマイニングの手法を行ったところ、キーワードから博覧会には以下の三つの系等で概念の変化があることがわかった。

A. 勧業(産業・科学)博系⇒貿易・外国・勧業
B. 復興博系⇒復興・経済・観光
C. 地域再生・観光系⇒観光・地域・交流

このように、日本における博覧会の構造を、4期、11カテゴリー、3系等に分類した結果、概念の変遷が、A. 勧業(産業・科学)博系⇒B. 復興博

系⇒C. 地域再生・観光系となり、勧業から地域再生・観光への転換点に位置する復興博が非常に重要な意味をもつことがわかった。

戦災や自然災害の多い日本では、この「⑦復興博」という独特の博覧会が多数行われてきた。戦前では関東大震災からの復興博「横浜 1935 年」、戦後の戦災・自然災害からの復興博「大阪 1948 年」「高松 1949 年」「福島 1949 年」「福井 1952 年」「長崎 1952 年」「広島 1958 年」である。これはまさに産業再生と同時に地域再生の意味をもつ中間的な重要な役割を演じており、中でもそこでつくられた「観光館」は、産業製品というより地域の風土を紹介し、地元への旅行行動を促すもので、まさに「地域再生・観光」という概念の萌芽を見ることができる。そこで本研究では、都市史的手法で、「横浜市の復興記念横浜大博覧会」「大阪市の復興大博覧会」、「高松市の観光高松大博覧会」と「福井市の福井復興博覧会」などを検討し、観光館の意義とその後の都市形成に貢献したモデルシティ手法などを明らかにした。

こうして、復興博が博覧会の「地域再生・観光」への大きな概念の転換を行い、1980 年代・1990 年代の地方博ブームが到来する。

1980 年代には市制 100 周年記念が集中したため県庁所在地などで⑨自治体博（市制 100 周年記念博）が集中的に開催された。しかし、広告代理店への依存度が高くなってしまいマンネリ化を招いたため、1990 年代には国が品質保証する⑩ジャパンエキスポという枠組みが使われた。ここでは、筆者が携わった世界リゾート博、南紀熊野体験博という和歌山県下で開催された 2 件のジャパンエキスポを事例にその制度と地域活性化へ果たした効果を観光振興の面から考察した。

最後に、むしろこれからの地域再生手法にとって現実的な選択といえる⑪21 世紀型博覧会手法を、脱・インフラ型＋現代アート活用と位置づけ考察した。このような転換がなされたきっかけとして、1995 年の阪神・淡路大震災の復興イベント（一種の復興博）として開催された二つのイベント「神戸ルミナリエ」と「淡路花博 2010、2015」が重要であることを明らかにした。いずれも、「アート」と「エコ」という 21 世紀的概念を導入したものと位置づけられる。この二つのイベントの意義も定量的分析で明らかにできた。

製品でないアートを展示する芸術祭は増加しているが、中でも瀬戸内国際

芸術祭（2010年～）、大地の芸術祭（2000年～）が果たした役割が大きい。経済効果分析を行い、大地の芸術祭は開催地地元に予想以上の開催効果があることを示した。また滋賀県甲賀市信楽のアートイベントの取り組みを取り上げ、甲賀市の観光におけるブランド価値を検証した。最後に、今後の博覧会のあり方を、現代アートを活用したアート博・芸術祭の将来像を見据えて考察し、また、それらの課題をふまえつつ先の東日本大震災の復興に際しての博覧会の開催の可能性について論じた。

　以下さらに詳しくみていきたい。

　序章では研究の背景、既存研究の整理、本研究の位置づけを明らかにした上で、研究目的および研究方法を説明した。日本における自然災害および太平洋戦争による戦災からの地域・都市の復興・再生を、博覧会手法によって観光というキーワードで成し遂げようとした事例研究を主に、公開資料（各種統計資料等含む）に基づく事例や筆者の経験した事例を分析し、地域・都市の復興・再生メカニズムの解明を試みた。その結果は以降の各章に示したように観光を組み込むことで地域・都市の復興・再生ができ、現在までも持続していることがわかった。

　第Ⅰ章では、日本で開催された五つの国際博覧会は旅行会社の発展や産業観光というニューツーリズムの振興に寄与するなど観光産業に果たした役割を検証することができた。テーマの設定についても新たな課題が人類に課せられることに対する解決の方法を探る機会ともなる万国博覧会開催の意義は大きく、今後も万国博覧会の果たす役割も重要である。ここでは、筆者が関わったサラゴサ万博を事例として、環境保護の愛知万博のテーマが継承され、地球市民としての責務を果たすことの重要さが認識できた。

　第Ⅱ章では1900年代以降現在までの主要な博覧会の目的や内容の分析を行い、分類論を行った。まず開催コンセプトを11分類した。

　そして1920年代、1950年代、1980年代前半、1980年代後半、1990年代に第1、第2、第3、第4、第5次ブームがあったことを明らかにし、とくに戦前戦後には、自然災害や戦災において疲弊した都市を復興・活性化する手段としての「復興博」が重要な役割を果たしていたことを示した。

また、テキストマイニングの手法により、キーワードから博覧会には観業（産業・科学）博系、復興博系、地域再生・観光系という三つの系統で概念の変化が認められた。すなわち、勧業から地域再生・観光への転換点に位置する復興博が非常に重要な意味をもつことがわかった。

　第Ⅲ章では、明治時代以降の日本における戦災と自然災害の状況を把握した上で、そこから復興を遂げた（遂げようとする）都市で開催された復興博覧会の全貌を調査し対比を試みた。その結果、壊滅的な被害を被った地域・都市において開催された博覧会が、疲弊した住民に希望を与え、誇りを取り戻す機会となり地場産業の復活に多大な貢献をしたことが明らかになった。その詳細は第Ⅳ章での復興記念横浜大博覧会、第Ⅴ章の大阪における復興大博覧会、第Ⅵ章の観光高松大博覧会および福井復興博覧会のそれぞれの事例にて詳細を述べている。

　第Ⅳ章では、関東大震災による壊滅的な被害を被った「横浜市における復興記念横浜大博覧会」の内容を記述するとともに、交通観光館がその後の横浜市の観光行政ならびに都市イメージの向上に対する影響を考察した。この博覧会の成功が太平洋戦争による戦災や自然災害からの復興に懸ける地方都市に起こった昭和20〜30年代の博覧会ブームの手本となっていることもいくつかの復興博覧会の開催趣旨などから読み取ることができた。予想以上ともいうべき322万9000人の来場者にとっては貴重な体験となり、主催した横浜市にとっても観光館の人気などから観光のもつ力の必要性を認識する機会となった。その後の横浜市の観光振興に対する取り組みが組織面、情報面とも素早くなされたことも横浜市の資料等から検証することができ、ここに現在の横浜市の観光のポテンシャリティの源があることが考察できた。

　第Ⅴ章では、太平洋戦争による戦災で焦土となった「大阪の復興大博覧会」が従来の博覧会の考えと一線を画し、終了後は更地となる会場設営ではなく、終了後に外囲いを外すとモデルシティが出現するという画期的な構想による博覧会であったことを論述した。この博覧会の開催前から国会等で議論されてきた観光立国論が観光館などに大きく反映され、その後の大阪が貿易観光都市として再生を遂げた要因の一つであったとの考えは、従来の観光研究においては見当たらず、新たな視点を提供することができた。

第Ⅵ章では、戦災での都市機能の消失のみならず、その後に起こった大地震や風水害からの被害の追いうちに耐えながら奇蹟的な復興を遂げたものとして、高松市で開催された「観光高松大博覧会」と福井市で開催された「福井復興博覧会」を論じた。博覧会において両都市はそれぞれ地場産業の振興などを奨励しつつ、特色ある産業の復活を模索した。また経済効果のみならず博覧会を機に文化都市としての機能充実を図り、博物館や資料館の整備、庭園の復活など文化効果、教育効果などをもたらす施策を強化していったことがわかった。

　第Ⅶ章および第Ⅷ章では、1980年代後半に起こった「地方博覧会ブーム」を検証したうえで、その反省をふまえて開催されるに至った「ジャパンエキスポ」について論じた。博覧会は手段であって目的ではないが、検証結果によればマンネリ化を招いた原因は模倣的同質化ともいうべきものであった。開催することに意味があると博覧会が目的化したことが、乱立した地方博覧会の衰退の原因であり、企業展示の内容を吟味した結果が示すのは、地域が目指す目的を実現するための手段とはほど遠いものであった。

　しかし、筆者が携わった「世界リゾート博」、「南紀熊野体験博」という和歌山県下で開催された2件のジャパンエキスポを振り返ってみると、一過性のイベントではあるが将来を見据えた地域経営政策の一環であり、継続性を有しているものであった。この地域の経験が2004年の世界遺産登録（紀伊山地の霊場と参詣道）へとつながる活動の源または推進する力となったのである。

　第Ⅸ章では、1995年の阪神・淡路大震災の復興イベントとして開催され現在まで継続されている二つのイベントを検証した。「ジャパンフローラ2000（淡路花博）」と、大震災で多くの犠牲者を出したその年12月に鎮魂と追悼、街の復興を祈念して開催された「神戸ルミナリエ」である。淡路島、神戸地区それぞれの観光客は大震災の影響を受けて大きく減少した。個別に見てみると、淡路島では対前年23.8％減（日帰り21.5％減、宿泊31.7％減）、神戸地区では45.6％減（日帰り45.6％減、宿泊45.6％減）となっている。そこから回復基調に入るのだが、観光の大きな転機となったのは1998年の明石海峡大橋の開通である。4月5日から供用開始となると車、バスでの観光客

が大勢押し寄せた。そして同年、大震災で出現した野島断層が保存された「北淡震災記念公園・野島断層保存館」の開館である。開館後3カ月で約100万人が訪れた。その後の観光統計の推移を見ると淡路島は横ばい、神戸地区は少しずつではあるが増加の傾向にある。

第Ⅹ章では、近年競って開催されているアートイベント経済効果などについて検証した。現代アートのみならず音楽、演劇を中心とした芸術祭も多く開催されているが、中でも「瀬戸内国際芸術祭」(2010年〜)、「大地の芸術祭」(2000年〜)が観光振興に果たす役割は大きい。大地の芸術祭は開催地の一部の地域が2004年の新潟県中越地震の影響を受けたが開催効果により復興を果たしている。21世紀のアート型新博覧会というべき、新潟県の「大地の芸術祭 越後妻有アートトリエンナーレ2006」の経済効果(消費分)を新潟県が県全体への効果を大きく推定しているものがある。しかしながら、本研究の主目的である地域振興の観点からは、博覧会地元の「十日町市」と「津南町」への効果があったのか、なかったのかを推定することが非常に重要である。そこで、本研究では、これまで行われてこなかった県内の各市区長村への経済効果を精密評価した。

分析結果は下記のとおりである。

1. 初期直接効果(E0):「十日町市」+「津南町」で約27億3700万円。
2. 1次波及効果(E1):自給率を考慮すると、各市町村合わせて、約10億4900万円。
3. 2次波及効果(E2):自給率を考慮すると、各市町村合わせて、約5億6800万円。
4. 総効果(E all):は、上記E0+E1+E2であり、各市町村合わせて、約43億5400万円。
5. 地域ごとの特徴:
1) 会場である「十日町市」+「津南町」に隣接している市町村は、「長岡市」「柏崎市」「小千谷市」「上越市」「魚沼市」「南魚沼市」「湯沢町」である。
2) 初期直接効果(E0)が大きいところは、「十日町市」+「津南町」である。

3）1次波及効果（E1）が大きいところは、5％水準では「新潟市」「長岡市」「柏崎市」「上越市」、2％水準では「三条市」「新発田市」「十日町市」「燕市」「佐渡市」「魚沼市」「南魚沼市」であり、地元の「十日町市」以外では、大きな都市か、隣接市町村である。
4）2次波及効果（E2）が大きいところは、5％水準では「新潟市」「長岡市」「上越市」および地元の「十日町市」自身、2％水準では「三条市」「柏崎市」「新発田市」であり、地元の「十日町市」か大きな都市である。
5）総効果（E all）が大きいところは、5％水準では「新潟市」および地元の「十日町市」自身のみ、2％水準では「長岡市」「上越市」のみであり、地元の「十日町市」以外は、大きな都市である。
6）このように、大きな都市への流出もあるが、意外に地元の「十日町市」自身へも大きな効果があることがわかった。

　復興博覧会や芸術祭などのアートイベントが地域・都市観光再生に果たした役割と波及効果を検証し評価を試みた結果、経済波及効果はもちろんのこと、地域の住民の誇りを取り戻すという「心」の復旧・復興の重要さに気づかされた。しかしながらジャパンエキスポのような従来型の地方博覧会は、パビリオンのマンネリ化と入場券の押し付け販売などにより理念が形骸化し徐々に衰退せざるをえなくなっていった。では現代アートを活用したアートイベントの将来像はどうか。地域活性化、観光振興の重要な手段に芸術祭がなりうることが証明され、各地で開催が計画され実施されるようになってきた。このことは他の地域とどう差別化するか、開催の必然性はあるのか、また持続する仕組みはできているのかという課題を突き付けることになり、乱立気味のアートイベントの今後の存続が懸念される事態を招いている。

おわりに

1. 復興博覧会が地域・都市観光再生に果たした役割──効果と評価

　日本における自然災害と復興の歴史をたどれば、『日本書紀に』「地震」の記録があるのが最も古いとされる。416（允恭天皇5）年7月14日と記されている。被災地は不明であるが、当然のことながらそれ以前にも地震のみならず火山の噴火、風水害などに見舞われているはずである。平安時代以降近年に至るまでについては、地震から発生した火災による社寺の焼失、都市機能の喪失なども枚挙にいとまがないほどに記録されている。またそれらの天災などからの被害を最小限にくいとめるべく、堤防の建設なども行われてきた。政治的には対応の状況により政変のきっかけにもなったりしている。

　天災からの「復旧」と「復興」という言葉に違いをつけたのは、関東大震災後の東京を「復興」へと導いた後藤新平である。天災前の状態に戻す「復旧」と、戻すだけではなく、被災地を興す、つまり旧態を改め発展させる「復興」という意味である。後藤は、関東大震災の5日後に公表された「帝都復興の議」において、「惨害は忍び難いが、理想的帝都建設には絶好の機会である」と述べ、東京の抜本的都市改造の意志を表明している[1]。

　本研究は、明治時代の勧業博覧会以降に日本で開催された中規模以上の博覧会を総覧し、集中的に分析し、俯瞰することで、時代に沿った開催コンセプトの変遷を見ることができた。また日本における災害年表と対比することで、地域・都市の復興・再生が博覧会の開催によってなされてきたことが検証できた。現代においてはその博覧会手法による現代アートの祭典が過疎地域の再生にも貢献することが証明されている。

2. 東日本大震災復興博覧会の可能性

　東日本大震災の被災地、とりわけ福島県の復旧が進んでいない。福島第一原発の事故が大きな阻害要因となっている。今だ国が指定している危険地域については、放射能問題があり、（問題地域への観光という意味の）ダークツーリズムがニューツーリズムとして登場してきたといっても簡単に行けるものではない。ただし、東浩紀らのグループは「福島第一原発観光地化計画」なる構想を発表している[2]。単なるアイデアレベルかというとそうではなく、チェルノブイリの視察により、放射能の危険を承知の上で訪れることに意味があると主張する。バーチャルではなくリアルにこそ旅の本質があり、観光地化した福島に立ち、考えをめぐらすことで感じることがあるのではないかという主張である。

　この災害については、多くの日本人に対してすでに記憶の風化が始まっているのを感じる。一方、風化させまいと具体的に東北で国際博覧会を開催しようとする動きは徐々にではあるが活発化してきている。地球規模の自然災害から持続可能な復興と再生ということは全世界共通の課題であり、地震と津波で未曾有の被害を受けた東北地方はこの課題を世界と共有する場にふさわしいとする意見[3]や、エネルギーや交通、物流システム等の都市装置が、緑や花と共存する持続的な社会（＝グリーンシティ）の国家的ショーケースとすべきという意見などもある[4]。東北復興博覧会への期待は大きいといえよう。

　本研究で取り上げた事例のごとく、戦災や自然災害から博覧会という手法により、人々は復興の意志をもって立ちあがってきたのである。この度の地震、津波に対しても地域の再生を図り、誇りを取り戻すためには復興博覧会を開催することが望まれる。

　博覧会の開催については、任意の地方博覧会として地方自治体が中心となって行う場合と、BIE の承認を受け国際博覧会として行う場合がある。後者の場合は総合的な一般博よりテーマに基づいて開催する認定博の方が合っているであろう。東北博覧会構想研究を唱える福井（2013）は「博覧会を活用した復興・再生戦略のあり方」において、東北復興計画が目指すものとして、

①食料の宝庫、豊かな農林水産業、②自然エネルギーの追求、③新しいエコやハイテク産業、④自然景観、人と自然の学び合い、⑤文化観光交流、をあげている。国際博覧会の形式は議論されるべきであろうが、BIE の認定博の申請、承認のプロセスを経るには時間がかかりすぎると思われる。1990 年、大阪で開催された「国際花と緑の博覧会」と同様の、日本にすでに開催ノウハウのある国際園芸家協会（AIPH）認定の国際園芸博として開催するのも検討されるべき方法であろう。いずれにせよ地元の理解も必要であり、社会の賛同を得られなければ成立しない。その基盤として政府と開催自治体の合意形成づくりも重要な課題である。また近年においては福島のみならず、インドネシア、タイなどにおいても地震、津波などにより甚大な被害を被っている。それらの国、地域を含めてのテーマの設定と参加要請が重要な鍵となる。象徴的な場所を選定して一カ所で開催するのか、東北の被災地をネットワーク化しそれぞれの地域の特色を活かした博覧会とするのか、検討しなければならない要素は数多くある。非公式な活動ではあるが、新産業文化創出研究所が中心になり復興国際博覧会構想会議が 2014 年から立ち上げられており、可能性を探りつつ課題をふまえながら進められている。企業の他にNPO やボランティアの参加、連携も取り込んだ活動である。このような人類共通の課題に取り組もうとする産・官・学・民の活動は東北復興博覧会の開催に向けての原動力となるに違いない[5]。

● 参考

AIPH が主導する国際園芸博は、各国代表の参加による国際的園芸博覧会（A 類）と国際性のある国内園芸博覧会（B 類）に分類される。

1）国際的園芸博覧会（A 類）
　・A 類 1 認定（大規模国際園芸博覧会）
　　年に 1 回開催可。同一国の場合は 10 年に 1 回以下。3 カ月以上 6 カ月未満の会期。最低 50ha の規模、最低 10 カ国代表の参加。博覧会国際事務局（BIE）が認めた場合「国際園芸博覧会区分の認定博」として「国際博覧会＝ EXPO」を称することができる。
　・A 類 2 認定（小規模国際園芸博覧会）

会期は1週間以上3週間以内、最低6カ国代表の参加。
2）国内的園芸博覧会（B類）
・B類1認定（長期な大規模国内園芸博覧会）
3カ月以上6カ月未満の会期、国際参加あり。
・B類2認定（短期的な専門国内展示会）
会期は1～3週間以内、特定の分野、専門的な内容、国際参加あり。

3. 今後の課題と研究展望

　本研究では日本の博覧会の歴史的変遷を包括的に論じ、近代における戦災および自然災害と対比させながら復興博覧会の位置づけを明確にし、観光による地域・都市の復興・再生に復興博覧会が果たした役割を経済効果とともに検証した。一方で残された課題も明らかになった。主に自治体を中心とした観光の仕組みや地域・都市における復興の状況を分析、研究を行ったため、地域の住民や観光業者の視点からの復興・再生論が不充分であると考える。明治から昭和20年代においては観光データもほとんどなく、レジャーに対する意欲、意識も勤勉に反するものとしてとらえられることが多かったように思える。今後の日本における博覧会の研究においてはこのような視点も求められるだろう。

　国際博覧会のテーマも、従来型の開発から、保全、保護、共生、…などといったものに移っていく傾向にある。そのような中で、災害大国と揶揄される日本が過去の教訓を生かしながら、最先端の科学技術の有効利用を図りつつ、博覧会手法を持って各国に手本を示していくことの意義は大きい。

　地域・都市が復興・再生を遂げようとするとき、観光が重要なキーワードになることが検証された。観光地とは観光を目的として人が集まるところ、および観光活動の舞台、あるいは今後なりそうな地域をいう。また観光活動のための観光資源、施設が整っている地域をいい、一般的には観光以外の各種レクリエーション活動も含めた空間も観光地としてとらえられる。実際に観光地を見ていると、大きく変化をしてきているのがわかる。

　マスツーリズムの時代には観光地（観光資源）、観光客、そしてその仲介

となる交通機関、宿泊業などの業者だけの三者関係で観光というものが成り立っていたが、最近では受け入れ地域に行政が入り、観光関連だけではなくさまざまな業種の企業、そして住民、NPOも入ってくる。このように多種多様な人々が協働していく。コラボレーションの中で、観光地が形成されていくというのが一つの変化の表れである。着地型観光と呼ばれる地元企画造成型観光である。そこでは単に集客によって利益を得るのみではなく、観光地の整備、景観、環境保全というものを行う。しかし昨今の着地型観光を見てみると、右も左も田植え体験や陶器の製作・絵付け、そば打ち体験といった模倣的同質化現象が起こり、ほとんど差別化ができない状態になってきている。これからの観光を目指す地域には脱コモディティ化のマーケティングが必要であり、観光者自らも気づいていない需要、ニーズを掘り起こしていく、提供していくという新しい観光地づくりを目指していくべきである。「○○をする」ことにとらわれず、観光客の訪れたい理由を創造することが、これからの地域の役割になっているといえよう。

　コトラーの「マーケティング3.0」に地域を当てはめてみれば（**表1**）、これまでの「観光地1.0」というのは、マスツーリズムの単なる受け入れ地域である。

　「観光地2.0」は、現在の主流になっている着地型観光で生き残る地域である。インターネットで情報発信し差別化を図る。

　では、これからの「観光地3.0」というのは、どういうものなのか。これは価値主導による「顧客価値創造型観光地」であろうと考える。どのような価値を観光客に得てもらうことができるのかということである。地域をより良い場所にしていくというのが、一つの地域の目的になってくる。住民にとっても暮らしやすいということも、これからの観光を目指す地域の非常に大きな要素になる。その地域の「こういう地域にしたい」というビジョンに共鳴するような人々が、その地域を訪れてファンになっていくという、そういう精神的価値というのが求められる時代になってきている。実はここに、最近各地で開催されるイベントのテーマである「現代アート」の価値というものが出てくるのではないか。プラットフォームという場を共有しながら、さまざまな地域の課題やあり方を論じ合う。それに共鳴するマスではないけれ

表1 顧客価値創造型観光地

	これまで（マーケティング1.0） マスツーリズム （の受け入れ地としての観光地） 旅行商品中心	現在（マーケティング2.0） 着地型観光 （で生き残る観光地） 消費者志向	これから（マーケティング3.0） 顧客価値創造型観光地 価値主導
目的	旅行商品を販売すること	観光客を満足させつなぎとめること	地域をよりよい場所にすること（住民・観光客にとって）
可能にした力	交通革命	情報技術	ニューウェーブの技術
市場に対する観光地の見方	旅行ニーズを持つマス購買者	マインドとハートを持つより洗練された消費者	マインドとハートと精神を持つ全人的存在
主なマーケティング・コンセプト	商品開発	差別化	価値
地域のマーケティング・ガイドライン	観光名所の説明	地域と観光名所の関わり方・他地域との差別化	地域のビジョン、ミッション、価値の共有
価値提案	物見遊山的価値	物見遊山的・感情的価値	物見遊山的・感情的・精神的価値
観光客との交流	1対多数の取引	1対1の関係	多数対多数の協働

出典：フィリップ・コトラーほか著、恩藏直人監訳『コトラーのマーケティング3.0』朝日新聞出版、2010年より筆者修正

　ども、あるまとまった層が訪れるのである。この層はある意味「観光客以上、定住者未満」といってよいだろう。彼らこそがアートイベントのボランティアとか組織づくりに大きく関わってくる。この層の共感度が増すにつれ地域に対する愛着度が深まりIターンという結果を生むこともあるのである。

　観光客の満足度を上げて、いわゆる観光客志向、消費者志向の観光地づくりを目指す。これが現在のあり方であり、「何をするのを求めているか」に対応した体験プログラムを開発していく。それをインターネット等で宣伝する。しかしこれからは、観光客が「何をするのを求めているか」に対応するのではなく、「何を得ることを、どんな価値を求めているか」に対応し、そういう「価値」を観光客に対して提供できる、「価値」の創造というものが求められる。これが、これからの観光地のあり方であろう。すると、観光客が地域のビジョン、地域のあり方に共鳴する、そういう観光地になっていくことが、新しい考え方に沿った観光客を引きつけることになるのではないだろうか。これにかなう新たな素材の提案が望まれる。

　最後に、本書では、これまで博覧会がいかに観光に接近してきたかを論じてきたが、近年は、観光の方の概念もより拡大し、強力になっており、MICE〔Meeting〔会議・研修・セミナー〕、Incentive tour〔報奨・招待旅行〕、

Convention または Conference〔大会・学会・国際会議〕、Exhibition〔展示会〕※JIB 総合研究所サイトより）という、かつての勧業博覧会に相当する「ビジネス・産業用の集客」も、現在はすでに観光の一領域に組み込まれているということを付け加えておきたい。

補注
1）外川淳（2011）『天災と復興の日本史』東洋経済新報社、3 頁。
2）東浩紀編（2013）『福島第一原発観光地化計画』株式会社ゲンロン、12-21 頁。
3）金田秀一（2012）「東北復興博覧会」研究会中間発表より。
4）金田、同上の「国際園芸家協会（AIPH）ファーバー会長との対話より」を参照。AIPH は国際園芸博覧会を認定する機関でもある。
5）観光学において近年、戦災や自然災害の負の遺産と観光とを結びつける視点からダークツーリズムや復興ツーリズムの研究が多くみられるようになってきた。
　　ダークツーリズムとは「戦争や災害の跡などの人類の負の記憶を巡る旅」と一般的に定義される。負の世界遺産を訪れる旅などが当てはまる。負の世界遺産は世界遺産条約で正式に定義されているものではないが、近現代に起こった戦争や人種差別、奴隷貿易など、人類が起こした過ちを記憶にとどめ教訓とするための遺産である。原子爆弾の惨禍を伝える「広島平和記念碑（原爆ドーム）」やナチス・ドイツが建設しユダヤ人などの大量虐殺が行われたポーランドの「アウシュビッツ・ビルケナウ―ナチス・ドイツの強制絶滅収容所（1940-1945）」などが有名である。人類が起こした過ち（負）の記憶を伝える場所・施設が世界遺産に登録されることで、教育旅行など多くの観光客が訪れるようになり、過ちを二度と繰り返さないという教訓ともなるのである。
　　また世界遺産に登録されたものだけではなく、2004 年にスマトラ沖で発生したマグニチュード 9.1 という大地震と巨大津波により甚大な被害を受けたインドネシア・アチェの津波博物館、日本においても雲仙・普賢岳噴火、阪神淡路大震災、東日本大震災などの激しさを観光客に伝え、自然災害の恐ろしさを認識するのみでなく防災意識の醸成などに役立てるために、被害にあった家屋、断層、施設などを当時の状況のまま保存するなどが行われている。復興ツーリズムは、東日本大震災の津波で最も大きな被害を受けた宮城県沿岸部の地域で取り組んでいるものである。日が経つにつれ人々の記憶が風化するなかで、震災の教訓を忘れないために、また観光による地域再生を果たすために観光協会や宿泊施設などが連携して行っている。電気、水道、トイレなどが使えない避難所生活の体験や非常食による食事、また眼鏡型端末を装着して現地を回りながら、震災直後の様子と復興後の状況とを比較し、現地の市民グループのメンバーによる説明を聞くというものである。
　　災害直後の場合には、被災地応援ボランティアツーリズムがある。他地域からボランティアを募り、被災地の応援に週末などを利用して出かけるものである。参加費を被災地が払うのではなく、参加者が払って被災地に出向く。この特徴は、ボランティ

アの活動現場の復興は、そうでない地域と比べて早いこと、被災者とともに作業を行うことにより参加者が復興への寄与を実感しリピートすることである。
　これらのツーリズムは、観光による災害からの地域・都市の復興・再生という観点からは本研究に近いものがあるものの、博覧会手法を用いたイベントによる復興・再生の主旨とは違うのでここでは取り上げなかった。

[資 料]
日本の主な出来事・自然災害・博覧会対比表

[資料] 日本の主な出来事・自然災害・博覧会対比表

年	日本の主な出来事	震災・風水害	博覧会名
1877	西南戦争		第1回内国勧業博覧会
1878			
1879			第8回京都博覧会
1880			
1881			第2回内国勧業博覧会
1882			
1883	鹿鳴館開館		
1884			
1885	内閣制度制定(伊藤博文内閣)	▲淀川大洪水(死者・行方不明者100人、流失家屋1600戸、浸水家屋7万1千戸)	
1886			
1887			
1888			
1889	東海道本線全通		
1890	第1回帝国議会召集		第3回内国勧業博覧会
1891		☆濃尾地震M8.0(死者7273人、全壊建物14万戸、半壊8万余戸)	
1892			
1893			
1894	日清戦争	☆庄内地震(山形県/死者726人、全壊3858戸、半壊2397戸、焼失2148戸)	
1895	日清講和条約調印		第4回内国勧業博覧会
1896		☆三陸沖大地震(死者・343人/青森、3452人/宮城、6人/北海道、18158人/岩手) ☆陸羽地震(死者209人、全壊家屋5800戸) ▲明治29年大洪水(死傷者78人/新潟県、死者158人/岐阜県、死者128人/福井県など)	
1897			
1898			
1899			
1900		☆宮城県北部地震(死者17人)	
1901		☆八戸地震(死者18人)	全国製産品博覧会
1902	日英同盟締結		第2回全国製産品博覧会
1903			第5回内国勧業博覧会
1904	日露戦争		
1905		☆芸予地震(死者11人、全壊家屋56戸)	
1906			凱旋記念内国特産品博覧会
1907			東京勧業博覧会
1908			第5回全国製産品博覧会
1909		☆姉川地震/滋賀県(死者41人、全壊家屋978戸)	第1回発明品博覧会
			第6回全国製産品博覧会
1910	韓国併合・朝鮮総督府設置	▲関東大水害(死者・不明者1349人、浸水家屋51万8千戸)	
1911		☆喜界島地震(死者12人、全壊家屋422戸) ▲東海・関東・東北の風水害(神奈川県で死者44人、東京都で死者60人など)	
1912	明治天皇崩御		明治記念拓殖博覧会
1913			
1914	第一次世界大戦勃発 日本参戦	☆桜島地震(鹿児島県の死者35人、全壊家屋120戸) ☆秋田仙北地震(死者94人、全壊家屋640戸) ▲北陸・甲信越・関東各地方風水害(死者・不明者115人)	東京大正博覧会
1915			大典記念京都博覧会
1916			
1917		▲東北〜近畿地方風水害(大阪府で死者・不明者1300人以上、損壊建物3万8800戸以上)	

出典:筆者作成(序章注2・3参照)

[資　料] 日本の主な出来事・自然災害・博覧会対比表

開催地		産業振興	皇室	国防	拓殖	平和・科学	復興	観光	自治体	ジャパンエキスポ	21世紀	BIE承認
東京都	1877	1										
	1878											
京都府	1879	1										
	1880											
東京都	1881	1										
	1882											
	1883											
	1884											
	1885											
	1886											
	1887											
	1888											
	1889											
東京都	1890	1										
	1891											
	1892											
	1893											
	1894											
京都府	1895	1										
	1896											
	1897											
	1898											
	1899											
	1900											
京都府	1901	1										
京都府	1902	1										
大阪府	1903	1										
	1904											
	1905											
京都府	1906	1										
東京都	1907	1										
京都府	1908	1										
東京都	1909	2										
京都府												
	1910											
	1911											
東京都	1912					1						
	1913											
東京都	1914		1									
京都府	1915	1										
	1916											
	1917											

☆震災（死者・不明者10人前後以上あり、および倒壊家屋が多くあるもの）
▲風水害（死者・不明者10人前後以上あり、および倒壊家屋・浸水家屋が多くあるもの）
◎BIE承認の登録博／○BIE承認の認定博
◆ジャパンエキスポ／△市制100周年記念／無印は任意の地方博覧会

[資料] 日本の主な出来事・自然災害・博覧会対比表（つづき）

年	日本の主な出来事	震災・風水害		博覧会名
1918		☆択捉島沖地震（死者24人）		電気博覧会
1919				大阪化学工業博覧会
1920				畜産工芸博覧会
1921		▲中国・近畿・中部地方風水害（全国で死者・不明者691人、損壊家屋7397戸）		
1922		☆島原地震（島原・天草・熊本方面：死者25人）		平和記念東京博覧会
1923		☆関東大震災（相模湾北西部が震源。死者不明者14万2千余人、全・半壊家屋25万4千余戸）		第三回発明品博覧会
1924		☆丹沢地震（死者19人、全壊家屋1200余戸）		東宮殿下御成婚奉祝 万国博覧会参加五十周年記念博覧会
1925	普通選挙法、治安維持法成立	☆北但馬地震（円山川流域で被害多く、死者428人）		大大阪記念博覧会 日本絹業博覧会
1926	大正天皇崩御			皇孫御誕生記念こども博覧会 電気大博覧会 全国産業博覧会 皇孫御誕生記念こども博覧会 国産振興博覧会
1927		☆北丹後地震（被害は丹後半島が最も激しかったが、淡路、福井、山陰、四国、関西に及ぶ。死傷者2925人） ▲九州西部・東京地方風水害（死者・不明者439人、損壊家屋2211戸、浸水家屋3493戸）		東亜勧業博覧会
1928				大日本勧業博覧会 全国産業博覧会 大礼記念国産振興東京博覧会 東北産業博覧会 御大典奉祝名古屋博覧会 大礼記念京都博覧会 大礼奉祝博覧会 大礼奉祝交通電気博覧会
1929	世界恐慌始まる			昭和博覧会
1930		☆北伊豆地震（伊東群発地震。死者272人）		御遷宮奉祝神都博覧会 日本海海戦二十五周年記念 海と空の博覧会 国産振興博覧会 観艦式記念海港博覧会
1931				市制二十周年記念全国産業博覧会 小樽海港博覧会 国産振興北海道拓殖博覧会 上越線全通記念博覧会
1932		▲中部・関東・東北地方大水害（死者・不明者257人、損壊家屋1万3672戸、浸水家屋6万5081戸）		
1933	国際連盟脱退	☆三陸沖地震（震災は少なかったが津波が太平洋岸を襲い甚大な被害を被った。死者・不明者3064人、流出家屋4034戸）		品川臨海産業博覧会
1934		▲室戸台風（死者・不明者3036人、全・半壊家屋9万2750戸、浸水家屋50万1157戸）		
1935				新興熊本大博覧会 復興記念横浜大博覧会 産業総動員工業大博覧会
1936	二.二六事件			国産振興四日市大博覧会 姫津線全通記念 国防と資源大博覧会

出典：筆者作成（序章注2・3参照）

[資　料] 日本の主な出来事・自然災害・博覧会対比表

開催地	年	産業振興	皇室	国防	拓殖	平和·科学	復興	観光	自治体	ジャパンエキスポ	21世紀	BIE承認
東京都 大阪府	1918	2										
東京都	1919	1										
	1920											
	1921											
東京都	1922					1						
東京都	1923	1										
京都府	1924		1									
大阪府 兵庫県	1925	2										
東京都 大阪府 兵庫県 京都府 北海道	1926	3	2									
福岡県	1927	1										
岡山県 香川県 東京都 宮城県 愛知県 京都府 東京都 大阪府	1928	3	5									
広島県	1929	1										
三重県 東京都 兵庫県 兵庫県	1930	1		3								
静岡県 北海道 北海道 新潟県	1931	2				1			1			
	1932											
東京都	1933	1										
	1934											
熊本県 神奈川県 大阪府	1935	3										
三重県 兵庫県	1936	1		1								

☆震災(死者・不明者10人前後以上あり、および倒壊家屋が多くあるもの)　　◎BIE承認の登録博／○BIE承認の認定博
▲風水害(死者・不明者10人前後以上あり、および倒壊家屋・浸水家屋が多くあるもの)　　◆ジャパンエキスポ／△市制100周年記念／無印は任意の地方博覧会

[資料] 日本の主な出来事・自然災害・博覧会対比表(つづき)

年	日本の主な出来事	震災・風水害	博覧会名
1937	日中戦争		名古屋汎太平洋平和博覧会 土讃線全通記念 南国土佐大博覧会
1938	国家総動員法公布	▲阪神大水害(死者・不明者925人、全・半壊家屋9123戸、浸水家屋50万1201戸)	国民精神総動員　国防大博覧会 支那事変聖戦博覧会
1939		☆男鹿地震(死者27人、全壊家屋479戸)	
1940			戦時工業総力博覧会
1941	太平洋戦争勃発		国防科学大博覧会
1942			
1943		☆鳥取地震(鳥取市を中心に被害、死者1083人、全壊家屋7485戸)	
1944		☆東南海地震(三重県沖が震源、静岡・愛知・三重などで合わせて死者・不明者1223人)	
1945	ポツダム宣言受諾 太平洋戦争終戦	☆三河地震(死者2306人、全壊家屋7221戸) ▲枕崎台風(死者・不明者3756人、全・半壊家屋流出8万8037戸、浸水家屋27万3285戸)	
1946	日本国憲法公布	☆南海地震・和歌山県沖(死者1330人、全壊家屋11591戸)	
1947		▲カスリーン台風・東海以北(死者・不明者1930人、全・半壊家屋・流出9298戸、浸水家屋38万5753戸)	
1948		☆福井地震(死者3769人、倒壊家屋36184戸) ▲アイオン台風・四国～東北(死傷者838人、全・半壊建物13万8052戸) ▲福井豪雨(死者・不明者6人、浸水家屋4112戸)	伊勢志摩国立公園　観光と平和博覧会 復興大博覧会
1949	湯川秀樹ノーベル物理学賞	▲ジュディス台風・九州～四国(死者・不明者179人、全・半壊家屋・流出2561戸、浸水家屋10万1995戸) ▲キティ台風・中部～北海道(死傷者160人、全・半壊建物16万1263戸)	観光高松大博覧会 福島県産業復興博覧会 善光寺の御開帳と平和博覧会
1950		▲ジェーン台風・四国以北(死者・不明者593人、全・半壊家屋・流出12万923戸、浸水家屋40万2076戸)	日本貿易産業博覧会(神戸博) アメリカ博覧会 北海道開発大博覧会
1951	日米安保条約調印	▲大雨・中部以西(死傷者306人、全・半壊建物10万5883戸) ▲ルース台風・全国(死傷者973人、全・半壊建物35万9391戸)	
1952		☆十勝沖地震(死者・不明者33人、全壊家屋815戸) ▲大雨・中国～東海(死傷者150人、全・半壊建物16万1691戸)	講和記念婦人とこども大博覧会 長崎復興平和博覧会 福井復興博覧会
1953	テレビの本放送開始	▲大雨・九州～中国(死者・不明者1023人、全・半壊家屋・流出3万5655戸、浸水家屋55万5653戸) ▲南紀豪雨(死傷者1125人、全・半壊建物9万7368戸) ▲台風13号(死傷者578人、全・半壊建物58万2273戸)	伸びる科学博覧会
1954		▲台風12号・関東以西(死者・不明者156人、全・半壊家屋・流出3万9855戸、浸水家屋18万1855戸) ▲洞爺丸台風・全国(死者・不明者1761人、全・半壊家屋・流出3万167戸)	尼崎市防潮堤完成記念 栄える産業博覧会 御遷宮記念お伊勢博覧会 富山産業大博覧会 第13回全国菓子大博覧会 北洋漁業再開記念 北海道大博覧会(北洋博)
1955			原子力平和利用博覧会
1956			誰にもわかる科学博覧会

出典:筆者作成(序章注2・3参照)

[資　料] 日本の主な出来事・自然災害・博覧会対比表

開催地		産業振興	皇室	国防	拓殖	平和・科学	復興	観光	自治体	ジャパンエキスポ	21世紀	BIE承認
愛知県 高知県	1937	1				1						
東京都 兵庫県	1938			2								
	1939											
東京都 兵庫県	1940 1941			1 1								
	1942											
	1943											
	1944											
	1945											
	1946											
	1947											
三重県	1948					1	1					
大阪府 香川県	1949					1	2					
福島県 長野県 兵庫県 兵庫県 北海道	1950	2						1				
	1951											
大阪府 長崎県 福井県	1952					1	2					
兵庫県	1953					1						
兵庫県	1954											
三重県 富山県 京都府 北海道		4				1						
東京都	1955					1						
鹿児島県	1956											

☆震災（死者・不明者10人前後以上あり、および倒壊家屋が多くあるもの）　　　◎BIE承認の登録博／○BIE承認の認定博
▲風水害（死者・不明者10人前後以上あり、および倒壊家屋・浸水家屋が多くあるもの）　　　◆ジャパンエキスポ／△市制100周年記念／無印は任意の地方博覧会

[資料] 日本の主な出来事・自然災害・博覧会対比表（つづき）

年	日本の主な出来事	震災・風水害	博覧会名
1957		▲諫早水害(死者・不明者992人、全・半壊・流出1565戸、床上浸水2万5056戸)	岡山産業文化大博覧会 別府温泉観光産業博覧会
1958		▲狩野川台風・近畿以北(死者・不明者1269人、全・半壊家屋・流出4275戸、浸水家屋52万1815戸)	関門海底国道トンネル開通記念 世界貿易産業大博覧会(門司トンネル博) 広島復興博覧会 南国高知総合博覧会(南国博) 北海道大博覧会
1959		▲台風7号・近畿〜東海(死傷者235人、全・半壊建物22万5806戸) ▲伊勢湾台風(死者・不明者6198人、全・半壊・流出15万4890戸、浸水家屋36万3616戸)	
1960	日米安保条約改定	☆チリ地震津波・太平洋沿岸各地(死者・不明者142人、全壊家屋1500余戸)	伸びゆく北九州小倉大博覧会
1961		▲梅雨前線・全国大雨(死者・不明者357人、全壊、流出家屋1758戸、床上浸水家屋7万3126戸) ▲第2室戸台風・特に近畿(死傷者202人、全・半壊建物88万3565戸)	第十五回全国菓子大博覧会
1962			若戸大橋完成記念 産業・観光と宇宙大博覧会
1963		▲大雨・九州／東海(死傷者102人、全・半壊建物9万1999戸)	
1964	東京オリンピック開催 東海道新幹線開業	☆新潟地震(死者26人、全壊家屋1960戸)	明日の科学と産業博覧会
1965		▲台風25号・全国(死傷者107人、全・半壊建物25万9925戸)	松山博覧会
1966	日本の総人口1億人突破	☆松代群発地震(震度5を含む有感地震が1日100回を超える日があり、11月29日には229回に達した) ▲台風25/26号・全国/特に山梨(死傷者318人、全・半壊建物12万6767戸)	明日をつくる科学と産業・福岡大博覧会 姫路大博覧会
1967		▲羽越豪雨(死傷者156人、全・半壊建物7万2018戸)	
1968		☆十勝沖地震(死者52人、全壊建物673戸)	北海道百年記念・北海道大博覧会
1969			佐賀大博覧会 八郎潟干拓記念・秋田農業大博覧会
1970			◎日本万国博覧会
1971			
1972	沖縄本土復帰 山陽新幹線(〜岡山)開通	▲7月豪雨・全国(死者・不明者557人、全・半・流出家屋1万3182戸、浸水家屋33万2000戸)	山陽新幹線開通記念・岡山交通博覧会
1973	第1次オイルショック		日本海博覧会
1974		☆伊豆半島沖地震(死者30人、全壊家屋134戸)	
1975	山陽新幹線(岡山〜博多)開通	▲台風8号・沖縄〜中部(死者111人、全・半壊建物15万382戸)	新幹線博多開通記念福岡大博覧会 ○沖縄国際海洋博覧会
1976		▲台風5/6号・四国〜北海道(死傷者110人、全・半壊建物10万2185戸) ▲台風17号・全国(死者・不明者171人、全・半・流出家屋5370戸、浸水家屋63万5705戸)	
1977		▲7月豪雨・九州北部〜関東(死者・不明者375人、全壊・流出家屋1085戸、床上浸水5万1787戸)	南日本博覧会(西郷ドン博)
1978	日中平和友好条約締結	☆伊豆大島近海地震(死者25人、全壊家屋96戸) ☆宮城県沖地震(死者28人、全壊家屋1183戸)	国際児童年記念宇宙科学博覧会
1979			瀬戸内2001博
1980			

出典：筆者作成(序章注2・3参照)

[資　料] 日本の主な出来事・自然災害・博覧会対比表

開催地		産業振興	皇室	国防	拓殖	平和・科学	復興	観光	自治体	ジャパンエキスポ	21世紀	BIE承認
岡山県	1957	1						1				
大分県												
福岡県	1958											
広島県		1					1		2			
高知県												
北海道												
	1959											
福岡県	1960	1										
愛知県	1961	1										
福岡県	1962							1				
	1963											
岡山県	1964					1						
愛媛県	1965								1			
福岡県	1966					1			1			
兵庫県	1967											
北海道	1968								1			
佐賀県	1969								1			
秋田県		1										
大阪府	1970											1
	1971											
岡山県	1972	1										
石川県	1973	1										
	1974											
福岡県	1975	1										1
沖縄県												
	1976											
鹿児島県	1977	1										
東京都	1978					1						
岡山県	1979								1			
	1980											

☆震災(死者・不明者10人前後以上あり、および倒壊家屋が多くあるもの)　　◎BIE承認の登録博／○BIE承認の認定博
▲風水害(死者・不明者10人前後以上あり、および倒壊家屋・浸水家屋が多くあるもの)　　◆ジャパンエキスポ／△市制100周年記念／無印は任意の地方博覧会

[資料] 日本の主な出来事・自然災害・博覧会対比表（つづき）

年	日本の主な出来事	震災・風水害		博覧会名
1981				神戸ポートアイランド博覧会（ポートピア81）
1982	東北新幹線、上越新幹線開通	▲7月豪雨・関東以西（死者・不明者539人、全・半壊・流出家屋3044戸、浸水家屋22万3181戸） ▲台風10号・中国〜東北（死傷者95人、全・半壊建物11万9215戸）		ふくおか'82大博覧会 82北海道博覧会 グリンピア'82十勝博（北方圏森林博覧会）
1983		☆日本海中部地震・秋田県沖（死者104人、全壊建物934戸）		上越新幹線開通記念新潟博覧会 置県百年記念・にっぽん新世紀博覧会 大阪築城400年まつり・大阪城博覧会
1984		☆長野県西部地震（死者29人、全壊建物・流出14戸）		第二十回全国菓子大博覧会 84高知・黒潮博覧会 84小樽博覧会 栃木産業博覧会 名古屋城博覧会 国際伝統工芸博覧会・京都
1985				○国際科学技術博覧会（科学万博） くにうみの祭典・淡路愛ランド博覧会 鳴門ピア・ワールドフェスティバル KOBEグリーンエキスポ'85花と緑の博覧会
1986				豊のくに中津大博覧会 北海道21世紀博覧会 86さっぽろ花と緑の博覧会
1987	バブル景気始まる			岡崎市制70周年記念博覧会（葵博・岡崎'87） 87世界古城博覧会 87未来の東北博覧会 天王寺博覧会
1988	ふるさと創生事業開始			さいたま博覧会 四国瀬戸大橋架橋記念博覧会 岡山瀬戸大橋架橋記念博覧会 ホロンピア'88　21世紀公園都市博覧会 ならシルクロード博覧会 世界・食の祭典 十勝海洋博覧会 △ぎふ中部未来博覧会 青函トンネル開通記念青森EXPO 青函トンネル開通記念函館EXPO 飛騨・高山食と緑の博覧会 第6回全国都市緑化フェア 緑・花・祭なごや'88
1989	昭和天皇崩御			△アジア太平洋博覧会福岡'89 △姫路シロトピア博覧会 △横浜博覧会 △'89海と島の博覧会・ひろしま △第21回全国菓子大博覧会　松江菓子博覧会 △世界デザイン博覧会 △全国都市緑化フェア　'89グリーンフェア仙台 △ナイスふーど新潟・食と緑の博覧会 △'89鳥取・世界おもちゃ博 △サザンピア21 △SUNPU博'89 △ダッパランド'89大阪

出典：筆者作成（序章注2・3参照）

[資 料] 日本の主な出来事・自然災害・博覧会対比表

開催地	年	産業振興	皇室	国防	拓殖	平和・科学	復興	観光	自治体	ジャパンエキスポ	21世紀	BIE承認
兵庫県	1981								1			
福岡県	1982											
北海道												
北海道		1							2			
新潟県	1983											
富山県												
		1							2			
大阪府												
東京都	1984											
高知県												
北海道		2							4			
栃木県												
愛知県												
京都府												
茨城県	1985											
兵庫県												
徳島県										2	1	1
兵庫県												
熊本県	1986											
北海道										2	1	
北海道												
愛知県	1987											
滋賀県									1	3		
宮城県												
大阪府												
埼玉県	1988											
香川県												
岡山県												
兵庫県												
奈良県												
北海道												
北海道		2						4	2		4	
岐阜県												
青森県												
北海道												
岐阜県												
愛知県												
福岡県	1989											
兵庫県												
神奈川県												
広島県												
島根県												
愛知県												
宮城県									14			
新潟県												
鳥取県												
鹿児島県												
静岡県												
大阪府堺市												

☆震災(死者・不明者10人前後以上あり、および倒壊家屋が多くあるもの)　　●BIE承認の登録博／○BIE承認の認定博
▲風水害(死者・不明者10人前後以上あり、および倒壊家屋・浸水家屋が多くあるもの)　　◆ジャパンエキスポ／△市制100周年記念／無印は任意の地方博覧会

[資料] 日本の主な出来事・自然災害・博覧会対比表（つづき）

年	日本の主な出来事	震災・風水害	博覧会名
1989	（つづき）		△甲府博
			△山形100フェスティバル
1990		▲台風19号・沖縄〜東北（死傷者50人、全・半壊建物3万5725戸）	おかやま食と緑の博覧会
			○△国際花と緑の博覧会（大阪花博）
			△長崎「旅」博覧会（88年開催を延期）
1991		▲台風19号・全国（死傷者62人、全・半壊建物19万3512戸）	
1992			◆ジャパンエキスポ富山
			◆三陸・海の博覧会
1993		☆北海道南西沖地震・奥尻島など（死者・不明者230人、全壊家屋509戸）	◆信州博覧会
		▲8月豪雨・西日本特に九州南部（死者・不明者151人、全・半壊・流出家屋7万8203戸、浸水家屋7万2477戸）	
1994		☆北海道東方沖地震・根室、釧路地方（死者10人、全・半壊家屋421戸）	アーバンリゾートフェア神戸'93
			第22回全国菓子大博覧会・金沢94
			◆世界リゾート博覧会
			◆世界祝祭博覧会
1995		☆阪神・淡路大震災（死者6433人、全・半壊家屋24万戸以上）	
1996			◆世界・炎の博覧会
1997		▲梅雨前線・西日本/中部（死者26人、全・半壊家屋56戸、浸水家屋9174戸）	◆山陰・夢みなと博覧会
			◆国際ゆめ交流博覧会
1998		▲台風4号・中部〜北海道（死者・不明者24人、全・半壊家屋257戸、浸水家屋1万4847戸）	第23回全国菓子大博覧会・岩手菓子博覧会
		▲台風7/8号・四国/近畿/東海（死者・不明者19人、全・半壊家屋1208戸、浸水家屋1万579戸）	
		▲台風10号・中部以西（死者・不明者13人、全・半壊家屋67戸、浸水家屋1万4584戸）	
1999		▲梅雨前線・九州〜東北（死者・不明者41人、浸水家屋1万8585戸）	◆南紀熊野体験博
		▲台風18号・九州/中国（死者30人、全・半壊家屋3585戸、浸水家屋1万8503戸）	
2000		☆鳥取県西部地震（負傷者182人、全壊家屋430戸）	国際園芸・造園博ジャパンフローラ2000（淡路花博）
		▲9月東海豪雨（死者・不明者10人、全・半壊家屋205戸、浸水家屋6万8321戸）	
2001		▲台風15号・東海〜関東（死者・不明者8人、全・半壊一部損壊家屋300戸、浸水家屋1385戸）	◆北九州博覧祭
			◆うつくしま未来博
			◆21世紀未来博覧会
2002		▲台風6号・中部〜東北（死者・不明者7人、全・半壊家屋82戸、浸水家屋1万853戸）	加賀百万石博
2003		▲梅雨前線・九州南部（死者23人、全・半壊家屋107戸、浸水家屋7746戸）	若狭路博2003
		▲台風10号・西日本（死者・不明者19人、全・半壊家屋55戸、浸水家屋2398戸）	
2004		☆新潟県中越地震（死者68人、全・半壊家屋16985戸）	パシフィックフローラ2004（浜名湖花博）
		▲新潟・福島豪雨（死者16人、全・半壊家屋5728戸、浸水家屋8177戸）	
		▲福井豪雨（死者・不明者5人、全・半壊家屋199戸、浸水家屋1万3657戸）	
		▲台風15号・九州〜四国（死者10人、全・半壊家屋105戸、浸水家屋2551戸）	
		▲台風16号・瀬戸内海（死者・不明者17人、全・半壊家屋256戸、浸水家屋4万6220戸）	えひめ町並博
		▲台風18号・全国（死者・不明者46人、全・半壊家屋1650戸、浸水家屋2万1086戸）	

出典：筆者作成（序章注2・3参照）

[資　料] 日本の主な出来事・自然災害・博覧会対比表　271

開催地		産業振興	皇室	国防	拓殖	平和·科学	復興	観光	自治体	ジャパンエキスポ	21世紀	BIE承認
山梨県												
山形県												
岡山県	1990											
大阪府								1			1	1
長崎県												
	1991											
富山県	1992										2	
岩手県												
長野県	1993								1		1	
兵庫県												
石川県	1994											
和歌山県		1							2			
三重県												
	1995											
佐賀県	1996								1			
鳥取県	1997								2			
宮城県												
岩手県	1998											
		1										
和歌山県	1999										1	
兵庫県	2000										1	
福岡県	2001											
福島県											3	
山口県												
石川県	2002							1				
福井県	2003								1			
静岡県	2004							1			1	
愛媛県												

☆震災(死者・不明者10人前後以上あり、および倒壊家屋が多くあるもの)　　　◎BIE承認の登録博／○BIE承認の認定博
▲風水害(死者・不明者10人前後以上あり、および倒壊家屋・浸水家屋が多くあるもの)　　　◆ジャパンエキスポ／△市制100周年記念／無印は任意の地方博覧会

[資料] 日本の主な出来事・自然災害・博覧会対比表(つづき)

年	日本の主な出来事	震災・風水害		博覧会名
2004	(つづき)	▲台風21号・四国〜三重(死者・不明者27人、全・半壊家屋893戸、浸水家屋2万816戸) ▲台風22号・東海(死者・不明者9人、全・半壊家屋435戸、浸水家屋8310戸) ▲台風23号・四国〜関西(死者・不明者98人、全・半壊家屋1万7146戸、浸水家屋7万1493戸)		
2005		▲台風14号・九州/四国/中国(死者・不明者29人、全・半壊家屋5113戸、浸水家屋1万3207戸) ▲豪雪・新潟中心に日本海側(死者152人、全・半壊家屋46戸、浸水家屋113戸)※12月〜翌年3月		◎日本国際博覧会(愛知万博)
2006		▲豪雨・九州〜長野(死者・不明者30人、全・半壊家屋1539戸、浸水家屋6996戸) ▲台風13号・沖縄〜中国(死者・不明者10人、全・半壊家屋673戸、浸水家屋1366戸)		長崎さるく博
2007		☆新潟県中越沖地震(死者15人、全・半壊家屋7041戸)		彦根城築城400年祭
2008	リーマンショックによる大幅な景気後退	☆岩手・宮城内陸地震(死者・不明者23人、全・半壊家屋176戸)		
2009		▲中国・九州北部豪雨(死者36人、全・半壊家屋154戸、浸水家屋1万1872戸) ▲台風9号大雨・九州〜東北(死者・不明者27人、全・半壊家屋1313戸、浸水家屋5619戸)		開国博Y150 第4回大地の芸術祭
2010		▲大雨・西日本〜東海(死者・不明者22人、全・半壊家屋134戸、浸水家屋7930戸)		土佐・龍馬であい博 平城遷都1300年祭 瀬戸内国際芸術祭2010
2011		☆東北地方太平洋沖地震(死者・不明者2万1613人、全・半壊家屋40万戸) ▲大雨と暴風・紀伊半島(死者・不明者98人、全・半壊家屋3538戸、浸水家屋2万2094戸) ▲台風15号/大雨・西日本〜北日本(死者・不明者20人、全・半壊家屋1558戸、浸水家屋8567戸)		
2012		▲九州北部豪雨(死者・不明者33人、全・半壊家屋2582戸、浸水家屋1万983戸)		神話博しまね 第5回大地の芸術祭
2013		▲台風18号/大雨(死者・不明者7人、全・半壊家屋251戸、浸水家屋1万89戸) ▲台風26号/大雨(死者・不明者43人、全・半壊家屋165戸、浸水家屋5655戸)		瀬戸内国際芸術祭2013

出典:筆者作成(序章注2・3参照)

[資　料] 日本の主な出来事・自然災害・博覧会対比表　273

開催地		産業振興	皇室	国防	拓殖	平和・科学	復興	観光	自治体	ジャパンエキスポ	21世紀	BIE承認
愛知県	2005											1
長崎県	2006										1	
	2007							1				
	2008											
神奈川県	2009								1		1	
新潟県 高知県 奈良県 香川県	2010								2		1	
	2011											
島根県 新潟県 香川県	2012							1				
	2013										1	

☆震災(死者・不明者10人前後以上あり、および倒壊家屋が多くあるもの)　　◎BIE承認の登録博／○BIE承認の認定博
▲風水害(死者・不明者10人前後以上あり、および倒壊家屋・浸水家屋が多くあるもの)　　◆ジャパンエキスポ／△市制100周年記念／無印は任意の地方博覧会

参考文献

【邦文】

朝倉俊一（2008）「世界遺産登録に伴う国内観光地の入込客数の変化についての考察」『日本観光研究学会全国大会論文集』23号：329-332頁。
『朝日新聞』1988年10月11日付朝刊。
『朝日新聞』1988年10月18日付夕刊。
『朝日新聞』1989年1月6日付夕刊。
東浩紀編（2013）『福島第一原発観光地化計画』株式会社ゲンロン。
石川敦子（2011）『復興博覧会の軌跡』イベント学会。
稲泉連（2014）『ドキュメント豪雨災害』岩波新書。
今井清一（2007）『横浜の関東大震災』有隣堂。
越後妻有大地の芸術祭実行委員会（2000）『大地の芸術祭・総括報告書』。
(越後妻有) 大地の芸術祭・花の道実行委員会（2003）『第2回大地の芸術祭・総括報告書』。
(越後妻有) 大地の芸術祭実行委員会（2006）『第3回大地の芸術祭・総括報告書』。
(越後妻有) 大地の芸術祭実行委員会（2010）『第4回大地の芸術祭・総括報告書2009』。
(越後妻有) 大地の芸術祭実行委員会（2013）『第5回大地の芸術祭・総括報告書2012』。
追手門学院上町学プロジェクト（2011）『上町学―再発見・古都おおさか』産経新聞出版。
大阪市役所（1958）『大阪市戦災復興誌』。
大阪市役所（1964）『昭和大阪市史 続編』（第1巻・概説編）。
大阪市役所（1965）『昭和大阪市史 続編』（第2巻・行政編）。
大阪市経済局貿易課観光係（1952）『大阪城天守閣に関する調査』大阪市。
大阪市経済局貿易観光課（1962）『観光に関する調査』大阪市。
大阪市史編纂所編（1999）『大阪市の歴史』創元社。
『大阪毎日新聞』1923（大正12）年9月2日付。
太田保之（1996）『災害精神医学の現状：精神医学38』。
小浜市（1952）『若狭国宝めぐり御案内パンフレット』。
海津一朗編（2006）「きのくに歴史発見」白馬社。
鹿島茂（2011a）『渋沢栄一』（Ⅰ．算盤篇）文藝春秋。
鹿島茂（2011b）『渋沢栄一』（Ⅱ．論語篇）文藝春秋。
梶原貞幸編著（2012）『イベント・プロフェッショナル』社団法人日本イベント産業振興協会。
金田秀一（2012）「東北復興博覧会研究会」中間発表。
株式会社ジェイティービー（2012）『JTBグループ100年史 1912-2012』。
仮谷志良（1986）『ふるさとに生きる』ぎょうせい。
観光力推進ネットワーク関西・日本観光研究学会関西支部編（2016）『地域創造のための観光マネジメント講座』学芸出版社。

関西大学社会安全学部編（2014）『防災・減災のための社会安全学』ミネルヴァ書房。
神田孝治（2001）「南紀白浜温泉の形成過程と他所イメージの関連性―近代期における観光空間の生産についての省察」『人文地理』53巻5号：24-45頁。
観光高松大博覧会編纂（1951）『観光高松大博覧会誌』高松市役所。
北川フラム（2010）『大地の芸術祭』角川学芸出版。
北川フラム（2014）『美術は地域をひらく・大地の芸術祭10の思想』現代企画室。
北川フラム（2015）『ひらく美術―地域と人間のつながりを取り戻す』ちくま新書。
北川フラム監修（2010）『瀬戸内国際芸術祭2010公式ガイドブック』美術出版社。
北川フラム・大地の芸術祭実行委員会監修（2015）『大地の芸術祭2015公式ガイドブック』現代企画室。
京都新聞社編（2004）『検証 信楽列車事故―鉄路安全への教訓』京都新聞社出版センター。
工藤泰子（2007）「占領下京都における国際観光振興について」『日本観光研究学会全国大会学術論文集』22号：93-96頁。
工藤泰子（2008）「第四回内国勧業博覧会と広域観光計画について」『日本観光研究学会全国大会学術論文集』23号：45-48頁。
工藤泰子（2010）『近代京都と都市観光―京都における観光行政の誕生と展開』京都大学大学院博士学位論文。
桑田政美（1997）「集客装置としての都市の魅力分析―賑わいの構造について」『マネジメント・レビュー』3号：111-132頁。
桑田政美（2010a）「国際博覧会の理念の継承についての一考察―2008年サラゴサ国際博覧会（International Exposition of Zaragoza, Spain 2008）日本政府出展事業アドバイザー業務を終えて」『京都嵯峨芸術大学紀要』35号：61-65頁。
桑田政美（2010b）「顧客価値創造型観光地への進化についての考察」『日本観光研究学会全国大会論文集』25号：277-280頁。
桑田政美（2012）「復興記念横浜大博覧会と交通観光館―都市観光再生への歴史的考察」『都市研究』12号：17-33頁。
桑田政美（2013）「2013年度総会 会長記念講演 復興博覧会と観光館―都市観光再生についての一考察」『観光研究』Vol.25 No.1：23-28頁。
桑田政美（2015a）「大阪における復興大博覧会と観光館―都市観光再生への歴史的考察」『観光研究』Vol.26 No.2：73-83頁。
桑田政美（2015b）「戦災と自然災害からの復興と都市観光再生についての歴史的考察―観光高松大博覧会および福井復興博覧会を事例として」『Journal of Leisure and Tourism』2号：17-24頁。
桑田政美編（2006）『観光デザイン学の創造』世界思想社。
京阪神急行電鉄（1959）『京阪神急行電鉄五十年史』。
甲賀観光未来会議（2014）『甲賀ブランド』甲賀市。
甲賀市編（2014）『倖せ輝く理想郷・甲賀市市勢要覧2014』。
甲賀市教育委員会編（2006）『甲賀市文化財ガイド・甲賀を繙く』甲賀市教育委員会。
甲賀市商工観光課・甲賀市観光協会（2011）『甲賀市観光ガイド』。
神戸市国際文化観光局観光交流課（2008）『平成19年の神戸観光（観光入込客数）』。

http://www.city.kobe.lg.jp/information/data/statistics/sightseeing/data/img/irikomi19.pdf（2017.4.28アクセス）
小長谷一之（2005）『都市経済再生のまちづくり』古今書院。
小長谷一之・福山直寿・五嶋俊彦・本松豊太（2012）『地域活性化戦略』晃洋書房。
小林照夫・澤喜司郎・帆苅猛編著（2009）『港都横浜の文化論』関東学院大学出版会。
財団法人食の祭典委員会（1988）『北海道イベントガイド・世界・食の祭典公式ガイドブックⅡ』弐壱弐研究所。
佐藤武夫・奥田穣・高橋裕（1964）『災害論』勁草書房。
佐野真由子編（2015）『万国博覧会と人間の歴史』思文閣出版。
椎名仙卓（2005）『日本博物館成立史―博覧会から博物館へ』雄山閣。
ジェイコム編（1991）『世界陶芸祭・公式ガイドブック』世界陶芸祭実行委員会。
滋賀災害看護研究会編（2001）『信楽高原鉄道列車事故救護活動報告書』。
信楽陶芸トリエンナーレ実行委員会（2010）『信楽まちなみ芸術祭報告書』。
信楽陶芸トリエンナーレ実行委員会（2013）『第2回信楽まちなみ芸術祭報告書』。
信楽列車事故遺族会・弁護団編（2005）『信楽列車事故―JR西日本と闘った4400日』現代人文社。
『四国新聞』1946年12月22日付。
清水章（2006）『日本装飾屋小史』創元社。
下宏（2012）「和歌山県における台風12号の被害状況と観光振興の取り組みについて」日本観光研究学会　関西支部意見交換会資料（2012.5.12）。
白洲正子（1971）『かくれ里』新潮社。
白戸秀次（1977）『ホテルニューグランド50年史』ホテルニューグランド。
白幡洋三郎（1996）『旅行ノススメ』中公新書。
須田寛・徳田耕一・安村克己（2002）『新・産業観光論』すばる舎。
請願委員会（1946）『議事録第8回：1946.8.23』。
世界陶芸祭実行委員会編（1992）『世界陶芸祭報告書』世界陶芸祭実行委員会。
綜合ユニコム（2001）『月刊レジャー産業資料』418号。
創立30周年記念事業委員会（1955）『天王寺区史』。
曽山毅（2003）「植民地台湾と近代ツーリズム」青弓社。
高嶋雅明（1985）『和歌山県の百年』山川出版社。
高橋重治編（1930）『帝都復興史』第3巻、興文堂書院。
高松百年史編集室（1988）『高松百年史』（上巻）高松市。
高松百年史編集室（1989）『高松百年史』（下巻）高松市。
高松百年史編纂室（1990）『高松百年の歴史』高松市。
高松市役所（1951）『観光高松大博覧会誌』。
高村直助（2006）『都市横浜の半世紀―震災復興から高度成長まで』有燐堂。
田中祥夫（2000）『ヨコハマ公園物語』中公新書。
田村明（1983）『都市ヨコハマをつくる』中公新書。
田村明（1989）『都市ヨコハマ物語』時事通信社。
近勝彦・福田秀俊（2010）『経験の社会経済―事例から読み解く感動価値』晃洋書房。

通商産業省（1989）『通産省公報』（1989.11.17）。
通商産業省産業政策局商務室編（1989）『JAPAN EXPO』日本イベント産業振興協会。
寺下勲（2005）『日本の博覧会―寺下勲コレクション』平凡社。
電通編（1976）『沖縄国際海洋博覧会公式記録（総合編）』沖縄国際海洋博覧会協会。
東京都総務局観光課（1948）『第1回観光講座講義録』。
東京都総務局観光課（1949）『第2回観光講座講義録』。
外川淳（2011）『天災と復興の日本史』東洋経済新報社。
独立行政法人日本貿易振興機構（2009）『2008年サラゴサ国際博覧会日本公式参加記録』。
内閣官報局（1895）『官報』第3507号（明治28.3.12）。
中尾清（2001）『神戸と横浜における都市観光の展開―地方観光行政論序説』たいせい。
中谷吉隆（1988）「博覧会ブームの陥し穴『食の祭典』の腐食の構造」『諸君』1988年12月号。
南紀熊野体験博実行委員会（2000a）『南紀熊野体験博公式記録』。
南紀熊野体験博実行委員会（2000b）『博覧会で故郷づくり』。
新潟県総務管理部統計課（2006）『大地の芸術祭 越後妻有アートトリエンナーレ2006の開催にかかる経済波及効果』。
新村出編（1991）『広辞苑 第四版』岩波書店。
日経BP社（1993）『日経イベント』1993年11月号。
日本イベント産業振興協会（1997）『イベント基礎知識講座―イベント構造編』。
日本イベント産業振興協会（2000）『イベント白書2000』。
日本学術会議（1949）『昭和23年福井地震調査研究速報』。
日本観光研究学会（2010）『観光研究』Vol.21 No.2。
『日本経済新聞』2008年7月22日付朝刊。
『日本経済新聞』2009年11月24日付朝刊。
日本総合研究所編（2014）『全47都道府県幸福度ランキング 2014年版』東洋経済新報社。
橋爪紳也（2014）『瀬戸内海モダニズム周遊』芸術新聞社。
一橋大学大学院（2006）『ツーリズム産業論』講義録。
平野暁臣（2016）『万博の歴史―万博はなぜ最強たり得たのか』小学館クリエイティブ。
平野繁臣（1999）『国際博覧会歴史事典』内山工房。
平野繁臣監修（1999）『イベント用語事典』社団法人日本イベント産業振興協会。
兵庫県（2014）『阪神・淡路大震災の復旧・復興の状況について』。
フィオナ・ダンロップ（2005）『ナショナルジオグラフィック海外旅行ガイド／スペイン編』日経ナショナルジオグラフィック社。
福沢諭吉（1969）『福沢諭吉全集』（第1巻）岩波書店。
福井県（1952）『福井復興博覧会御案内』。
福井県経済部商工課（1952）『商工福井』1号。
福井市（1989）『福井市史』（資料編別巻 絵図・地図）。
福井市（1998）『福井市史』（資料編12）。
福井市（2004）『福井市史』（通史編3）。
福井市立郷土歴史博物館（1987）『足羽山の今昔』。

参考文献

福井市立郷土歴史博物館（2002）『展示解説シート・それは復興博覧会から始まった』。
『福井新聞』1945 年 8 月 26 日付。
福井復興博覧会事務局（1952）『福井復興博覧会』。
藤木庸介編著（2010）『生きている文化遺産と観光』学芸出版社。
藤原正人編（1973）『明治前期産業発達史資料―勧業博覧会資料』(1)(3)(6)(10)(59)(60) 明治文献資料刊行会。
復興記念横浜大博覧会編（1936）『復興記念横浜大博覧会誌』。
復興記念横浜大博覧会協賛会編（1937）『復興記念横浜大博覧会協賛会報告書』。
復興記念横浜大博覧会協賛会編（1935）『復興記念横浜大博覧会要覧』横浜郷土史研究会。
復興調査協会編（1930）『帝都復興史―附横浜復興記念史』復興調査協会。
馬信一（2016）『幻の東京五輪・万博 1940』原書房。
古川隆久（1998）『皇紀・万博・オリンピック』中公新書。
本城靖久（1996）『トーマスクックの旅―近代ツーリズムの誕生』講談社現代新書。
『毎日新聞』1948 年 9 月 11 日付（大阪）。
『毎日新聞』1948 年 9 月 13 日付（大阪）。
『毎日新聞』1948 年 9 月 19 日付（大阪）。毎日新聞社（1949）『復興大博覧会誌』。
毎日新聞社（1948）『復興大博覧会・各館出品目録』。
毎日新聞社（1952）『毎日新聞 70 年』。
毎日新聞社（1985）『毎日グラフ増刊・科学万博つくば '85 完全ガイド』。
松下幸之助（1954）「観光立国の辯」『文藝春秋』1954 年 5 月号。
松田京子（2003）『帝国の視線―博覧会と異文化表象』吉川弘文館。
松永桂子（2012）『創造的地域社会』新評論。
間仁田幸雄（1991）『地域を創る夢装置』誠文堂新光社。
丸善株式会社（1994）『イベント』（VHS「現代日本の形成過程」第 37 巻）。
森延哉（1998）「昭和 23 年復興大博覧会―大阪経済リハビリの時代」『大阪春秋』91 号：88-98 頁。
諸岡博熊（1987）『博覧会事始』エスエル出版会。
山田俊治編（2010）『海港都市・横浜』ゆまに書房。
横浜開港資料館編（2011）『資料がかたる横浜の 157 年』横浜市ふるさと歴史財団。
横浜郷土研究会（1995）『横浜に震災記念館があった』（よこれき双書第 14 巻）。
横浜市（1923）『横浜市日報』大正 12 年 10 月 15 日。
横浜市（1933）『横浜復興誌』。
横浜市（1938）『横浜市　第 31 回統計書』。
横浜市企画調整局編（1981）『港町・横浜の都市形成史』横浜市企画調整局。
横浜市港湾局臨海開発部（1992）『横浜の埋立』。
横浜市総務局市史編集室編（1993）『横浜市史　II』（第 1 巻〔上〕）。
横浜市歴史博物館編（2006）『吉田新田ができるまで』横浜市歴史博物館。
横浜市土地観光課（1937）『ヨコハマ』①（昭和 12.2.25）。
横浜市土地観光課（1937）『ヨコハマ』②（昭和 12.3.4）。
横浜市土地観光課（1938）『観光のヨコハマ』。

横浜市土地観光課（1938）『横浜・秋』。
横浜都市発展記念館編（2011）『「地図」で探る横浜の鉄道』横浜都市発展記念館。
『横浜貿易新報』1935（昭和10）年3月26日付。
『読売新聞』1923（大正12）年9月1日付。
吉田光邦（1970）『万国博覧会』日本放送出版協会。
吉見俊哉（1992）『博覧会の政治学―まなざしの近代』中公新書。
吉見俊哉（2011）『万博と戦後日本』講談社学術文庫。
和歌山県知事公室世界リゾート博推進局（1995）『世界リゾート博・経済波及効果等測定調査報告書』。
和歌山県観光振興課（1989～2008）『観光客動態調査報告書・平成元年～平成20年版』。
和歌山県総合防災課（2013）『平成23年紀伊半島大水害記録誌』。
鷲田小彌太（1988）『ある地方博の死―世界・食の祭典 '88 の検証』亜璃西社。

【欧文】

Gets, D. (1991) *Festivals, Special Events, and Tourism*, Van Nostrand Reinhold.
Hall, C.M. (1992) *Hallmark Tourist Events*, John Wiley & Sons Australia Ltd.（須田直之訳〔1996〕『イベント観光学―イベントの効果、運営と企画』信山社出版）
Ritchie, J.R.B. (1984) 'Assessing the impact of hallmark events: Conceptual and research issues,' *Journal of Travel Research* 23(1): 2-11.
Syme, G.T., Shaw, B.T., Fenton, D.M. and Mueller, W.S. eds. (1989) *The Planning and Evaluation of Hallmark Events*, Gower Pub Co.

【関連団体のHPなど】

イタリア政府観光局HP『ミラノ国際博覧会』http://visitaly.jp/expo-milano-2015（2015.11.22アクセス）
香川県HP『香川県防災・国民保護情報／過去における主な地震一覧』http://www.pref.kagawa.lg.jp/bosai/kakosaigai/zisin..pdf（2017.4.28アクセス）
神戸ルミナリエ実行委員会HP『ルミナリエストーリー』http://www.com/story/story2.html/（2001.10.15アクセス）
国立図書館『博覧会一覧』http://ndl.go.jp/exposition/s1/index.html（2014.6.7アクセス）
スペイン政府観光局HP　http://www.spain.info/MPTurSpainWeb/（2009.12.2アクセス）
内閣府『過去の災害一覧』http://www.bousai.go.jp/kyoiku/kyokun/kyoukunnokeishou/1/pdf/sankoshiryo.pdf#page=1（2014.6.5アクセス）
乃村工藝社『博覧会資料COLLECTION』http://www.nomurakougei.co.jp/expo/?p=2（2012年12月27日アクセス）
御厨貴・企画構成（1994）『映像ライブラリー：現代日本の形成過程・イベント』ウォーク・プロモーション。
ミラノ国際博覧会・日本館HP　https://www.expo2015.jp/expo/（2015.11.10アクセス）
ミラノ国際博覧会・日本館プレスリリース（2015年11月2日付）

謝　辞

　本書は、2016年9月に大阪市立大学に提出した博士学位論文「観光による地域・都市の復興・再生のための博覧会手法に関する研究―復興博覧会、観光館、アート博等の意義と位置づけに関して―」をもとに、加筆修正をしたものです。

　研究につきましては、多くの先生方、観光業界・イベント業界関係の方々をはじめ、多方面の方々のご指導とご協力のもとにまとめることができました。心より御礼申し上げます。とくに、指導教官および主査である小長谷一之教授（大阪市立大学大学院創造都市研究科都市政策領域）には、研究テーマの理論構築、検証手法など論文全般にわたり、的確で厳しくも温かいご指導を賜りましたことに深く感謝の意を表します。近勝彦教授（同大学院創造都市研究科事業創造研究領域）には、さまざまな角度からの貴重なご助言をいただき、加えて研究中間発表時における温かいお言葉がその後の研究の励みとなりました。また松永桂子准教授（同大学院創造都市研究科都市政策領域）には、博覧会に関して、そして被災地における地域振興の面からも新たな視点を示唆していただきました。株式会社経済計量研究所の前川知史先生には、イベントの経済効果の算出にあたり産業連関分析の手法を丁寧にご指導いただきました。また、創造都市研究科の先生方には本研究に際してさまざまな視点をご提供いただき感謝申し上げます。

　株式会社乃村工藝社情報資料室・石川敦子氏には所蔵の博覧会資料の閲覧に際してのご協力、ご助言をいただきました。この場を借りて厚く御礼申し上げます。一般社団法人日本イベント産業振興協会およびイベント学会（2009年に助成をいただいたジャパンエキスポの研究がきっかけとなりました）には観光学からのみではなく、イベントの視点から博覧会手法についてご教示、ご

協力をいただきました。厚く御礼申し上げます。

　研究発表の場を与えていただき、貴重なアドバイスをいただきました日本観光研究学会、そして日本都市学会、余暇ツーリズム学会の先生方に感謝申し上げます。また私を国立民族学博物館の共同研究員として招いていただき、観光学研究の道に導いてくださいました北海道博物館館長・北海道大学観光学高等研究センター特別招聘教授の石森秀三先生（前国立民族学博物館教授）には一方ならずお世話になりました。深く感謝の意を表します。

　加えて、貴重な資料や情報のご提供をいただきました新潟県産業労働観光部観光局、滋賀県甲賀市観光企画推進室をはじめ関係自治体のご担当の皆様、また関連各県・市の図書館、博物館、資料館の皆様など多くの方々にお世話になりました。心より感謝申し上げます。

　本書の刊行にあたってご尽力いただきました日本評論社事業出版部の高橋耕氏、そして永本潤氏の丁寧な編集に心より感謝申し上げます。また、本書に対して出版助成の決定をしてくださいました神戸国際大学学術研究会に厚く御礼申し上げます。

　最後に、資料が増えるにつれ書斎をはみ出し居間へ、そして和室へと浸食していくのを、じっと我慢しながら支えてくれた整理好きの妻・桑田芳子に心より「ありがとう」の言葉をささげます。

　　2017年6月

　　　　　　　　　　　　　　　　　　　　　　　　　　　　桑田政美

■著者紹介

桑田政美（くわた まさよし）

神戸国際大学経済学部教授。博士（創造都市）。
1947年鳥取県生まれ。JTBにて法人営業、国内企画商品開発・宣伝担当、JTB communicationsに出向、マーケティング局長、ビジターズインダストリー研究所長、東京営業局長を歴任し、博覧会、自治体の観光振興事業、MICE事業等多数に携わる。京都嵯峨芸術大学（現・嵯峨美術大学）教授を経て2014年より現職。関西学院大学大学院商学研究科博士前期課程修了（経営学修士）、大阪市立大学大学院創造都市研究科博士後期課程修了。2008年サラゴサ国際博覧会（スペイン）日本政府出展事業アドバイザー。日本観光研究学会関西支部長、第14代会長（2012〜2013年）を歴任、現在、同学会評議員。イベント学会会員、観光学術学会会員、日本都市学会会員、余暇ツーリズム学会会員、NPO法人観光力推進ネットワーク・関西／理事長、京都嵯峨芸術大学名誉教授。主な著書に『観光デザイン学の創造』（編著、世界思想社）、『イベント学のすすめ』（共著、ぎょうせい）、『地域創造のための観光マネジメント講座』（共著、学芸出版社）などがある。

博覧会と観光　復興と地域創生のための観光戦略

2017年7月25日　第1版第1刷発行

著　者——桑田政美
発行者——串崎　浩
発行所——株式会社　日本評論社
　　　　　〒170-8474　東京都豊島区南大塚3-12-4
　　　　　電話 03-3987-8621（販売）-8598（編集）
　　　　　https://www.nippyo.co.jp/
　　　　　振替　00100-3-16
印刷所——平文社
製本所——松岳社
検印省略　© KUWATA Masayoshi 2017
ISBN978-4-535-55871-7　　　　　　　　　　　　　　　Printed in Japan

JCOPY　〈(社)出版者著作権管理機構　委託出版物〉
本書の無断複写は著作権法上での例外を除き禁じられています。複写される場合は、そのつど事前に、(社)出版者著作権管理機構（電話03-3513-6969、FAX03-3513-6979、e-mail: info@jcopy.or.jp）の許諾を得てください。また、本書を代行業者等の第三者に依頼してスキャニング等の行為によりデジタル化することは、個人の家庭内の利用であっても、一切認められておりません。